미디어의 진화가 경제 지도를 바꾼다

미디어의 진화가 경제 지도를 바꾼다

초판 1쇄 인쇄 2010년 9월 20일
초판 1쇄 발행 2010년 9월 27일

지은이 | 고종원
펴낸이 | 전익균

이사 | 송영욱, 엄재명
편집장 | 김남희
편집, 기획 | 김미화, 황지유, 장지연
디자인 | 이호영
마케팅 | 이상현, 허윤영, 조동호
경영지원 | 최예란
외부스텝 | 김희림(표지디자인)

찍은곳 | 예림인쇄
출력 | 한국커뮤니케이션
제본 | 바다제책

펴낸곳 | (주)새빛에듀넷
주소 | 서울 강남구 청담동 32-6 현대빌딩 601호
전화 | 02-3442-4393~4   팩스 | 02-3442-6771
e-mail | bookmaster@bookclass.co.kr   홈페이지 | www.bookclass.co.kr
등록번호 | 제16-4043호   등록일자 | 2006. 11. 28

값 14,000원

ISBN 978-89-92873-73-4 (13320)

미디어의
진화가
경제 지도를
바꾼다

고종원 지음

 도서출판 새빛
SAEVIT

미래는 미디어를 이해하는 사람이 주도한다

클라우드, 갤럭시, 안드로이드. 우주전쟁도 아니고 구름 넘어 은하수에 로봇이 등장하다니. 장기적 진화는 무엇이고 와이맥스(Wi-max)는 무엇일까? 증강현실은 또 무엇이고 가상현실은 무엇인가? 비스킷으로 책을 본다고?

미디어 시장이 요동치고 있다. 들도 보도 못한 새로운 이름과 기술이 판을 친다. 미디어 시장의 격변은 미디어 시장에 국한되지 않는다. 미디어의 변화는 미디어를 뛰어넘어 주요 산업의 판도를 바꾸는 촉매가 되고 있다. 트위터와 같은 소셜 미디어는 정치인과 유권자의 커뮤니케이션 방식도 바꾸고 있다. 미디어를 이해하지 않고는 사회 어떤 분야도 선도하는 것이 어렵게 됐다. 미디어 문맹자는 어느 영역에서도 선두가 되기 힘들다.

2010년에는 스마트폰 열풍이 강하게 몰아치고 있다. 카메라 성능과 디자인 경쟁에만 매달렸던 우리나라 휴대전화 제조업체들은 당황하는 기색이 역력하다.

2000년대 초반 우리나라에 레인콤이라는 회사가 있었다. 이 회사는 성능과 디자인이 뛰어난 MP3 제품인 아이리버 시리즈로 세계 시장을 석권했다. 아이리버는 우리나라 기업들이 함락하기 힘든 일본 시장에서도 점유율이 높았다. 하지만 애플이 온라인 콘텐츠 마켓인 아이튠즈, MP3 기기인 아이팟을 결합한 비즈니스 모델을 들고 나오자 순식간에 시장을 내주고야 말았다. 레인콤은 단순히 기기 성능만으로 제품을 고르는 시대가 지났을 뿐 아니라 음악, 동영상, 각종 강좌를 저작권에 저촉받지 않고 쉽게 즐길 수 있다는 사실 때문에 사람들이 아이팟에 환호하고 있다는 사실을 알아채지 못했다.

휴대전화 시장에서도 똑같은 상황이 반복되고 있다. 애플은 다양한 애플리케이션(응용 프로그램)을 즐길 수 있는 앱스토어를 만들고, 앱스토어에서 판매하는 콘텐츠 매출의 70퍼센트를 애플리케이션 제공자에게 배분했다. 이런 정책은 애플리케이션을 만든 뒤 통신사의 너그러운 보상을 학수고대해야 했던 우리나라 상황과는 극명하게 대비된다. 이동통신상에서 일어나는 각종 수입의 절반 이상을 통신사에 빼앗겨야 했던 상황에서는 아이폰과 같은 혁신적 제품의 탄생을 기대하기가 어려웠다.

곰곰이 생각해 보자. 2010년 월드컵을 앞두고 가전업계는 3D TV를 핵심 상품으로 내세웠다. 사람들은 그것이 단순히 3D 제품이라는 이유만으로는 구매하지 않는다. 3D TV로 월드컵이라는 이벤트를 보다 생생하고 현장감 있게 즐기기 위한 목적으로 지갑을 연다.

글로벌 미디어 기업인 디즈니 산하의 ESPN은 월드컵이라는 이벤트를 세계 구석구석에 전파하고 있다. 이 회사는 축구 경기의 경우 30여 개의 3D 카메라를 축구장에 설치해놓고 생중계한다. 어느 회사보다 탁월한 콘텐츠를 제공하기 위해서다. 이 예에서도 알 수 있듯이 가전 사업을 이끌어가는 핵심은 바로 콘텐츠이며 콘텐츠를 전파하는 것은 미디어다.

미디어 산업은 그 파급 효과가 해당 산업에만 국한되지 않는다. 드라마 〈대장금〉은 한식의 세계화라는 가능성을 열었고, 〈겨울연가〉는 강원도 남이섬을 일본인들이 찾아오는 관광명소로 만들었다. 〈꽃보다 남자〉는 무명에 가까운 태평양의 섬 뉴칼레도니아를 순식간에 유명 관광지로 바꿨다.

19세기 식민지 시대 '종교'의 역할을 21세기 경제전쟁 시대에는 미디어 콘텐츠가 담당하고 있다. 미디어 산업은 사람들의 의식과 감성, 행동에 직접적으로 영향을 준다는 점에서 다른 산업과 차이가 있다. 거대한 전자 산업, 컴퓨터 산업, 인터넷 산업, 통신 산업을 움직이는 동력은 바로 미디어 산업이다.

사람들은 왜 TV를 사는가? 드라마를 보고, 코미디를 즐기고, 뉴스를 보기 위해서다. 컴퓨터를 사는 이유는 동영상을 보고 다른 사람과 소통하기 위해서다. 미디어는 이처럼 다양한 기기에 생명력을 불어넣는다.

이러한 이유로 세계 모든 국가들은 자국의 문화적 입김을 강하게 반영하며 어느 나라에서나 통하는 프로그램을 만들 수 있는 글로벌 미디어 기업을 육성하려 한다. 2006년 세계적인 미디어 컨설팅 전문 회사인 베로니스 슐러 스티븐슨은 2005년 세계 미디어 시장의 규모를 8,960억 달러로 추산했다. 2010년에는 그 규모가 1조 달러를 돌파할 것이다.

안타깝게도 우리나라 미디어 시장의 규모는 20조 원이 되지 않는다. 우리나라 굴지의 통신사 두 곳의 한 해 매출을 합한 것보다 적은 수준이다. 수십 조 원의 매출을 올리는 가전 회사와 비교해도 왜소한 규모이다.

우리나라에는 매출 1조 원을 넘어서는 미디어 기업이 없다. 글로벌 미디어 기업의 매출 규모가 수십 조 원이라는 점을 생각하면 터무니없이 영세하다. 제대로 된 전략이 없다면 우리나라의 글로벌 미디어 기업은 실현이 불가능하다. 심지어는 우리나라 MP3나 스마트폰이 겪었던 전철을 다시 밟게 될 것이다.

이 책은 다양한 산업의 변화를 선도하는 미디어 산업의 변화 트렌드를 한 눈에 조망할 수 있도록 했다. '개인화, 디지털화, 세계화'라는 큰 흐름이 방송, 인터넷, 신문, 잡지, 라디오, 영화, 출판, 음반 등 주요 미디어에 어떤 영향을 주고 있는지 알 수 있도록 분석했다. 또한 현재 진행 중인 변화가 앞으로 어떤 변화를 가져올지도 전망했다. 개별 미디어의 진화 경로 외에도 미디어의 변화를 일으키는 기술적인 요소, 우리나라 기업들이 벤치마킹 대상으로 여길 만한 주요 글로벌 미디어 기업의 전략도 소개했다.

필자는 이 책을 미디어 산업에 종사하는 사람들 외에도 미디어를 공부하는 학생, 그리고 통신, 가전 등과 같은 미디어 산업을 인접 분야에서 이해하고자 하는 이들, 장기적으로 미디어와 미디어 인접 산업에 투자하려는 독자들, 미디어 정책을 수립하는 사람들까지 염두에 두고 썼다. 이 책을 읽는 독자들이 미디어에 대한 이해도를 높이고 실질적인 전망으로써 세상을 선도하는 아이디어를 많이 발굴하기를 기대한다.

2010년 8월

고종원

차 례

머리말 – 미래는 미디어를 이해하는 사람이 주도한다   5

1 미디어의 글로벌 트렌드

개인화   18

디지털화   24

세계화   29

2 인터넷, 미디어의 지형을 바꾸다

검색, 인터넷의 총아   41

소셜 네트워크 서비스, 사람과 사람을 연결하는 망   48

온라인 게임, 또 다른 개척 지대   61

인터넷 뉴스, 무한의 유통 창구   67

인터넷 동영상, 1인 방송 시대를 여는 도구   79

3 TV, TV를 뛰어넘다

추락하는 지상파 TV   91

유료 방송 시장의 성장   104

다양한 채널로 승부하는 케이블 TV   106

넓은 지역을 아우르는 위성 방송   111

통신사의 야심찬 방어 도구 IPTV   116

테이크아웃 휴대 방송 DMB   123
편성의 의미를 없애는 장치들   129
수상기를 떠난 TV   135

4 신문은 최대의 위기를 극복할 것인가

위기의 신문   146
신문의 콤팩트화   153
무료 신문의 대두   156
특화된 신문의 강세 현상   159
신문의 잡지화   163
위협받는 비즈니스 모델   165
존립을 건 싸움, 콘텐츠 유료화   168
신문사는 과연 존립할까   174

5 라디오는 내 친구

FM · AM 라디오   183
공동체 라디오   185
위성 라디오   189
DMB 음성 서비스와 DAB   191
인터넷 라디오   195

6 출판의 르네상스는 다시 올 것인가

구조적 변화기에 요동하는 도서 시장   201

잡지의 황금기는 다시 올 것인가   215

7 영화·게임·음반 시장의
앞날은 어떻게 될까

음반 시장은 고통에서 벗어날 것인가   226

격전장 게임 산업   234

새로운 실험의 장 영화 산업   242

8 광고 없이 미디어 없다

격변하는 광고 시장   254

그냥은 따라오지 않는 광고   258

소비자들의 눈과 귀를 잡아라   264

글로벌 광고 산업   269

9 기술이 미디어를 바꾼다

돈과 사업 기회로 연결되는 압축 기술   274

언제 어디서나 정보를 이용할 수 있는 클라우드 컴퓨팅   281

전송 기술의 미래　286

디스플레이 기술의 미래, 증강현실과 3D　292

10 글로벌 미디어 전략과 한국형 글로벌 미디어

월트 디즈니 – 콘텐츠로 최대 수익을 끌어낸다　305

뉴스코퍼레이션 – 콘텐츠를 공격적으로 확산한다　308

구글 – 웹에서 모든 디지털 활동이 가능하게 한다　313

상하이 미디어 그룹 – 경제 규모에 걸맞는 글로벌 미디어 기업을 만든다　317

후지 TV 그룹 – 각 미디어별 제작 능력을 강화한다　320

한국형 글로벌 미디어 기업의 탄생을 위한 과제　321

1

미디어의
글로벌 트렌드

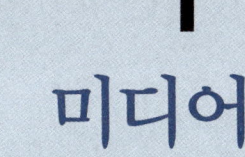

개인화

디지털화

세계화

최초의 근대 신문은 1605년 독일의 스트라센부르크에서 발간된 『레라치온(Relation)』이다. 그 신문 이후 다양한 미디어들이 등장했고, 출현하는 미디어들마다 대중에게 보급되는 속도가 계속 빨라지고 있다.

전 세계적으로 5,000만 부의 신문이 보급되기까지는 몇 백 년이 걸렸다. 라디오는 이용자 5,000만 명을 돌파하기까지 38년이 걸렸고, 컴퓨터는 16년, TV는 13년이 소요됐다. 인터넷은 4년밖에 걸리지 않았다. 삼성경제연구소 자료에 따르면 세계 인구 100명당 사용자가 5명에서 20명으로 늘어나는 데 걸리는 시간은 유선전화는 31년, 인터넷은 8년, 휴대전화는 6년이었다. 스마트폰은 예외적으로 5년밖에 걸리지 않았다.

미디어 시장은 지난 십몇 년 사이에 새로운 기기들이 등장하면서 비즈니스 모델이 근본적으로 바뀌고 있다. 신문, 방송, 잡지, 인터넷 등 사업 영역의 경계가 사라지면서 경쟁자와 협력 파트너를 명확히 구분할 수 있던 시기는 사라졌다. 통신사들은 미디어 분야로 영역을 넓혀 국내에서는 KT를 비롯한 주요 통신사 세 곳에서 IPTV 사업을 꾸리고 있다. 미국의 인터넷 서점인 아마존은 아예 e북 단말기인 '킨들(Kindle)'을 직접 만들어 판매하고 있다.

초고속으로 변하는 미디어 환경과 급속하게 증가하는 미디어 서비스와 각종 기기들. 이런 변화에는 공통된 흐름이 있다. 개인(personal)화, 디지털(digital)화, 세계(global)화이다. 이런 세 가지 흐름이 날줄과 씨줄로 엮이면서 세계 미디어 산업의 지형을 바꾸고 있다.

개인화

"안방극장!"

1970년대만 해도 TV 수상기는 흔한 물건이 아니었다. 그 때문에 TV가 있는 집 안방에 동네 사람들이 모이는 것은 쉽게 볼 수 있는 광경이었다. 말 그대로 TV 한 대 때문에 안방극장이 만들어졌다.

1980년대를 거치면서 TV 보급률은 급속하게 올라갔다. 이때는 가족들이 거실에 모여 TV 드라마를 보는 것이 일반적인 가정의 모습이었다.

그렇다면 2010년 상황은 어떠한가? PMP, DMB, 스마트폰, 노트북 등

개인화된 다양한 기기로 TV 프로그램을 본다. 가족들이 거실에 모두 모여 TV를 보는 것이 어색할 정도이다. 자신이 보고 싶을 때 어디에서건 원하는 콘텐츠를 접하는 것이 자연스럽다.

우리가 가전제품(家電製品)이라 부르는 각종 기기들은 이제 개인이 사용하는 '개전제품(個電製品)'으로 바뀌고 있다. 개전제품의 효시는 소니가 만든 워크맨이다. 1979년 출시된 워크맨은 음악은 여러 명이 모여서 함께 감상하는 것이라는 기존 관념을 파괴하면서 엄청난 문화적 충격을 안겨주었다. 1980년대 말에서 1990년대 초반까지 개전제품은 워크맨, 그리고 여기서 한발 더진화한 CD플레이어 정도가 전부였다. 그러나 이후 각종 기기의 폭발적인 디지털화와 함께 MP3, PMP 등 새로운 유형의 제품이 봇물처럼 쏟아져 나오고 있다.

컴퓨터는 어떤가? 1980년대 이전까지는 개인용 컴퓨터라는 단어 자체가 낯설었다. 1950년대에는 컴퓨터 한 대 크기가 온방을 가득 채울 정도였다. 당시 개인용 컴퓨터 시대의 도래를 예측하는 사람은 극소수뿐이었다.

개인용 컴퓨터 시대를 연 것은 1980년대 초반 IBM의 호환기종 컴퓨터와 그 운영체제인 마이크로소프트사의 DOS였다. 그러나 엄밀히 말하면 1980년대와 1990년대 초반까지 개인용 컴퓨터는 진정한 의미의 개인용이 아니었다. 가정에서는 컴퓨터를 거실에 놓고 여러 사람이 함께 사용했다. 아버지가 컴퓨터를 쓰고 나면 자식들이 돌아가면서 쓰는 경우가 흔했다.

하지만 2000년대로 들어서자 노트북의 보급으로 각자 컴퓨터를 소유하는 경향이 훨씬 강해졌다. 아울러 계속되는 부품 가격의 하락으로 컴퓨터 가격도 급속하게 떨어졌다. 2000년만 해도 성능이 우수한 노트북은 200만 원 전후였으나 2010년 현재 넷북은 몇십만 원밖에 하지 않는다. KT 와이브로와 같은 통신 서비스 상품에 가입하면 노트북을 공짜로 얻을 수도 있다. 개인용 정보단말기라고 할 수 있는 컴퓨터의 급격한 가격 하락은 언제 어디서나 손쉽게 정보를 접하는 데 큰 도움이 됐다.

컴퓨터 크기도 반도체 집적도의 향상으로 크게 줄었다. 시중에 나오고 있는 넷북 무게는 겨우 1kg 안팎이다. 애플이 출시한 9.7인치 아이패드는 680g밖에 나가지 않는다. 두꺼운 노트 한 권 정도에 해당하는 무게다.

컴퓨터는 사용자의 편이성도 극도로 개선했다. 1990년대 초반 DOS 시대에 컴퓨터를 사용하려면 명령어를 암기해야 했다. 윈도우처럼 그래픽을 사용하는 운영체제가 도입되고 난 후에야 컴퓨터 활용이 훨씬 쉬워졌다. 현재 애플의 아이패드처럼 무선 랜으로 어디서나 인터넷 접속이 가능한 태블릿 PC는 사용법을 학습하지 않아도 즉각적으로 이용할 수 있도록 편의성을 높였다.

이렇게 가격 하락, 크기 축소, 편이성 향상이 어우러지면서 컴퓨터는 언제 어디서든 사용할 수 있는 단말기로 거듭났다. 영국의 각종 데이터베이스 제공 회사인 EIU(Economist Intelligence Unit)에 따르면 2009년 우리나라 컴퓨터 보급 대수는 100명당 60대다. 이쯤이면 컴퓨터도 개인화되었다고 할 수 있다.

전화는 또 어떤가? 1980년대 우리나라 정부 통신정책의 목표는 모든 가정에 유선 전화기 한 대씩을 보급하는 것이었다. 그 영향으로 1990년대에 접어들자 우리나라 유선전화 보급률은 100퍼센트에 육박했다.

1980년대 초반 유선 전화는 전국을 통틀어 284만 회선뿐이었다. 인구 100명당 보급률이 8.4대였다. 당시 전화는 설치 신청 후 1년 이상을 기다려야 하는 귀한 물건이었다. 1979년 12월 서울에서 백색전화(사용권을 남에게 넘겨줄 수 있었던 가입 전화) 한 대 가격이 200만 원이나 되었다고 한다. 당시 서울 변두리에 있는 큰 집 한 채 가격이었다.

그러나 1986년 국산 전자교환기(TDX-1)의 상용 서비스가 개시되고 국산 교환기가 지속적으로 보급된 결과 1997년 11월 전화 적체 현상이 완전히 해소됐다. 이때까지만 해도 전화는 가족 전체가 사용하는 기기였다.

돌이켜보면 1990년대까지만 해도 지극히 사적인 통화는 거실에서 하기가 힘들었다. 가족들이 들을 수 있기 때문이었다. 예들 들어 애인과 전화를 할 때는 공중전화를 사용하는 경우가 많았다.

가정용 전화를 대신하는 휴대전화는 1990년대 중반 이후 폭발적으로 늘어났다. KT 경영경제연구소 자료에 따르면 2010년 우리나라 휴대전

휴대전화 초기 모델인 모토롤라의 다이나텍(오른쪽)

화 보급 수는 사실상 100퍼센트이다. 어린이를 제외하면 모든 사람이 휴대전화를 가지고 있다고 보면 된다.

휴대전화도 경박단소(輕薄短小)의 길을 걸었다. 1983년 미국 모토롤라가 내놓은 휴대전화 다이나텍은 길이·너비·두께가 각각 228·127·45㎜였다. 무게도 1.3㎏이나 나갔다. 크기나 모양이 벽돌과 비슷하다보니 어지간한 가방에는 넣어 다니기도 힘들었다.

2009년부터 본격적으로 보급되기 시작한 스마트폰 시대에 접어들기 전까지 휴대전화 단말기의 경쟁력은 어떻게 하면 더 작으면서도 더 훌륭한 기능을 유지하는가에 있었다. 그 결과 2008년에 나온 휴대전화는 60g 정도까지 무게가 줄었다.

개인화의 특징은 기기가 가볍고 얇고 작아지는 쪽으로 진화하는 것이다. 커다란 오디오가 손바닥만한 워크맨으로, 손가락 한두 개 크기인 MP3로 거듭난 것을 생각해보면 미디어 기기가 얼마나 작아졌는지, 성능이 얼마나 강력해졌는지 헤아릴 수 있다. 과거에 비해 엄청나게 늘어난 미디어 기기의 저장 용량은 콘텐츠를 풍부하게 다운로드하여 접할 수 있게 한다. TV도 개인화를 거치면서 크기가 눈에 띄게 줄었다. DMB 기기를 보면 화면 크기가 5~8cm 정도에 지나지 않는다.

이렇듯 작고 가벼운 미디어 기기는 시간과 장소의 한계를 극복할 수 있게 했다. 언제 어디서든 자유롭게 네트워크에 접속하여 미디어 콘텐츠를 소비할 수 있는 유비쿼터스 시대가 조성된 것이다.

과거 미디어 콘텐츠를 이용하려면 특정한 장소에서 특정한 시간을 할애해야 했다. 예컨대 주말 연속극을 보려면 일요일 오후 8시 거실이라는 장소에 있어야 했다. 하지만 미디어 기기가 개인용으로 진화하면서 장소에 구애받을 필요가 없어졌다. 시간에 대한 구애도 적어졌다. 필요에 따라 언제 어디서든 미디어를 소비할 수 있는 시대가 됐다.

개인화된 미디어의 등장으로 콘텐츠 자체도 개인화 경향을 보이고 있다. 과거처럼 대중을 대상으로 하기보다는 특정 장르에 관심이 있는 소수 사람들을 염두에 둔 콘텐츠가 보다 적극적으로 유통되고 있다. 개별적으로는 인기가 없는 콘텐츠를 모아서 틈새시장을 만듦으로써 높은 매출을 올리는 롱테일(Long Ttail) 전략도, 바로 개인화된 미디어 기기의 확산과 이에 따른 콘텐츠의 개인화가 배경이다.

디지털화

미디어 산업도 디지털 기술의 영향으로 근본적인 변화를 겪고 있다. 디지털은 여러 가지 자료를 0과 1이라는 숫자로 표현하는 것을 말한다. 즉 전기를 전달하는 것과 전달하지 않는 것으로 구분하는 신호이다.

디지털(digital)의 어원은 손가락이라는 뜻의 라틴어 'digitus'다. 손가락을 사용해서 하나, 둘, 셋, 넷처럼 단절해서 셀 수 있다는 의미다. 자연의 많은 사물들이 연속선상(전파가 대표적이다)에 있지만, 인공적으로 무엇인가를 계산할 때는 1과 0으로 명확히 쪼개고 구분하는 것이 훨씬 유용하다.

다른 산업과 마찬가지로 디지털 기술은 미디어 산업의 모든 분야를 바꿔놓았다. 가장 디지털화가 덜 되었다고 할 수 있는 신문업을 살펴보자. 1990년대 이전과 2010년 신문 제작 과정을 보면 신문이 얼마만큼 디지털의 세례를 받았는지 알 수 있다.

1990년대 이전 디지털화가 이루어지기 전 일반적인 신문 제작 과정은 이러하다. 먼저 취재 기자들이 원고지에 기사를 쓰면 금속활자를 뽑아내는 문선공(文選工)들이 원고대로 글자를 찾아서 기사를 만든다. 그러면 편집 기자들과 지면(판)을 정리하는 정판공이 금속활자로 구성된 신문 지면 한 개를 조판한다. 조판이 끝난 판을 윤전기에 걸어 인쇄한다. 이런 인쇄 방식은 수백 년 이전 금속활자가 만들어졌을 때와 큰 차이가 없다.

그러나 현재 신문 제작 방식은 마지막 공정에서 종이 위에 인쇄한다는 점만 같지 거의 모든 과정이 디지털화되어 있다. 취재 기자들은 컴퓨터로 기사를 작성하고 무선이나 유선 통신망을 활용해 본사 서버로 보낸다. 그러면 편집 기자들은 서버에 저장된 기사를 불러내어 컴퓨터상의 신문 지면에 앉혀 편집한다. 완성된 파일은 컴퓨터에 저장된 뒤 신문을 인쇄할 수 있는 모양의 판으로 만들어진다. 이 판을 윤전기에 걸면 신문이 인쇄되어 나온다. 출판도 이와 비슷한 제작 과정을 거친다. 물론 이렇게 완성된 판은 다시 전자화되고 PDF 형태로 복제되어 서비스되거나 인터넷 기사로 활용된다.

이뿐 아니다. 방송 작업도 대부분 디지털화되어 있다. 아날로그형 테이프를 사용하지 않는 편집이 늘고 있다. 촬영 담당자가 디지털 카메라로 찍은 동영상 파일을 서버에 올려놓으면 여러 사람들이 다운로드해서 동시에 편집한다. 편집 작업이 끝난 파일은 다시 회사의 방송용 서버에 올라간다. 프로그램 편성 담당자들이 컴퓨터 프로그램을 이용해 편성 스케줄을 입력해 놓으면 시간에 따라 자동으로 광고와 프로그램이 방송된다.

디지털화는 이 외에도 인터넷이라는 새로운 유형의 매체를 탄생시켰다. 인터넷을 통해 사람들은 텍스트와 영상이 결합한 새로운 미디어를 경험할 수 있게 됐다.

디지털화가 미디어 산업에 미친 영향은 다음과 같이 정리할 수 있다.

첫째, 콘텐츠 제작 및 배포에 들어가는 비용이 줄어들었다. 과거에는 신문사를 운영하려면 윤전 시설을 갖추고 소위 지국이라 불리는 배달망을 구비해놓고 있어야 했다. 방송국 역시 각종 장비와 함께 전파 송수신을 위한 장비를 완비해야 했다. 그 비용이 만만치 않아 미디어 사업을 하기란 쉽지가 않았다. 그러나 지금은 성능이 향상된 디지털 장비와 컴퓨터로 약간의 비용만 들이면 누구든 미디어를 만들고 사업도 할 수 있게 됐다.

예를 들어, 한 사람이 만드는 인터넷 신문이라고 할 수 있는 블로그(blog)는 제작 비용이 거의 들지 않는다. 유튜브(YouTube : 구글에서 운영하는 대표적인 무료 동영상 공유 사이트)로 대변되는 UGC(User Generated Contents : 사용자가 순수 제작하는 콘텐츠)도 방송과 비슷하지만 비용 발생이 거의 없다. 경우에 따라서는 블로그나 UGC가 기존 매스 미디어보다 막강한 영향력을 발휘한다.

미국의 대표적인 경제 주간지 『포브스(Forbes)』는 2009년 1월 미국에서 가장 영향력 있는 언론인 2위에 허핑턴 포스트(Huffington Post)라는 블로그를 만든 아리아나 허핑턴을 선정했다. 『뉴욕 타임스』의 명 칼럼니스트인 토머스 프리드먼이나 토크쇼의 여왕 오프라 윈프리 같은 쟁쟁한 언론인들을 제치고 정치 전문 블로그를 운영하는 허핑턴이 2위를 차지했다는 것은 놀라운 변화다. 2005년 정치 전문 블로그를 표방하며 시작된 허핑턴 포스트는 미국 뉴스 사이트 가운데 방문자 수 20위를 기록할 정도로 영향력을 미치고 있다. 이는 누구나 아이디어만 있으면 스스로 만든 콘텐츠를 대량으로 유통할 수 있다는 것을 잘 보여준다. 소수 엘리트들만이 미디어를 독점하던 구조에 균열이 생긴 것이다.

둘째, 미디어 비즈니스 모델과 비용 구조에 변화가 생겼다. 디지털 기기가 가진 대표적인 장점은 복제 기술인데, 복제를 하더라도 원본과 똑같은 질을 유지할 수 있고, 콘텐츠 복제와 유통에 들어가는 비용도 점점 제로에 가까워지고 있다.

그 예로 비디오 유통을 살펴보자. 과거에 아날로그 비디오를 유통하려면 일단은 촬영한 테이프를 수백, 수천 개로 복제해야 했다. 그러고도 비디오 대여점과 같은 유통 채널이 필요했다. 그러나 지금은 어떠한가? 구입 비용만 지불하면, 그것이 온라인 결제이든 오프라인 입금이든 인터넷에 올린 파일을 다운받을 수 있다. 사실상 콘텐츠 유통 비용이 거의 발생하지 않는다는 얘기다. 파격적인 비용 절감 효과가 생겼다. 이런 과정을 거치면서 유통을 담당했던 대부분의 판매 조직, 이를테면 신문사 지국, 레코드 가게, 서점은 존망이 걸린 위기에 처했다.

셋째, 저작권 문제가 중요해졌다. 디지털 시대에는 경쟁해야 할 콘텐츠의 증가로 때론 막대한 제작비를 투하해야 하는 경우도 생긴다. 하지만 거대한 비용을 들여 제작한 콘텐츠가 순식간에 복제되어 전 세계로 유통되는 경우도 흔하게 발생한다.

2009년 국내에서 최고 흥행 성적을 기록한 영화 〈해운대〉는 불법 복제되어 DVD로 유통됐고, 〈해운대〉를 불법 복제한 사람은 징역 2년에 집행유예 3년형을 선고받았다. 영화 제작사가 입은 금전적 피해는 300억 원에 이르는 것으로 추정됐다.

콘텐츠 파일을 그대로 유출하는 것 외에도 영화관에서 동영상 카메라로 통째로 찍어서 유통시키는 경우도 있다. 이 때문에 디지털 콘텐츠의 무단 사용과 불법 복제, 변조 등을 막는 기술과 서비스 즉 DRM(Digital Rights Management)이 중요한 화제로 떠오르고 있다. DRM은 영화, TV 방송, 사진 등 거의 모든 콘텐츠의 저작권을 보호하는 핵심적인 기술로 사용된다.

디지털 데이터의 전송 방법은 데이터 전송 단위인 패킷(packet)을 다양한 방식으로 전달하는 형식이 주류로 발전하고 있다. 그 과정에서 새롭게 부상하고 있는 것이 바로 IPv6(Internet Protocol version 6)이다. IPv6이란 현재 사용되고 있는 IP 주소 체계인 IPv4의 단점을 개선하기 위해 개발된 새로운 IP 주소 체계를 말한다.

인터넷을 활용하려면 컴퓨터를 비롯한 각종 기기에 주소를 부여해야 하는데, 현재까지는 네 자리 수가 일반적으로 사용되고 있다. 예를 들면 인터넷 뉴스 사이트인 조선닷컴(http://www.chosun.com)의 IP 주소는 http://218.145.28.100이다. 그런데 각종 기기에 IP 주소를 할당하다보면 결국은 한계 상황에 다다르게 된다.

현재 통용하는 IPv4로 사용 가능한 주소 수는 42억 개로 알려져 있다. 그러나 워낙 다양한 기기에 주소를 붙이다보니 42억 개로는 감당할 수 없는 상황이 되어버렸다. 2009년 중반 기준 42억 개 주소 가운데 약 10퍼센트 정도가 사용 가능한 것으로 남아 있다고 알려졌다.

이런 문제를 극복하기 위한 방법으로 IP 주소 숫자를 여섯 자리로 늘이는 IPv6 사용이 2000년대 중반부터 본격화됐다. IPv6를 사용하면 지구상 거의 모든 기기에 인터넷 주소를 부여할 수 있다. 모든 기기에 IP 주소를 붙임으로써 기기들이 상호작용할 수 있는 시대가 눈앞으로 성큼 다가와 있다.

세계화

2006년 일본 후지 TV가 방영한 드라마 〈노다메 칸타빌레(のだめカンタビレ)〉. 클래식 음악을 주제로 한 젊은이들의 깜찍한 사랑을 다룬 이 드라마는 국내에서도 선풍적인 인기를 끌었다. 우리나라 많은 청소년들이 이 드라마가 방송되면 동영상 파일을 만들어 인터넷에 올렸다. 한글 자막은 일본어에 능통한 사람들이 인터넷으로 협력해서 만들었다.

〈노다메 칸타빌레〉를 본 우리나라 청소년들은 이 드라마를 좋아하는 일본 청소년들과 소통하기 시작했다. 이들은 구글 사이트의 번역 프로

한국에서도 인기를 끌었던 일본 드라마 〈노다메 칸타빌레〉의 포스터. 한일 양국 청소년들은 마치 옆집 친구처럼 이 드라마를 놓고 인터넷으로 이야기를 나눴다.

〈노다메 칸타빌레〉의 극장판 포스터

그램을 이용해 이 드라마의 일본 팬들이 어떤 반응을 보이는지 살피고 의견을 나눴다. 심지어는 영어로 감상평을 올리기도 했다.

〈노다메 칸타빌레〉를 매개로 하여 서로를 알게 된 한일 양국 청소년들은 마치 옆집 친구처럼 인터넷으로 자신들이 좋아하는 드라마에 관해 얘기를 나눴다. 하지만 〈노다메 칸타빌레〉를 모르는 부모 세대나 이웃집 친구와는 전혀 이야기가 되지 않았다. 인터넷을 사용한 미디어 교류가 일본인을 친구로 만드는 한편 공통의 관심사가 없는 옆집에 사는 같은 학교 학생은 전혀 얘기가 통하지 않는 아득한 사이로 만들어버린 사례다.

1990년대 초반까지만 하더라도 상당수 언론학자들이 '전파월경(電波越境)'이나 '스필오버(spill over)'라는 단어를 사용하며 선진국의 후진국 '문화 침탈'을 비판하는 일이 흔했다. 전파가 국경을 넘어간다는 뜻인 스필오버는, 선진국이 인공위성이나 지상파 방송을 이용해 보낸 프로그램을 보는 후진국은 문화적 식민지 상태에 놓이게 된다는 주장이다.

실제 우리나라는 1980년대 말 대형 접시 안테나를 달고 일본 위성 방송을 보는 가정이 늘어나면서 곧 일본 문화의 식민지가 될 것이라는 우려가 심각하게 제기됐다. 1990년대 초 광복절 신문에는 서울 강남의 아파트에 달린 일본 위성 방송 시청용 안테나와 달동네에 걸린 태극기를 비교하면서 애국심 문제를 지적하는 기사가 실리기도 했다. 유네스코(UNESCO) 같은 국제기구도 위성 방송의 확산이 문화적 다양성을 없앨 것이라는 주장을 심각하게 받아들였다.

그러나 1990년대 후반에 접어들면서 문화 침탈은 거의 일어나지 않을 것이라는 쪽으로 상황이 바뀌었다. 설령 전파가 국경을 넘어 들어오는 것을 막는다고 해도 인터넷 등으로 콘텐츠가 급속하게 유통되는 것을 막을 방법이 없어졌다. 예를 들어, 유튜브만 보아도 전 세계 거의 모든 국가의 동영상이 올라와 있으며 유튜브에 올라온 동영상은 순식간에 세계에 전파된다.

2010년 3월 칠레 대지진을 찍은 동영상이나 2010년 1월 아이티 대지진과 관련된 동영상은 인터넷이라는 미디어가 콘텐츠를 순식간에 세계 각지로 전파할 수 있다는 것을 확실하게 보여줬다. 저작권 등 법적 문제만 해결된다면 극단적으로는 월드컵이나 올림픽 같은 이벤트도 유스트림(U-stream)이라는 인터넷 실시간 동영상 중계 서비스를 이용해 전 세계로 생중계할 수 있다. 용량이 큰 동영상도 이런 상황에 있으니, 용량이 훨씬 작은 텍스트 자료는 언제든 국경을 넘어 유통될 수 있다. 중국처럼 막대한 인력과 자원을 활용하여 인터넷을 통한 정보의 유통을 차단하는 국가도 있지만 국경을 넘나드는 콘텐츠 유통은 이제 일상적인 현상이 됐다.

콘텐츠 제작 역시 국경을 넘어 다양한 협업 형태로 진행되고 있다. 2009년 3월 미국 아카데미상을 휩쓴 〈슬럼독 밀리어네어(slumdog millionaire)〉는 영화의 국적에 관한 논란이 분분했다. 인도가 배경이고 인도 배우가 등장한다고 해서 인도 영화라고 주장하는 시각이 있는가 하면, 미국 제작자가 미국 자본을 들여 만들었다는 이유로 인도 영화가 아니라고 주장하는 목소리도 나왔다. 그러나 사실 이 영화는 인도 작가인 바카스 스와루프의 소설을 원작으로 하여 영국인인 대니 보일 감독이 제작했다. 투자, 유통, 배급은 할리우드 자본으로 이루어졌으므로 이 영화는 '글로벌' 영화라고 불러야 적절하다.

우리나라 KBS 2TV에서 방영한 드라마 〈꽃보다 남자〉의 원작은 일본 순정만화 『花より男子』이다. 『花より男子』는 대만에도 〈유성화원〉이라는 드라마로 만들어지고, 일본에서도 드라마로 제작되어 선풍적인 인기를 끌었다. 이러한 국제적인 제작 공조는 이제 일상적인 일이 됐다.

2002년 우리나라에서 만들어진 영화 〈시월애〉. 우리나라 영화 최초로 할리우드에서 리메이크되었다.
제목은 〈The lake house〉.

2009년 우리나라에서 큰 인기를 끈 드라마 〈꽃보다 남자〉의 원작은 일본인 노다메 칸타빌레의 순정만화 〈꽃보다 남자(花より男子)〉이다. 이 원작은 일본에서만 총 6,000만 권이 팔렸는데, 일본에서도 같은 이름의 드라마로 만들어졌으며 대만에서는 〈유성화원(流星花園)〉이라는 이름의 현지 드라마로 탄생했다. 이러한 국제적인 제작 공조는 이제 미디어 산업에서 일상적인 일이 됐다.

마케팅 차원에서도 다국적 제작은 큰 의미가 있다. 이를테면, 할리우드에서 아시아권을 겨냥한 드라마를 만들 때 한국인이나 중국인, 일본인 배우를 끼워 넣는 일을 흔히 볼 수 있다. 영화 〈지아이조(G. I조)〉에는 이병헌이 나왔고, 〈로스트(lost)〉에는 김윤진이 주요한 배역으로 출연했다. 전지현이 나온 영화 〈시월애〉는 우리나라 영화 최초로 할리우드에서 리메이크되기도 했다. 현재 일본 아사히 TV와 우리나라 제작사인 삼화네트웍스는 일본 작가와 한국인 배우, 중국 촬영을 주요 내용으로 하는 드라마를 합작으로 만들고 있다.

이처럼 국적을 뛰어넘는 협력이 본격적으로 추진되고 있는 가장 큰 이유는 시장의 한계를 극복하기 위해서다. 우리나라는 이미 국내 시장만을 보고 드라마를 만들면 수지타산을 맞추기 어려운 실정이다. 따라서 기획 단계부터 일본이나 중국을 포함한 아시아 시장을 타깃으로 해야 한다.

미국 역시 시장 확대를 노리며 글로벌 차원에서 영화를 제작하는 경우가 많다. 만화 영화 〈뮬란〉이나 〈쿵푸 팬더〉 같은 것이 그런 예다. 글로벌 미디어 기업들 역시 자신들이 갖고 있는 자본 동원 능력과 배급 능력을 활용해 자신들이 만든 제작물에서 수익을 최대한 끌어내려 하고 있는 것이다.

미디어의 세계화가 본격적으로 이루어지면서 미디어 기업도 세계화·대형화되고 있다. 월트 디즈니(이하 디즈니), 뉴스코퍼레이션, 구글 등과 같은 글로벌 미디어 기업들은 공격적으로 해외 사업을 펼치고 있다. 이들 글로벌 미디어 기업들이 현지 기업을 인수합병하거나 제휴를 맺고 해외 사업을 펼치는 것은 이제 일상적인 일이 되었다.

일본과 중국도 글로벌 미디어 전쟁에서 뒤처지지 않기 위해 자국 미디어 기업의 대형화와 세계화를 추진하고 있다. 일본은 2008년 글로벌 미디어 산업을 위한 전략을 내놓았다. 중국도 파격적으로 성장하는 경제를 바탕으로 하여 미디어의 글로벌화가 가져올 새로운 기회를 잡으려고 노력하는 중이다. 우리나라 정부 역시 2009년 방송법 등을 개정하면서 글로벌 미디어 기업을 출범시키겠다는 원대한 포부를 내걸었다.

2

인터넷,
미디어의 지형을
바꾸다

검색, 인터넷의 총아

소셜 네트워크 서비스, 사람과 사람을 연결하는 망

온라인 게임, 또 다른 개척 지대

인터넷 뉴스, 무한의 유통 창구

인터넷 동영상, 1인 방송 시대를 여는 도구

세계에서 가장 큰 인터넷 기업인 구글의 2010년 4월 시가총액은 약 1,740억 달러였다. 우리나라 원화로 환산하면 208조 원 가량으로 삼성전자의 시가총액인 110조 원의 두 배 가까이 되는 금액이다. 시가총액은 주식 한 주당 가격에 전체 주식 수를 곱한 금액으로서 회사의 시장가치를 보여준다.

소셜 미디어 사이트인 '페이스북(facebook)'의 가치는 약 200억 달러라고 미국 경제잡지인 『포춘』은 밝혔다. 2009년 상반기 러시아의 한 회사는 페이스북의 지분 1.96퍼센트를 받는 조건으로 2억 달러를 투자했다. 이는 페이스북의 시장가치를 100억 달러 정도로 계산한 것이다. 2010년 페이스북의 가치는 1년 만에 약 두 배로 뛰었다. 이 외에 2010년 6월을 기준으로 주요 미디어 기업의 시가총액을 보면 디즈니가 600

억 달러, 바이아컴이 190억 달러, 타임 워너가 320억 달러, 뉴스코퍼레이션이 320억 달러 수준이다.

국내 대표 인터넷 기업인 네이버의 시가총액은 2010년 6월 기준 약 9조 원이다. SBS가 6,000억 원대, SBS 모회사인 SBS 미디어 홀딩스가 3,000억 원대인 것을 보면 상당히 높은 수치다. 시가총액이 기업의 성장성에 대한 시장의 기대감을 반영한다는 점을 감안할 때 인터넷 기업이 얼마나 높은 기대를 받고 있는지 알 수 있다.

21세기에 들어 미디어 지형에 가장 많은 변화를 준 요소를 뽑으라면 단연 인터넷이다. 인터넷이 가져온 변화는 TV, 라디오 등이 등장했을 때와 비교할 수 없을 정도로 광범위하다. 신문업계 종사자들은 세계신문협회총회에서 "인터넷으로부터 신문이 받는 위협은 과거 라디오와 TV로부터 받았던 위협과 비교할 수 없으며, 인터넷은 신문의 존립 기반 자체를 흔들고 있다"고 지적했다.

인터넷은 미디어와 엔터테인먼트 외에도 전자상거래 등 거의 모든 분야에 활용되고 있다. 마치 전기처럼 일상생활에 녹아든 상품으로 바뀌고 있는 것이다. 인터넷 영역 가운데 특히 미디어 및 엔터테인먼트 사업과 관련이 깊은 부분은 검색, 소셜 네트워크 서비스(SNS), 온라인 게임, 뉴스, 동영상 등의 분야이다.

검색, 인터넷의 총아

인터넷은 곧 검색이다

2006년 유화증권은 '인터넷, 독점과 승수의 가치'라는 보고서에서 "네이버 검색창을 토지의 평당 가치로 환산할 경우 26조 원이 나온다"고 주장했다. 네이버는 NHN에서 운영하는 우리나라 대표 포털 사이트이다. 최훈 애널리스트는 "NHN의 지난 5년간 연평균 검색 매출은 639억 원, 전자상거래 총액은 2,743억 원, 전체 순이익은 289억 원"이라며 "검색 매출이 차지하는 비중 37.5퍼센트를 순이익에 단순 대입하면 108억 원이 나온다"고 말했다. 그는 "이를 과거 데이터에 가중치를 부여한

구글의 초기 화면. 이 초기 화면으로 구글은 200조가 넘는 기업으로 성장했다.

토지 산정 가격과 비유하면 1평당 가격으로 26조 원이 산출된다"고 주장했다. 물론 이 분석에는 자의적인 측면이 많다. 하지만 네이버 검색 사업의 가치는 적게 잡아 수조 원에 이른다 해도 지나치지 않을 것이다.

그렇다면 세계 검색 시장을 지배하고 있는 구글 검색창의 가치는 얼마나 될까? 2010년 5월 기준 시가총액 1,620억 달러에 이르는 적지 않은 수입이 검색을 통해서 이뤄진다는 점을 감안할 때 구글 검색창의 가치는 적어도 수백 억 달러가 넘을 것이다.

인터넷 세계에서 막강한 영향력을 가진 구글의 힘은 바로 검색에 있다. 구글은 자신들이 만든 독특한 알고리즘을 활용해 전 세계 주요 인터넷 사이트를 색인해놓고 있다가 인터넷 이용자들이 검색을 하면 필요한 정보를 순식간에 보여준다. 강력한 검색 서비스를 기반으로 15년이 채 지나지 않아 인터넷 분야에서 최강자로 올라섰다.

인터넷 검색은 3세대를 거치며 발전했다. 1세대는 디렉토리(directory) 검색으로 전화번호부나 도서목록을 색인할 때 사용하는 방식을 그대로 적용했다. 2세대는 키워드 검색이다. 검색창에 검색어를 입력하면 결과가 출력되는데, 기본적으로 중요한 사이트에 많이 인용되는 것을 검색어와 매칭시켜 보여주는 기술이다. 3세대에 대해서는 시맨틱 검색, 웹 2.0 검색 등 다양한 얘기가 나오고 있는데, 아직까지 미래의 검색이 어떤 방식으로 진화할지에 대해서는 명확히 알 수 없다.

구글은 스마트폰에 적용되는 음성 검색, 즉 '뉴욕 타임스'라고 말하면 『뉴욕 타임스』 홈페이지를 비롯해 『뉴욕 타임스』와 관련된 기사를 보여주는 기능을 2010년 추가했다. 동영상 검색 수준도 계속 높여가고 있다.

사실 인터넷의 여명기에는 검색이 그다지 중요하지 않았다. 오히려 다양한 서비스를 제공한 야후와 같은 포털 사이트가 배너 광고를 기반으로 산업의 성장을 이끌었다. 당시 대부분 인터넷 사이트가 야후처럼 뉴스, 음악, 경제 등 각 분야 주요 사이트를 전화번호부처럼 분류하고 배열해 놓았다.

그러나 1990년대 중반이 지나면서 야후와 같은 디렉토리 방식은 인터넷상에서 각종 정보를 조직화하여 보여주는 데 한계를 드러냈다. 인터넷 회사는 수많은 정보를 디렉토리에 맞춰 분류하고 정리하는 데 많은 시간과 노력을 기울여야 했다. 제대로 분류되지 않고 누락된 정보도 적지 않았다. 이런 문제점을 간파하고 한 차원 높은 검색 서비스를 제공한 곳이 바로 구글이다.

구글은 디렉토리 방식이 아닌 수학적 알고리즘을 도입해 인터넷 페이지에 경중을 매긴 뒤 검색창에 단어를 입력하면 인터넷상에 가장 많이 인용된 사이트를 중심으로 결과를 보여주는 방식을 택했다. 사람들은 별다른 수고 없이 구글의 검색 엔진이 보여주는 결과를 그대로 활용할 수 있게 됐다. 이후 구글은 사람들이 원하는 검색 결과가 제대로 나오도록 하는 데 지속적인 노력을 기울이고 있다.

구글의 검색 기능이 인터넷 산업에서 미친 영향은 지대했다. 구글이 출현하기 이전 인터넷 산업은 확실하게 돈을 버는 비즈니스 모델이 없었다. 배너 광고를 노출하는 것이 거의 유일한 사업 모델이었다. 하지만 구글의 검색 엔진 도입과 활성화로 검색 광고도 확실한 비즈니스 모델 자리잡게 되었다. 검색 광고를 하는 '오버추어(overture)'와 같은 기업도 생겨났다. 이들 기업은 다른 어떤 곳보다 인터넷에서 성공적인 형태의 비즈니스를 했다.

구글 광고나 오버추어 광고는 특정 단어로 검색하여 나타난 웹페이지에 관련 광고를 노출하는 방식이다. 물론 가장 높은 가격으로 입찰한 사람의 광고가 맨 처음 노출되는 것이 일반적이다. 이들 기업은 검색 엔진을 매개로 광고 서비스를 하는 일종의 광고 대행사로 보면 된다.

미래에는 검색이 어떻게 이루어질까

2008년 구글 검색 담당 부사장인 마리사 메이어는 다음과 같은 글을 구글 사이트에 올렸다. "아직까지 사람들이 알고 싶은 것의 20퍼센트만 검색이 되고 있다. 검색 엔진의 발전 가능성은 무궁무진하다."

그의 주장에 따르면, 컴퓨터를 켜야만 하는 현재의 검색 기능은 여전히 접근성이 떨어진다. 휴대폰이나 달리는 차에서도 휴대용 기기를 이용하여 검색이 가능해야 한다. 실제 대화 중에 이야기를 멈추고 컴퓨터를 켜서 검색을 하기란 쉽지가 않다. 그는 항상 검색할 수 있는 컴퓨터 시스템이 갖춰진다면 훨씬 더 검색이 활성화될 것이라고 주장한다.

실제 대학교에서는 무선 인터넷으로 강의 내용을 확인하고 교수들에게 질문을 하는 일이 흔해졌다. 스마트폰의 보급으로 대화 중에 검색을 하는 경우도 많아졌다.

앞으로 검색은 몇 글자의 단어를 입력하는 텍스트 중심에서 음성이나 일상 대화 언어를 그대로 사용하는 자연어 검색으로 변할 가능성이 크다. 2010년 6월 25일 출시된 삼성 핸드폰 갤럭시 S는 구글의 핸드폰 운영체제인 안드로이드를 채택하고 있다. 갤럭시는 음성 검색 기능이 들어 있어 번거롭게 글자를 입력할 필요 없이 말만하면 검색이 이뤄진다. 음성 검색 기능은 자판을 사용하기 힘든 단말기에 더욱 유용하게 이용될 것으로 보인다. 애플 역시 구글의 음성 검색에 밀릴세라 시리(Siri)라는 음성 검색 기술 전문 기업을 2010년 4월 약 2억 달러를 주고 인수했다.

그렇다면 검색에 반드시 몇 가지 단어만 사용할 필요가 있을까? 일상적인 대화를 하듯이 검색을 할 수는 없을까? 예를 들어 '세상에서 가장 긴 강은 무엇' 이라고 말하면 알아서 아마존 강에 관한 정보를 보여준다면 검색이 훨씬 더 편리할 것이다. 이처럼 앞뒤 문맥을 파악해 검색 결과를 보여주는 것을 '시맨틱' 검색이라고 한다. 만약 인간이 사용하는 자연어를 제대로 인식하는 검색 기술을 지닌 기업이 나온다면 엄청난 가격에 인수될 것이다.

검색을 글이나 말로 하는 방식 외에는 다른 방법이 없을까? 구글 사이트에 실린 글을 보자.

"머리 위로 나는 새를 찍은 사진으로 검색하면 무슨 종류의 새인지 알 수 없을까요? 동영상을 보여주거나 음성을 들려주면 검색 엔진이 관련 정보를 말해주도록 할 수는 없을까요? 이런 서비스가 부분적으로는 가능할지 몰라도, 사용에 편리하고 일관된 방식으로는 아직까지 불가능합니다."

이 발언은 미래에 가능한 검색을 염두에 둔 것이다. 구글은 2008년 5월 이미지, 비디오, 뉴스, 책, 지도 등을 통합적으로 검색하여 보여주는 서비스 '유니버설 서치'를 도입했다.

미래의 검색 엔진이 보여줄 결과물은 훨씬 개인화될 것으로 예상된다. 예를 들면 한 개인이 과거부터 검색한 것들의 결과를 데이터베이스로 보유하고 있다가 그 사람이 검색을 하면 그에게 최적화된 검색 서비스를 제공할지 모른다.

위치 정보와 검색을 결합하는 것도 더 중요해질 것으로 보인다. 이를테면 어떤 사람이 있는 위치를 알면 훨씬 더 정확한 검색 정보를 제공할 수 있다. 위치 정보는 검색 광고의 미래가 될 가능성이 크다. 지리적 정보를 바탕으로 검색하면 해당 지역에 있는 업체들의 광고를 보다 유용하게 제공할 수 있기 때문이다. 실제 모바일과 위치 정보 검색 서비스를 결합한 광고는 그 효과가 다른 무엇보다 훨씬 크다.

검색업계의 화두는 실시간 검색과 시맨틱(semantic) 검색이다. 페이스북, 트위터, 인터넷 사이트를 통해 엄청난 정보가 올라오는 상황에서 과거처럼 인덱싱만 하는 방식으로는 검색에 한계가 있다. 이 때문에 미래의 검색은 인터넷상에 새로 올라온 내용을 순식간에 검색할 수 있도록 하는 데 초점이 맞추어져 있다. 실시간 검색 서비스로는 '톱시(Topsy)' '원라이어트(Oneriot)' 등이 인기를 끌고 있으며 마이크로소프트가 만든 빙(Bing)도 실시간 검색 기능을 강화하고 있다.

시맨틱 검색은 컴퓨터가 문장의 뜻을 이해하고 논리적인 추론까지 할 수 있는 차세대 지능형 검색을 말한다. 목표는 질문자가 알고자 하는 내용에 들어맞도록 순도 높은 검색 결과를 보여주는 것이다. 검색어의 맥락이나 의미 등을 컴퓨터가 분석하여 이용자가 진짜 원하는 정보를 검색 결과에 노출하는 것에 검색 엔진의 미래가 있다고 할 수 있다. 오랫동안 학계나 산업계에서 시맨틱 검색에 관해 연구하여 완성도가 높은 검색 엔진을 내놓았다고 자랑했으나 만족스러운 수준은 아니다.

국내 검색 시장은 네이버가 80퍼센트 가까이 점유하고 있다. 네이버의 시장 점유율은 2000년대 초·중반을 거치면서 압도적으로 높아져 결코 무너지지 않을 것처럼 보였다. 그러나 이런 시장에 변화의 조짐이 일어나고 있다. 인터넷 트래픽 곧 서버에서 하루 동안 주고받는 정보의 양을 조사하는 코리안클릭의 유도현 대표는 "2009년에는 검색의 질적 차별성이 약화됐고 검색의 일상화와 혁신적 검색의 부진이 눈에 띈다"고 주장하며, "검색 시장의 고착화에도 변화 가능성이 있다면 이는 곧 검색

데이터베이스의 확대 경쟁에 사용자의 의도를 최대한 반영하는 검색 엔진이 보급될 때 가능해진다"고 진단했다. 인터넷 검색을 다른 종류의 서비스와 어떻게 접목할 것인가가 앞으로 더 중요한 화제가 될 것이라는 예측이다.

소셜 네트워크 서비스, 사람과 사람을 연결하는 망

사람들 사이의 관계망 구축

2010년 남아공 월드컵과 관련하여 가장 화제가 된 인물은 축구인 차범근 감독과 그의 아들 차두리 선수이다. 차두리 선수가 그리스 전에서 뛰어난 체격을 잘 활용하여 성공적으로 수비를 하자 '차두리 로봇설'이 생겨났다. 차두리 선수를 아버지인 차범근 감독이 원격조정한다든가, 차두리 선수의 유니폼 등번호 '11'이 사실은 로봇인 차두리 선수에게 전원을 공급하기 위한 콘센트라든지 하는 여러 가지 농담이 나왔다.

차범근 감독은 미투데이(Me2day) 가입자들이 차두리 로봇설에 대해 다양한 질문을 하자 "차두리가 로봇이라는 것을 공개하면 아빠 로봇은 문제가 없지만 엄마 로봇이 비밀로 하고 싶어 한다"고 답했다. 차범근 감독의 답변은 미투데이 가입자들에게 그대로 전달됐다. 미투데이를 운영하

2010년 남아공 월드컵 기간 중 진행된 미투데이 이벤트 '차범근 축구 해설 위원에게 물어보세요'. 차두리 로봇설 등이 떠오르면서 큰 인기를 끌었다.

는 NHN은 월드컵 기간 중 미투데이의 브랜드 인지도와 사용자 수를 늘리고자 '차범근 위원에게 물어보세요'라는 이벤트를 만들어 대대적으로 진행했다. 결과는 성공적이었다. 2010년 3월 기준으로 미투데이를 사용하는 국내 사용자는 100만 명이 넘는다.

차범근 감독이 활용한 미투데이와 같은 인터넷 서비스를 소셜 네트워크 서비스라고 한다. 소셜 네트워크 서비스는 인터넷상에서 사람들 사이의 관계망을 형성하는 데 초점을 두고 있다. 사람들의 관계망은 공통관심사, 공통 출신 배경 등을 중심으로 형성된다. 소셜 네트워크 서비스는 대부분 웹을 배경으로 하여 진행되고 있으며 이용자들이 다양한 형태로 상호 작용할 수 있도록 여러 가지 서비스를 제공한다.

완벽에 가까운 커뮤니케이션 기회 제공

세계적인 소셜 네트워크 서비스로는 페이스북, 트위터, 마이스페이스 등이 있다. 전문가들끼리 정보를 주고받을 수 있도록 하는 링크드인(LinkedIn)과 같은 보다 특화된 것도 있으며, 가상공간에서 아바타로 가상의 삶을 꾸려갈 수 있도록 하는 세컨드라이프(Second Life)와 같은 사이트도 있다. 국가별로도 특화된 소셜 네트워크 서비스가 있는데 우리나라의 싸이월드와 미투데이, 일본의 믹시(Mixi)가 대표적인 예다.

소셜 네트워크 서비스는 1980년대에 소수 인터넷 사용자들 사이에서 게시판 또는 채팅방 형태로 시작됐다. 이 기간 중에는 폭발적인 성장을 거두지 못했다. 소셜 네트워크 서비스는 속성상 가입자 수가 일정한 수준에 도달해야 폭발적으로 성장하기 때문이다.

소셜 네트워크 서비스가 폭발적으로 커진 것은 1990년대 중반이다. 그전까지는 오프라인상에서 서로 직접적으로 관계가 있는 사람들을 중심으로 소셜 네트워크가 형성됐던 것에 반해 이후에는 직접적인 관계가 없는 사람들까지 끌어들이는 모습을 보였다. 1997년 식스디그리스 닷컴(SixDegrees.com)이 대표적인 사례다.

식스디그리스 닷컴은 지구상 모든 사람들이 여섯 명만 거치면 서로가 모두 아는 사이라는 사회학 이론에 기반을 두고 서비스를 시작했다. 각자가 제공한 인적 정보를 분석하여 서로 네트워크를 이룰 가능성이 높은 사람들을 소개해주는 현대판 소셜 네트워크 서비스의 기본적인 기능을 이때 추가했다. 그러나 1990년대에는 소셜 네트워트 서비스가 확실한 비즈니스 모델을 갖추지 못했기 때문에 식스디그리스 닷컴은 존속할 수 없었다. 초고속 인터넷망도 제대로 갖춰져 있지 않은 관계로 폭발적인 성장을 하지 못했다.

1990년대 말이 되자 소셜 네트워크 서비스는 큰 변화를 맞이했다. 신뢰하는 사람들끼리 홈페이지를 서로 꾸미도록 허용하는 새로운 트렌드가 시작됐다. 이런 서비스 방식으로 급속하게 성장한 소셜 네트워크는 2002년에 등장한 프렌드스터(Friendster)다. 마이스페이스와 링크드인이 그 뒤를 이어서 2003년에 등장했다. 2005년 전성기를 맞은 마이스페이스의 인터넷 트래픽은 세계적인 검색 사이트인 구글보다 많았다. 2004년에는 주로 대학생들이 정보를 공유하는 사이트인 페이스북이 급속하게 성장하여 2010년 현재 세계에서 가장 많은 이용자 수를 확보한 소셜 네트워크 사이트가 되었다.

소셜 네트워크 사이트가 본격적으로 미디어 비즈니스의 대상으로 활용되기 시작한 시점을 전문가들은 2005년이라 보고 있다. 2005년 3월 야후는 '야후 360'을 출범했다. 미디어 재벌인 루퍼트 머독이 이끄는 뉴스코퍼레이션은 마이스페이스를 인수했다. 영국에서는 iTV가 친구들의 재회 사이트인 프렌즈 리유니티드(Friends Reunited)를 산하에 두었다. 현재 전 세계적으로 인기를 끌고 있는 소셜 네트워크 사이트는 약 2,000개나 된다고 한다.

2006년에 탄생한 트위터는 2009년에 이르러 다른 소셜 네트워크를 압도하는 양상을 보였다. 현재 트위터의 유일한 경쟁 상대는 페이스북 정도이다. 트위터의 신규 가입자는 하루 평균 30만 명이며 트위터 홈페이지(http://twitter.com)를 방문하는 사람은 한 달에 1억 8,000만 명에 달한다. 우리나라 사용자도 2009년 기준으로는 5만 명이었으나 2010년 6월 기준으로는 60만~150만 명 가량 될 것으로 추정된다.

트위터는 한 번에 올릴 수 있는 글이 140자 이내의 짧은 분량이어야

블로그의 인터페이스와 미니홈페이지의 '친구맺기' 기능, 메신저 기능을 한데 모아놓은 트위터. 웹에 직접 접속하지 않고 휴대전화의 문자 메시지로도 글을 올리거나 받아볼 수 있으며, 댓글을 달거나 특정 글을 다른 사용자들에게 퍼트릴 수도 있다.

한다는 것이 가장 큰 특징이다. 여기에는 처음부터 휴대전화로도 트위터 사용을 가능하도록 하려 했던 의도가 담겨 있다. 미국의 휴대전화 단문 메시지 최대 글자 수는 160자인데, 트위터는 이중 사용자 주소(@아이디)를 표시할 20자쯤을 빼고 140자를 활용할 수 있도록 했다.

다른 사람이 트위터에 올린 글을 받아보는 것을 팔로잉(following)이라고 하는데, 트위터는 싸이월드의 미니홈피 일촌맺기처럼 상대방의 허락을 받을 필요가 없어 사용이 간편하다. 이 외에도 상대방의 글을 재전송하거나 답문을 보낼 수 있는 기능도 있다.

페이스북은 가입자 수가 4억 명이 넘는 세계 최대 소셜 네트워크이다. 우리나라에서도 사용자 수가 빠른 속도로 늘고 있다. 『매일경제』보도에 따르면, 2010년 6월 우리나라 페이스북 사용자는 약 56만 명이라고 한다. 페이스북은 기호나 학교 등이 비슷하면 친구들을 소개해주는 기능도 있다.

세컨드라이프는 인터넷 공간에서 아바타를 통해 새로운 인생을 살면서 다양한 사람과 상호작용을 하도록 하고 있다. 이것이 바로 자신의 현재 정체성을 그대로 유지하고 프로필을 공개하는 대부분 소셜 네트워크와 다른 점이다. 한때 다양한 기업과 조직들이 세컨드라이프에서 활동하며 마케팅했다. 세계 주요 기업들과 은행들이 지점을 열고 영업 활동을 벌여 눈길을 끌기도 했다.

소셜 네트워크는 새로운 기법이나 기술을 도입하면서 더욱 많은 인기를 끌고 있다. 현재 소셜 네트워크의 가장 강력한 화두는 실시간 서비스와 지리 기반 서비스이다. 실시간 서비스는 정보를 올리면 마치 생방송처럼 순식간에 정보가 전파되도록 해준다. 대표적인 예는 트위터로 확인해볼 수 있다.

누군가가 트위터에 데이터를 올리면 연계된 사람들(follower)이 순식간에 볼 수 있다. 우리나라에서 명절 교통 체증이 많이 줄어든 이유 가운데 하나는 소셜 네트워크 서비스와 문자 메시지 등으로 교통 정보가 실시간으로 퍼져 나갔기 때문이라고 말하는 사람들도 있다.

소셜 네트워크 서비스가 지리 정보와 접목될 때는 온·오프라인을 넘나드는 모임이 활성화될 수 있다. 예를 들어 트위터를 활용하면 현재 자신과 가까운 곳에 있는 사람들 중에서 누가 트위터를 하고 있는지 곧바로 알 수 있다.

소셜 네트워크가 다른 인터넷 서비스와 결합하면 강력한 미디어로서 역할을 한다. 일본의 대표적인 인터넷 기업인 소프트뱅크의 손정의 사장은 2010년 3월 말 신입사원에게 했던 강연 내용을 트위터 팔로어 수만 명에게 실시간으로 전했으며, 실시간 인터넷 방송 사이트인 유스트림으로도 생중계했다. 이로써 그 강연 내용이 행사장에 있던 신입사원뿐 아니라 전 세계로 알려졌다.

이 외에도 단문 텍스트를 실시간으로 팔로어들에게 전달해주는 트위터처럼 사진이나 동영상을 실시간으로 전송해주는 서비스도 부상하고 있다. 휴대전화의 GPS 기능과 연계하여 특정 지역 사람들과 네트워크가 만들어지게 하는 서비스도 주목을 끌고 있다. 예를 들어 클릭스터(Clixter)라는 사이트에는 사진을 찍어 올리면 그곳이 어디인지를 정확하게 알려주는 기능이 있다. 클릭스터는 포스퀘어(Foursquare)나 고왈라(Gowalla)의 지리 정보를 적극적으로 수용한 소셜 네트워크이다.

최근에는 기업은 물론 정치인들까지 브랜드 관리와 홍보에 소셜 네트워크 서비스를 활용하고 있다. 『마케팅 자이브』라는 책을 쓴 조디 니미츠(Jody Nimetz)는 "소셜 네트워크 서비스는 브랜드 이미지 형성, 온라인 평판 관리, 인재 채용, 신기술과 경쟁자 확인 등에 활용할 수 있다"고 주장했다.

오바마 미국 대통령은 트위터 팔로어가 115만 명이나 되는 것으로 알려져 있다. 오바마 대통령은 이들을 주축으로 지지 기반을 공고히 하고 유권자들과 끊임없이 대화한다. 원더걸스과 같은 연예인, 김연아와 같은 스포츠 스타도 소셜 네트워크를 홍보 수단으로 적극 활용하고 있다. 소셜 네트워크는 사회 운동, 학교, 출판 등 적극적인 홍보 매개체가 없던 조직에 거의 완벽한 커뮤니케이션 기회를 제공한다.

우정에 값 매기는 세상

당신 우정의 값어치는 얼마나 될까요? 소중한 우정에 값을 매길 수 없다고 불쾌해 하시는 분도 계실지 모르겠습니다. 그러나 사회가 디지털화되고, 막대한 양의 데이터를 분석할 수 있는 분석기법이 개발되면서 친구 관계에 가격을 매기는 시대가 이미 와 있습니다.

기업들도 이제는 우정이라는 영역을 집중적으로 파고들기 시작했습니다. 나아가 우정을 이용해 돈을 버는 수많은 방법을 고안해내기 시작했습니다. 친구 관계를 활용한 마케팅이 다른 마케팅에 비해 훨씬 효과적이고 비용도 저렴하다면 마케팅 전문가들은 우정을 이용하는 것을 주저하지 않습니다.

상업적 관점에서 친구가 중요한 이유는 크게 두 가지로 정리할 수 있습니다.

첫째, 친구들은 대체로 출신이나 배경이 비슷한 사람이 많습니다. 유유상종이죠. 그러다보니 한 친구가 어떤 물건을 샀을 경우 그의 친구도 동일한 물건을 구입할 가능성이 훨씬 큽니다. 한 친구가 어떤 골프채를 샀다고 하면 다른 친구들도 같은 골프채를 살 가능성이 있는 거죠.

특히 요즘처럼 미디어 환경이 복잡해진 상황에서 고객의 친구를 안다는 것은 타깃 마케팅에 아주 유용합니다. 몇 년 전 미국의 야후는 이런 조사 결과를 발표했습니다. 어떤 사람이 인터넷 사이트에 올라온 광고를 클릭했을 때 그 사람의 메신저에 이름이 올라 있는 사람이 동일한 광고를 클릭하는 비율이 그렇지 않은 사람이 클릭하는 비율보다 300퍼센트 이상 높았다는 내용입니다.

둘째, 대부분 사람들은 물건을 구입하는 데 조언을 구하게 마련입니다. 이 틈을 비집고 기업들은 광고도 하고 이벤트도 합니다. 그러나 이때 다른 어떤 것보다 가장 효과적인 광고는 친구들이 하는 조언입니다. 심지어 애인까지도 친구들이 하는 조언에 따라 바꾸지 않습니까? 친구들이야말로 입소문을 퍼뜨리는 데 핵심적인 역할을 합니다.

친구들과의 네트워크를 기업들이 집중적으로 파악한 것은 물론 인터넷과 소셜 네트워크 서비스 덕분이라고 할 수 있습니다. 미국 컬럼비아 대학의 사회학자인 던컨 와츠는 이렇게 말합니다. "12년 전에는 인터넷상에서 친구 네트워크에 대해 조사를 했을 때 어떤 데이터도 입수할 수 없었다. 그러나 이제는 2억 9,500만 명의 인터넷 자료, 그리고 2억 명의 페이스북 사용자를 통해 다양하게 자료를 분석할 수 있다."

돌이켜보면 20년 전 외부 사람들이 누군가의 친구 관계를 알기 위해 할 수 있었던 것은 그 사람의 수첩을 들여다보는 것이었습니다. 그러나 요즘은 소셜 네트워크 사이트에 가거나 이메일 또는 메시지를 보낸 횟수를 점검해보면 누가 중요한 친구인지를 과거에 비해 손쉽게 파악할 수 있습니다. 프라이버시 문제만 없다면 누구에게 가장 많은 이메일을 보냈는지, 내가 만든 인터넷 사이트에 누가 가장 많이 방문했는지 정도는 쉽게 알아낼 수 있습니다.

만약 기업들이 이런 데이터를 확보하면 마케팅 메시지를 곧바로 친구들에게 보낼 수 있을 것입니다. 그 마케팅 방법은 성공 확률이 훨씬 높겠죠. 샌프란시스코의 한 카드 회사는 다양한 상품에 대해 친구들이 어떤 반응을 보였는지를 바탕으로 하여 특정인에게 맞춤형 상품 안내 문구를 보냄으로써 광고 효과를 3배 가량 높였다고 합니다.

이와 같이 친구를 활용한 마케팅이 효과를 보이자 점점 더 다양한 상품이 개발되고 있습니다. 예를 들면 VCR에 오늘 내 친구가 본 TV 프로그램을 소셜 네트워크 사이트에서 확인한 뒤 자동으로 녹화해서 보여주는 기능을 첨부할 수도 있습니다. 또 이런 것도 가능할 수 있습니다. 대형 판매점의 경우 소비자들이 구입한 물건의 사진을 소셜 네트워크 사이트에 올릴 수 있도록 카운터에 설비를 합니다. 그러면 그 물건은 자연스럽게 홍보가 됩니다. 심지어는 자동차나 전기밥솥에도 소셜 네트워크 기능을 집어넣으려는 움직임이 있습니다. 이를테면 오늘 친구가 무슨 밥을 했는지, 잡곡밥을 했는지, 밥에 콩과 밤을 넣었는지 등을 실시간으로 다른 친구에게 알려주는 서비스를 가능하게 하는 것이죠.

아예 적극적으로 친구를 만들어 마케팅에 활용하는 곳도 있습니다. 트위터의 팔로어는 내가 트위터 사이트에 올린 글을 받아보는 사람들입니다. 인터넷상에서 네트워크를 형성한 친구들이라고 할 수 있죠. 로스앤젤레스 인근에서 트럭으로 이동하면서 갈비 등을 파는 '고기 BBQ'라는 회사는 5만 2,000명에 이르는 팔로어를 확보한 뒤, 자신들이 어디에 가게를 여는지를 트위터 사이트에 올림으로써 사람들을 모으고 있습니다. 샌프란시스코의 미션파이는 비슷한 방식으로 트위터에 "복숭아의 계절이 드디어 왔습니다. 햇복숭아로 만든 복숭아 파이를 10시에 와서 맛보세요"라는 글을 올립니다. 이 미션파이는 약 1년 동안 150여 명의 팔로어에게 글을 꾸준히 올렸더니, 어느 순간 팔로어가 1,000명으로 늘면서 매출이 큰 폭으로 증가했다고 합니다.

물론 인터넷상에서도 모든 친구가 똑같이 중요한 것은 아닙니다. 2~10명 안팎의 핵심적인 친구들이 훨씬 가치가 있죠. 물론 그 다음으로는 50~200명 내외의 친구들이 있고, 느슨한 형태의 유대를 갖는 친구들이 있습니다.

유대가 강력한 2~10명은 의사결정에 절대적인 영향력을 줍니다. 돈으로 따지면 그만한 가치가 있겠죠. 그래서 기업들은 인터넷상의 다양한 데이터를 분석하여 어떤 사람들이 핵심적인 친구인지를 분류하려고 노력합니다.

유태인 펀드매니저가 이런 얘기를 필자에게 들려준 적이 있습니다. 한 사람의 연봉은 그의 가장 친한 친구 10명의 연봉을 평균한 것과 비슷하다고요. 그런 관점과 마케팅 측면에서 본다면 필자보다 연봉이 높은 사람의 친구들이 그에게는 훨씬 가치가 있을 것입니다. 이제 소셜 네트워크 때문에 친구도 본격적으로 가격이 매겨지는 시대가 된 듯합니다.

- 필자의 블로그(Ko.chosun.com) 글 중에서-

국내 소셜 네트워크의 흐름

눈길을 돌려 국내 소셜 네트워크의 흐름을 살펴보자. 우리나라 소셜 네트워크의 시발점이라고 하면 1990년대 말과 2000년대 초반을 장식했던 아이러브스쿨이라고 할 수 있다. 아이러브스쿨은 한국적인 동창회

정서 등과 맞물리면서 급속하게 성장했지만, 시대의 조류를 따라가지 못하면서 주요 소셜 네트워크 대열에서 낙오됐다.

싸이월드는 디지털 카메라의 보급이라는 시대적인 조류를 타는 동시에 일촌 맺기, 도토리라는 사이버 아이템 등을 활용함으로써 폭발적으로 성장하여 우리나라 2세대 소셜 네트워크의 패권을 잡았다. 1999년 출범한 싸이월드는 아이템 판매로 미니홈피 꾸미기 붐을 일으켰다. 싸이월드 미니홈피는 일상을 기록하는 기본적인 것 외에도 자신을 표현하고 타인과 소통하는 최적화된 도구로 자리 잡았다. 2000년대 초반 싸이월드는 선풍적인 인기를 끌면서 세계적인 주목을 받고 미국, 일본 등지로 진출을 추진했으나 안타깝게도 별다른 성과는 거두지 못했다.

이런 가운데 나온 소셜 네트워크가 미니 블로그 형태인 미투데이다. 미투데이는 한 번에 올릴 수 있는 글자 수가 150자로 제한되어 있어서 '한국판 트위터'라고 한다. 미투데이는 제공자인 NHN이 공격적으로 마케팅을 하면서 토종 소셜 네트워크 중에서 가장 안정적으로 성장하여 트위터와 경쟁하고 있다. 가입자가 100만 명을 넘었으며 주로 연령층은 10~20대다.

요즘(yozm.daum.net)은 2010년 2월 다음커뮤니케이션이 선보인 소셜 네트워크이다. 요즘 역시 미투데이와 마찬가지로 150자의 짧은 글로 웹, 모바일로 친구들과 빠르고 가볍게 이야기를 나누도록 해준다. 출시한 달 만에 가입자가 5만 명을 넘어섰으며 순항 중이다.

요즘은 트위터나 미투데이보다 사용자에 관해 소개하는 프로필 기능을 강화한 것이 특징이다. 나이, 성별, 혈액형, 취미, 관심사 등 다양한 정보를 검색하여 자신과 성향이 같은 이용자들을 쉽게 찾아 친구를 맺을 수 있다. 또 동영상이나 이미지를 간편하게 올리고 즐길 수 있도록 멀티미디어 기능을 한층 강화한 것도 강점이다. 휴대폰 문자 메시지나 이메일로 글, 사진, 동영상 등을 간단하게 올릴 수 있는 것도 다른 소셜 네트워크와 차별화된 부분이다.

온라인 게임, 또 다른 개척 지대

세계를 리드하고 있는 한류 온라인 게임

2009년 국내 상장 기업 가운데 가장 높은 영업이익률을 기록한 곳은 어딜까? 한국거래소가 2009년 기업 실적 자료를 분석한 결과, 인터넷 게임업체인 엔씨소프트가 44.1퍼센트로 1위를 차지했다. 2위 역시 인터넷 기업인 NHN으로 42.9퍼센트였다. 엔씨소프트는 약 1,000원 어치를 팔면 429원을 이익으로 남긴 셈이다.

국내 기업들의 경우 영업이익율이 10퍼센트만 넘어도 장사를 잘했다는 평가를 받고 있다. 엔씨소프트가 낸 실적은 2008년 11월 출시된 야심작 아이온의 호조에 따른 것이다. 엔씨소프트의 주식은 2008년 4만 원대에서 2010년 6월 20만 원으로 약 5배가 올랐다. 엔씨소프트의 시가 총액은 약 4조 3,000억 원으로 전 세계 온라인 게임업체 가운데 3위 수준에 해당한다. 온라인 분야에서 1위는 블리자드, 2위는 EA인 것으로 알려져 있다.

온라인 게임은 가난한 사람들의 게임이라는 얘기가 있었다. 과거에는 비싼 콘솔(게임 전용 기기)이나 게임 타이틀을 살 수 없었던 사람들이 사용하던 일종의 열등재였다.

그러나 오늘날 온라인 게임은 우리나라를 중심으로 급속하게 성장했고 엔씨소프트, 한게임, 넥슨, 네오위즈 등과 같은 스타 기업들을 탄생시켰다. 심지어는 각종 온라인 게임단과 게임을 실제 중계 방송하는 채널까지 탄생시킬 정도로 파괴력을 발휘했다.

온라인 게임은 우리나라가 세계를 리드하고 있다. 그러므로 우리나라 온라인 게임의 역사를 살펴보자.

1994년 우리나라에는 최초의 머드(MUD : Multi User Dungeon) 게임이 본격적으로 도입됐다. 머드 게임은 텍스트 기반이라는 것이 가장 두드러진 특징이며, 이전과 달리 여러 명이 동일한 게임을 동시에 즐길 수 있는 게임을 말한다. 당시는 PC통신이 유행하던 시절이었으므로 텍스트를 중심으로 하는 게임을 즐길 수밖에 없었다.

1996년에는 넥슨이 최초로 그래픽을 활용한 온라인 게임 '바람의 나라'를 출시했다. 이후 온라인 게임에 불을 붙인 것은 '스타크래프트' 였다. 엔씨소프트의 '리니지'도 이때 본격적으로 세력을 넓혀나갔다.

역설적이지만 국내 온라인 게임 시장에 불을 지핀 것은 1998년 우리나라에 닥친 IMF 경제 위기였다. 회사에서 자리를 빼앗긴 많은 사람들이 그때 받은 퇴직금으로 동네 곳곳에 PC방을 차렸다. 그 영향으로 우리나라 온라인 게임 시장은 PC방을 기반으로 폭발적으로 성장했다. 당시 1,000억 원 미만이었던 온라인 게임 시장의 전체 매출도 1999년을 기점으로 가파른 상승세를 보였다. 2007년에는 매출액 규모가 2조 2,000억 원을 넘어섰는데 이는 국내 영화와 음반 시장의 매출액을 합친 것보다 큰 액수이다. 2010년 광고 매출을 본다면 온라인 게임 시장이 대표적인 미디어 산업인 신문보다 클 것으로 추정된다.

온라인 게임은 크게 세 가지 종류가 있다. 장기나 고스톱 같은 보드게임, 카트라이더와 같이 기술이 어느 정도는 필요하지만 다른 사람과 별다른 협력을 하지 않아도 되는 캐주얼 게임, 그리고 스타크래프트나 리니지, 아이온처럼 여러 사람들이 온라인상에서 상호작용하며 주어진 목표를 달성해야 하는 온라인 롤 플레잉 게임(MMORPG : Massive Multiplayer Online Role Playing Game)이다.

2000년대 초반까지만 해도 국내 온라인 게임 시장은 엔씨소프트가 만든 리니지가 60퍼센트를 차지했고, 나머지 게임은 전부 온라인 고스톱 게임이라는 얘기가 나올 정도로 특정 게임에 집중된 현상을 보였다. 리니지는 회원만 300만 명, 누적 회원은 1,000만 명이라는 말이 나올 정도

엔씨소프트가 만든 대표적인 온라인 롤 플레잉 게임인 리니지의 한 장면

로 엄청난 인기를 끌었다. 이러한 리니지의 성장은 초고속 인터넷 보급, PC 성능의 향상과 궤도를 같이한다. 리니지 성공 이후 다른 업체들도 자극을 받아 대작을 지속적으로 출시했다.

이 시점부터 우리나라 온라인 게임이 외국 시장에서도 본격적으로 판매되기 시작했다. 특히 콘솔용 게임기 보급이 상대적으로 미진했던 중국과 동남아는 물론 중남미와 러시아까지 '한류 게임'이 확산됐다.

온라인 롤 플레잉 게임뿐 아니라 캐주얼 게임 분야에서도 넥슨의 메이플스토리, 카트라이더 등이 대성공을 거두었다. 또한 엔씨소프트가 2008년 11월에 내놓은 아이온이 크게 성공하면서 국내 온라인 게임은 해외 시장에서도 맹위를 떨쳤다. 아이온은 중국은 물론 콘솔 게임을 중심으로 시장이 형성된 미국과 일본에서도 성공적으로 확산됨으로써 우리나라 온라인 게임 개발의 경쟁력을 세계에 과시했다.

새로운 대상을 공략하라

온라인 게임 산업에는 많은 모험이 따른다. 몇 년에 이르는 기획, 수백억 원대에 달하는 투자비, 프로그래밍, 미술, 스토리, 음악 등 예술과 기술의 모든 분야와 관련이 있는 전 방위 산업이기 때문이다. 게다가 이용자 수가 일정 수준을 넘으면 한 쪽 게임으로 쏠리는 네트워크 효과가 두드러지게 나타나는 속성까지 있다. 대박과 쪽박이 명확하게 갈리는 것이 특징이다. 엔씨소프트에서 일했던 스타급 개발자인 게리엇 형제는 게임 개발비로 받은 스톡옵션(주식 매수 청구권)이 수백억 원이라는 얘기도 있다.

온라인 게임의 주 수입원은 정액제 요금과 아이템 판매 비용이다. 게임 아이템은 게임을 할 때 필요한 특정한 무기나 기술과 같은 것을 가리킨다.

최근 게임업체들은 수익을 늘리기 위해 게임 기획 단계부터 간접광고(PPL : Product Placement) 등도 적극적으로 개발하고 있다. 간접광고란 드라마나 영화의 한 장면에 특정 제품을 노출함으로써 소비자들에게 알리는 것을 말한다.

또한 게임 산업의 위험 부담을 분산하기 위해 게임 개발 부문과 게임을 운영하는 플랫폼 서비스 부문을 분리하는 경향도 나타나고 있다. 그 영향으로 중소형 게임 개발사들이 게임을 개발하면 대형 게임업체들이 필요한 시스템을 구축하여 운영해주는 경우도 생기고 있다. 온라인 게임 분야에서 국내 게임업체들의 강세가 지속되고는 있지만 이런 트렌드가 언제까지 지속될까 우려하는 목소리도 나오고 있다.

온라인 게임을 가장 크게 위협하는 것은 콘솔 게임과 온라인 게임, 그리고 모바일 게임의 경계가 사라지고 있다는 점이다. 과거에 콘솔 게임은 온라인 게임과는 달리 혼자서만 즐길 수 있었다. 그렇지만 2005년 전후에는 온라인으로 연결된 상태에서 여러 명이 즐길 수 있도록 개발됐다. 상대적으로 제작비와 고급 기술이 필요해지면서 우리나라 게임업체들은 마이크로소프트, 소니, 닌텐도와 같은 콘솔업체들의 커다란 자금과 뛰어난 타이틀 제작 능력을 상대로 경쟁해야 하는 상황에 직면하게 되었다. 콘솔 게임과 온라인 게임의 경계가 애매해진 것이 우리나라 온라인 게임업체들에게는 커다란 위협 요소가 된 셈이다.

최근에는 스마트폰과 같은 새로운 플랫폼을 기반으로 하는 게임, IPTV용 게임 등 새로운 형태의 게임이 지속적으로 등장하면서 우리나라 온라인 게임업체들을 더욱 긴장시키고 있다. 다양한 게임의 등장으로 우리나라 대표 온라인 게임업체인 엔씨소프트는 콘솔 게임업체까지 포함할 경우 세계 15위권 밖으로 확연하게 처지게 되었다.

우리나라 온라인 게임업체들의 경쟁력을 약화시키는 또 다른 위협 요인은 인구 구성의 변화이다. 온라인 게임을 집중적으로 즐기는 사람은 10대와 20대 남성이 압도적으로 많은데, 우리나라는 그 연령층 인구가 점점 감소하고 있다. 그 방안으로 우리나라 온라인 게임업체들은 높은 연령층과 여성층을 공략하면서 게임 인구의 확대를 추구하는 동시에 해외 진출도 적극적으로 모색하고 있다.

우리나라 게임업체들의 첫 공략 대상이었던 중국 역시 낮은 연령층이 줄어들고 있다. 이제 우리나라 온라인 게임업체들은 중국에서 눈을 돌려 젊은 연령층이 6,400만 명이나 되고 인구도 많은 베트남을 차세대 온라인 게임의 격전장으로 생각하고 있다.

인터넷 뉴스, 무한의 유통 창구

인터넷 뉴스는 공짜라는 인식을 깨기 위한 노력

2008년 미국 쇠고기 수입 문제를 둘러싸고 대규모 시위가 발발했을 때 800만 명에 가까운 사람들이 '아프리카'라는 인터넷 방송(http://www.afreeca.com)으로 촛불 시위 현장을 지켜보았다. 당시 시위를 주도했던 사람들은 초고속 무선 이동통신 서비스와 디지털 캠코더 그리고 노트북 컴퓨터를 활용하여 현장을 생중계했다. 과거에는 대형 방송사만이 이런 생방송을 할 수 있었으나 이제는 인터넷 기술의 발전으로 일반인들도 할 수 있게 되었다. 문자 형식이든, 동영상이든 개인이 직접 뉴스를 제작하여 세계로 유통하는 것이 가능해졌다는 말이다.

과거에 비해 인터넷의 발달로 가장 크게 달라진 미디어 영역을 꼽으면 단연 뉴스 부문일 것이다. 뉴스 방송에 엄청난 변화를 가져온 인터넷 뉴스는 다음과 같은 몇 가지 방식으로 유통된다.

첫째는 기존 신문사를 비롯한 뉴스 생산 조직들이 홈페이지를 구축하여 뉴스를 제공하는 방식이다.

둘째는 기존의 뉴스 사업자들이 인터넷 전용으로 뉴스를 보내는 것이다.

셋째는 온·오프라인 양쪽으로 뉴스를 보내다가 더 이상 버티지 못하고 온라인으로만 뉴스를 전하는 방식이다.

넷째는 다수의 참여자가 기존의 뉴스 전문 조직이나 특정 사이트에 국한하지 않고 다양한 장을 통해 뉴스와 관련된 자신의 전문성을 쏟아내는 형태이다.

다섯째는 포털 사이트에 뉴스가 결합되어 유통되는 방식이다.

대부분 신문 또는 방송사는 자사의 뉴스를 인터넷으로 유통하고 있다. 전 세계적으로 웹 서비스가 활성화되기 시작했던 1990년대 중반 신문사들과 방송사들은 적극적으로 자사의 뉴스 사이트를 만들었다. 특히 뉴스로 비즈니스를 했던 신문사들이 보다 적극적으로 나섰다.

1990년대 당시 인터넷 뉴스는 정치, 경제, 사회, 문화 등 장르별로 구분됐다. 기사는 단순히 신문이나 방송에 나왔던 내용을 똑같이 텍스트로 옮겨 놓는 수준이었다. 인터넷을 염두에 두고 독자적으로 기사를 취재하고 편집하는 경우는 극히 드물었다. 뉴스 기사를 온라인상에 텍스트 위주로 보낼 수밖에 없었던 것은 인터넷 통신망이 사진이나 동영상을 수용할 수 있을 정도로 발전하지 못했기 때문이었다.

인터넷 뉴스의 비즈니스 모델 역시 신문 광고 방식을 그대로 모방했다. 눈에 띄는 웹페이지에 배너 광고를 하는 것이 전부였다. 1990년대에는 뉴스를 어느 정도까지 인터넷에 노출해야 할지 그다지 고민을 하지 않았다. 신문에 광고가 붙는 것처럼 인터넷에도 광고가 그대로 붙을 것이라고 막연하게 기대한 결과 현재와 같이 '인터넷 뉴스 = 공짜'라는 인식이 본격적으로 자리를 잡았다.

1990년대 당시 대부분의 언론사는 인터넷 사이트 방문자 수가 곧바로 광고 수익으로 이어질 것이라고 착각했다. 당시는 인터넷 버블이 형성되던 시기여서 가입자 수에 따라 사이트의 시장가치가 결정된다는 것이 일반론으로 퍼져 있었다. 그 결과 대부분 신문사와 방송사의 뉴스 사이트는 기사를 무료로 제공했다.

이런 상황에서 일부 언론사들은 다른 방식의 전략을 택했다. 대표적인 곳이 『월스트리트 저널(Wall Street Journal)』이다. 증권 뉴스를 중심으로 보도하는 『월스트리트 저널』은 줄기차게 인터넷 뉴스 유료화 정책을 밀고 나갔다. 대신 독자들이 자사의 웹 사이트에서 기사를 볼 때는 할인 혜택을 주었다. 미국의 모든 뉴스에 관한 한 독보적인 경쟁력을 지닌 『월스트리트 저널』의 파워를 충분히 활용한 전략이었다. 그 결과 수십만 명의 유료 가입자를 확보했다.

예외적으로 일본의 신문사들은 보다 보수적인 정책을 취했다. 당시 일본의 신문사들은 온라인상에서 뉴스 기사의 일부만 공개하면서 전면적으로 콘텐츠를 무료로 제공하는 전략을 보류했다. 제한적인 기사 공개 정책은 현재까지 일본 신문업계에 오래된 전통으로 내려오고 있다.

마지막으로 일부 무료, 일부 유료 정책을 취한 곳도 있다. 대표적인 곳이 미국을 대표하는 신문인 『뉴욕 타임스』이다. 『뉴욕 타임스』는 인터넷 뉴스를 제공하기 시작하면서 무료화 정책을 펼치는 동시에 일부 과거 기사의 데이터베이스만 유료화했다. 그러다가 2000년대 초반부터 칼럼 등 프리미엄급 기사를 유료화했다. 유명 경제학자인 폴 크루그먼이나 토마스 프리드먼의 칼럼 등을 한 데 묶어 '타임스 셀렉트(Times Select)'라는 유료 상품을 만들기도 했다. 그러나 이 정책도 2000년대 후반이 되면서 무료화 정책을 우선시하는 바람에 폐기됐다. 이후에도 『뉴욕 타임스』는 우왕좌왕하는 모습을 보이고 있다.

현재까지 많은 미디어 회사들이 막대한 자금을 투자하면서 뉴스 사이트를 운영하고 있지만 제대로 된 매출을 내지 못하고 있는 실정이다. 글로벌 언론사들도 온라인 부문 매출이 전체 매출의 10퍼센트 정도에 그치고 있다.

언론사들은 무슨 방법으로 투자 대비 부진한 매출을 끌어올릴 것인가라는 문제에 직면하고 있다. 종이신문 독자 한 명에게서 얻는 수익은 온라인 뉴스를 보는 수십 명이 제공하는 가치와 맞먹는다. 어떻게 해야 온라인 독자들로부터 보다 많은 수익을 창출할 수 있는지는 여전히 언론사들이 고민해야 할 과제로 남아 있다.

종이신문을 위협하는 인터넷 뉴스

인터넷 전용 신문은 2000년대 전후를 기점으로 본격적으로 활성화되었다. 『드러지 리포트(Drudge Report)』와 같은 인터넷 신문이 기존 미디어를 제치고 파격적인 특종을 보도하는 경우도 생겼다. 1995년 미국에서 창간된 『드러지 리포트』는 1998년 클린턴 미국 대통령과 백악관 인턴이었던 모니카 르윈스키의 섹스 스캔들을 폭로해 화제가 됐다. 비슷한 시기에 국내에도 정치인 패러디를 중심으로 한 『딴지일보』 등이 등장해 시선을 끌었다.

본격적으로 뉴스를 보도하는 보다 진지한 인터넷 뉴스 사이트는 패러디 신문이 약화되고 나서야 활성화되었다. 시민 기자를 표방한 『오마이뉴스』는 2000년 2월 창간 이후 '시티즌 저널리즘'이라는 이름으로 전 세계적인 관심을 받았다. 『오마이뉴스』는 시민 기자 제도, 우수 기사에 대한 시민들의 기부 등 새로운 방식으로 사이트를 운영하여 전 세계적

으로 주목을 받았다. 한때는 대안 언론의 미래라는 평가를 받으며 세계
적인 벤치마킹 대상이 되기도 했다. 또 일본판 『오마이뉴스』를 만드는
등 운영 방식을 수출하기까지 했다.

운전기 구입 등에 따른 대규모 지출을 하지 않아도 된다는 점 때문에
인터넷 신문은 급속도로 늘어났다. 정치, 경제, IT, 연예 등 다양한 분야
의 특화된 정보를 제공하는 뉴스 사이트가 우후죽순처럼 생겨났다. 우
리나라는 경제 매체로는 『이데일리』와 『머니투데이』, IT 부문은 『아이
뉴스 24』 등이 등장해 나름대로 영향력을 펼치며 자리를 잡았다.

이러한 인터넷 전용 뉴스 사이트는 긍정적인 면과 부정적인 측면을
동시에 드러냈다. 긍정적인 면은 주류 언론이 감당하지 못하는 부분을
발굴해내는 경우가 종종 있다는 것이다. 하지만 인터넷으로만 뉴스를
제공하기에 한계도 분명히 있다.

부정적인 면을 꼽자면 인터넷으로 발생하는 광고 수입만으로는 제대
로 된 상근 기자를 고용하기가 어렵다는 것이다. 종이신문 독자 한 명이
인터넷 신문 이용자 100명보다 신문사 매출에 기여하는 비중이 크다는
분석도 있다. 그만큼 인터넷 뉴스 사이트는 수익성을 확보하기 어렵다.
그 결과 제대로 훈련되지 않은 기자가 기사를 쓰는 경우도 생기고 심지
어 허위 보도 등으로 소송에 휘말리는 일도 일어나고 있다. 인터넷 뉴스
사이트만으로 수익을 낼 수 있는지 여부는 아직까지 검증 단계에 있다.

인터넷에서 뉴스의 무료 유통이 일상화되면서 기존 종이신문이나 잡

지 등은 경영에 큰 압박을 받게 되었다. 종이신문 발행을 포기하고 조직을 크게 줄인 뒤 온라인으로 생존을 모색하는 미디어 기업도 나오고 있다.

미국의 『크리스찬 사이언스 모니터』는 2009년 4월까지만 종이로 발행하고 이후에는 인터넷상에서만 존재하는 신문이 되겠다고 2008년 언론에 보도자료를 공개했다. 1908년 창간된 이 신문은 100년 이상 전통을 자랑하는 고급 신문이었다. 국제 문제와 관련해 깊이 있는 해설과 분석 기사를 많이 만들어내는 것으로 유명했다.

이런 변화가 일어난 원인은 신문사의 악화된 원가 구조 때문이다. 신문을 펴낼 때는 종이 값이 적지 않게 들어간다. 그러나 인터넷으로 뉴스를 전하면 원가가 낮아지고 광고주를 어느 정도만 확보하면 오프라인으로 매체를 운영하는 것보다 재정적인 부담이 훨씬 줄어든다.

인터넷 뉴스 유통에 가장 큰 변화를 가져온 것은 포털 사이트이다. 현재 포털 사이트는 다양한 매체에서 뉴스를 공급받아 일목요연하게 정리해주는 뉴스 매체 위의 뉴스 매체인 '메타 미디어'로서 기능하고 있다. 2000년대 들어 신문이나 잡지 구독 권유를 할 때 듣는 가장 흔한 이야기는 "무엇 때문에 신문을 구독하느냐?"라는 반문이었다. 포털 사이트를 이용하면 원하는 다양한 매체의 뉴스를 볼 수 있는데 구태여 신문이나 잡지를 구독할 필요가 없다는 설명이다.

언론사를 압박하는 포털 사이트의 인터넷 뉴스

포털 사이트를 매개로 하는 뉴스 유통 과정을 살펴보자. 포털 사이트는 수십 개에서 수백 개에 이르는 뉴스 제공 회사들과 계약한다. 그리고 제공받은 뉴스를 새롭게 가공하거나 편집한 후 자사의 웹 사이트에 노출한다. 노출된 뉴스는 다시 블로그 등에 다양한 방식으로 복제되어 인터넷상에서 소비된다. 또는 소셜 미디어 서비스를 통해 링크되어 광범위하게 확산된다. 이런 과정을 거치면서 인터넷 뉴스는 생명력을 지니고 돌아다닌다.

검색 엔진을 기반으로 순식간에 인터넷 뉴스 시장을 장악한 구글의 사례를 살펴보자. 사람들은 궁금한 뉴스가 있으면 전문 뉴스 사이트로 들어가기보다는 구글 검색창에 알고 싶은 내용을 몇 글자로 입력한다. 그러면 많은 관련 기사들이 나오므로 뉴스를 읽기 위해 이 사이트, 저 사이트로 옮겨 다니는 불편을 감수할 필요가 없다.

이러한 뉴스 소비 행태가 자리 잡은 결과 인터넷 뉴스 시장에서 특정 미디어의 개별 브랜드는 1990년대 후반과는 달리 많이 약화됐다. 또한 뉴스는 언제 어디서나 구할 수 있는 범용재가 됐다. 나아가 포털 사이트는 뉴스 유통업자이며, 언론사는 단순한 콘텐츠 제공자라는 인식이 정착됐다. 2000년대 중반 위기감을 느낀 세계신문협회는 포털 사이트가 뉴스 사이트의 홈페이지를 분류하고 체계화하는 인덱싱(indexing)을 막자고 했지만 별다른 효과를 거두지 못했다.

우리나라에서도 온라인 뉴스 유통의 중추로서 포털 사이트의 위력은 해가 갈수록 강해지고 있다. 2009년 언론중재위원회가 인제대학교 김창룡 교수에게 의뢰해 발표한 조사 결과를 보면 우리 국민의 67.3퍼센트가 포털 사이트에 올라오는 뉴스를 이용하고 있다. 또 인터넷으로 뉴스를 보는 사람의 87.1퍼센트가 포털 사이트를 이용하고 있다. 한국신문협회도 비슷한 조사 결과를 내놓고 있다.

한국신문협회가 조사한 결과에 따르면 2008년 12월 말 기준으로 네이버, 다음, 네이트 등 국내 5대 포털 사이트가 전체 인터넷 뉴스 시장을 점유한 비율은 73퍼센트나 된다. 포털 사이트의 뉴스 부문에서는 네이버가 전체 시장의 40퍼센트, 다음이 25퍼센트를 장악한 채 양강 구도를 이루고 있다.

우리나라 포털 사이트들은 언론사 사이트를 통해 뉴스를 보여주기보다는 언론사로부터 사들인 뉴스를 자사 사이트에서 보여주는 전략을 구사하고 있다. 언론사들은 이러한 전략이 어떠한 결과를 가져올지 전혀 인식하지 못했다. 포털 사이트들의 콘텐츠 구입으로 올라가는 약간의 매출이 매력적이어서 최종적으로는 이것이 뉴스의 무료화를 낳는다는 위험성을 깨닫지 못한 것이다.

뉴스 콘텐츠를 확보한 포털 사이트들은 특정 신문사나 방송사가 운영하는 뉴스 사이트에서는 볼 수 없는 다양한 콘텐츠를 선보이면서 파괴력을 발휘했다. 뉴스의 무료 원 스톱 쇼핑(one stop shopping)이 가능하게 되었다.

그 결과 개별 미디어의 뉴스 사이트에 실린 기사는 위력이 없어진 반면 포털 사이트에 실린 기사는 엄청난 영향력을 발휘했다. 이후 개별 미디어에서 운영하는 뉴스 사이트의 방문자 수와 페이지뷰가 포털 사이트의 뉴스 정책에 따라 요동치는 현상이 발생했다. 그러나 언론사들은 온라인상에서 영향력이 급격하게 떨어지는 것을 우려하면서도 포털 사이트에 콘텐츠 제공을 중단하지 못하는 딜레마에 빠졌다.

이런 현상은 마치 납품업체들이 거대 유통점이 정한 각종 가격 정책에 종속되는 것과 유사하다. 앞으로도 인터넷상에서 뉴스 유통은 생산

포털 사이트인 네이버의 뉴스 서비스. 네이버 뉴스는 인터넷 공간에서 국내 다른 어떤 미디어보다 강력한 영향력을 발휘하고 있다.

자 중심에서, 뉴스를 구입하여 재공한 뒤 배포하는 애그리게이터
(aggregator) 즉 뉴스 제공 웹 사이트가 계속 주도하는 상황이 지속될 전
망이다.

1인 미디어 시대와 리치미디어

2000년대 들어 뉴스 산업에 발생한 가장 혁명적인 변화는 바로 기존
미디어가 가진 권력의 약화이다. 과거에는 기존 미디어가 취재원 접근
권한을 독점하고 있었다. 기성 미디어 소속 기자들은 취재원이 보도하
지 않고 자신들에게 제공하는 사안(백그라운드 브리핑)과 각종 자료를 독
점해서 기사화했다. 그러므로 신문이나 방송사는 일반인에 비해 유리한
입장에서 기사를 작성할 수 있었다.

그러나 지금은 취재원들이 과거 기자들에게 제공했던 각종 정보를 인
터넷으로 공급하고 있다. 관심만 있다면 누구든 기자와 거의 동등한 수
준의 정보를 확보할 수 있게 되었다.

또한 개인이 컴퓨터를 이용해 막대한 분량의 데이터를 분석할 수 있
게 되었다. 2008년 글로벌 경제위기가 닥쳤을 때 각종 경제 전망을 내
놓았던 인터넷 필자 미네르바도 "대부분 자료가 인터넷에 공개된 것"이
라고 말했다.

인터넷 뉴스는 배포하는 데 들어가는 비용도 획기적으로 줄어들게 했
다. 소셜 미디어를 활용해 누구나 뉴스를 유통할 수 있는 플랫폼을 만들

수 있기 때문이다. 서버나 트래픽 운용에 드는 비용은 신문 지국을 만드는 것과 같은 대규모 투자를 반드시 수반하지 않아도 된다.

인터넷 뉴스가 보편화되면서 기사의 데이터 전송 용량도 크게 늘어났다. 그 결과 과거의 텍스트 중심 기사에서 벗어나 동영상, 사진, 음성 등 다양한 멀티미디어적 요소를 추가하는 것이 가능해졌다. 이른바 개인 미디어에도 인터넷을 통한 리치미디어(rich media) 시대가 도래한 것이다. 리치미디어란 기존의 단순한 텍스트보다 풍부한(rich) 정보를 담을 수 있는 매체(media)라는 뜻으로, 텔레비전 광고처럼 비디오와 오디오, 사진, 애니메이션 등을 다양하게 활용하는 매체를 뜻한다.

인터넷 컨설팅업체인 '360 디지털 인플런스'의 아시아 태평양 담당 이사 토마스 크램프턴은 "인류 역사상 가장 저널리스트가 되기 쉬운 시대가 됐다"라고 주장했다. 그는 "소셜 미디어 덕분에 사람들은 미디어 플랫폼을 소유할 수 있게 됐으며 자신의 이야기를 할 수 있게 됐다"고 말했다.

조선일보 영화 담당 기자로 많은 독자를 확보하고 있던 이동진 기자는 2007년 회사를 사직하고 1인 미디어 사이트인 '이동진닷컴'을 만들었다. 이후 영화평론가로 변신한 그는 자신이 직접 쓴 각종 평론 등을 자신의 사이트와 네이버에 올리고 있다. 이처럼 인터넷을 활용해 나름대로 1인 미디어를 이끌어 가는 사람들이 늘어나고 있다. 정보 공개와 기술의 발달로 1인 미디어는 더욱 발전할 전망이다.

인터넷 동영상, 1인 방송 시대를 여는 도구

인터넷 동영상 붐

필자 주변에서 일어난 인터넷 동영상과 관련한 이야기다. 2000년 개인적으로 알던 지인이 갑자기 사직을 하고 인터넷 방송을 시작하겠다는 얘기를 꺼냈다. 그는 가족과 창업투자 회사 등으로부터 자본금 20억 원을 확보했다. 그러나 안타깝게도 그가 만든 인터넷 방송국은 채 1년도 지나지 않아 문을 닫았다. 동영상을 서비스할 수 있는 통신망과 기술이 제대로 갖춰져 있지 않아서 서비스 비용을 감당할 수 없었기 때문이다. 비슷한 시기에 창립된 대부분 인터넷 방송국은 '돈 먹는 하마'라는 조롱을 받으며 사라졌다.

인터넷 동영상 서비스와 관련해서는 두 번의 큰 붐이 있었다.

그 첫 번째는 1990년대 말 웹 TV를 중심으로 일어난 동영상 서비스 붐이다. 당시 전 세계적으로 월드와이드웹을 이용해 방송을 내보내려는 시도가 있었으나 대부분 실패했다. 근본 원인은 인터넷망의 고도화가 이루어지지 않았기 때문이다. 인터넷으로 보낼 수 있는 정보의 용량이 많지 않은 상태에서 무리하게 동영상 서비스에 뛰어든 결과이다.

인터넷 동영상 서비스는 인터넷망을 통해 콘텐츠를 보내는 데 드는 트래픽 비용을 감당하고도 남을 만한 이용료나 광고 수입이 뒤따라야 비즈니스로 존립할 수 있다. 2000년 이전 이런 제약 요인을 감안하지 않은 인터넷 동영상 서비스는 그 자체가 무모한 시도였다. 그때는 인터넷 동영상을 보는 사람이 늘수록 그보다 비용이 더 빨리 늘어나는 상황이 펼쳐졌다.

2000년이 지나면서 인터넷 환경에도 변화가 일기 시작했다. 초고속 통신망이 급속하게 보급됐고, 전송 대역폭도 넓어졌다. CDN(Contents Delivery Network)과 PtoP(Peer to Peer) 서비스도 활성화되었다. CDN은 인터넷상에서 대용량 콘텐츠를 저렴한 비용으로 빠르고 안정적으로 전송하는 기술을 말하며, PtoP는 PC와 PC를 연결함으로써 커뮤니티와 커뮤니티, 사람과 사람이 연결되는 것을 말한다.

또한 동영상 UCC의 보완재로써 휴대전화의 성능이 급격히 좋아졌다. 동영상 촬영 기능이 추가된 휴대전화가 보급되며 인터넷 동영상 서비스가 더욱더 활기를 띠었다. 사진 촬영 기능이 들어있는 휴대전화가 나오면서 싸이월드를 비롯한 소셜 네트워크가 활성화된 것처럼 말이다.

2000년대 중반에 들어서면서 이런 기술상의 진보를 바탕으로 국내외에서 동시 다발적으로 인터넷 동영상 서비스가 본격적으로 활성화되었다. 그 대표적인 사이트가 유튜브이다.

2005년 2월 탄생한 유튜브는 무료 동영상 공유 사이트로서 사용자가 비디오 파일을 업로드하거나 공유할 수 있다. 콘텐츠의 대부분은 영화와 텔레비전 클립, 뮤직 비디오이고, 아마추어들이 만든 동영상도 상당수 있다. 미국의 시사잡지 『타임』은 2006년 '올해의 인물'로 유튜브의

KBS 2TV 〈개그콘서트〉 코너 중 하나
인 '마빡이'. 2006년 하반기와 2007
년 상반기 전국을 UCC 열풍으로 이끌
었다.

대유행에 착안하여 특정 인물이 아닌 모든 사람을 뜻하는 'You'를 선정
했다.

2006년 10월 구글은 유튜브를 16억 5천만 달러에 인수했다. 그후 구
글은 동영상 서비스를 주요 사업에 포함했으나 트래픽 비용에 상응하는
매출을 올리지 못하고 있다.

일본에서도 '니코니코 동화'라는 사이트가 이 시기 인터넷 동영상 서
비스의 총아로 자리를 잡았다. 니코니코 동화는 여러 사람들이 인터넷
에 올라온 UCC 동영상을 보면서 댓글을 달거나 이야기할 수 있는 기능
을 겸비했다. 미국과 일본에서 유튜브와 니코니코 동화가 각국을 대표
하는 인터넷 동영상 사이트로 떠오를 때 우리나라에서는 각종 인터넷
동영상 사이트가 우후죽순처럼 생겨났다. 판도라, 엠군, 아프리카, 곰
TV 등과 같은 개별 동영상 사이트 그리고 저작권을 확실하게 보호하면
서 UCC 동영상 문화를 활성화할 수 있는 사이트인 태그 스토리 등이 본

격적으로 활기를 띠었다.

이 시기 포털 사이트 역시 동영상 서비스를 집중적으로 자사의 서비스에 포함했다. 싸이월드 동영상, 다음의 TV팟, 네이버 비디오 등이 그런 서비스이다. 각 방송국들도 동영상 서비스를 강화했다.

인터넷 동영상이 넘어야 할 산

UCC 열풍에도 UCC 사이트는 거의 수익을 내지 못하고 있다. UCC 사이트가 구조적으로 수익을 내지 못하고 있는 이유는 다음과 같다.

첫째, 사용자가 늘어나면 트래픽 비용도 따라서 늘어나는 구조 때문이다. 방송국의 경우 초기에 시설 마련 비용이 많이 들어가지만 시청자 수와 상관없이 비용이 고정되어 있다. 그러나 인터넷 동영상 서비스는 초기 시설 투자 비용이 적은 대신 사용자가 많아질수록 비용이 비례해서 늘어난다. 변동비가 큰 구조이다. 인터넷 트래픽의 단위당 비용이 지속적으로 하락하고는 있지만 여전히 동영상 서비스에서 차지하는 비중이 크다. 동영상 UCC는 인터넷 트래픽 비용이 획기적으로 줄어들지 않는 한 지속적인 압박 요인이 될 수 있다.

둘째, UCC로 하는 광고 단가가 전문가들이 찍은 동영상에 붙는 광고 단가에 비해 훨씬 낮기 때문이다. 광고주들은 화질, 편집, 영상 등 모든 분야에서 질이 떨어지는 광고는 원하지 않는다. 미국에서도 UCC 동영상 전문 사이트인 유튜브는 그다지 광고 수익을 얻지 못하고 있는 반면 방송사들이 만든 프로그램을 인터넷으로 보내주는 사이트인 '훌루(Hulu)' 는 광고 수익을 제대로 내고 있다. 훌루는 유튜브의 10분의 1에도 못 미치는 트래픽 비용으로 유튜브와 비슷한 매출을 올리고 있다. 구글의 재무보고서에 따르면 유튜브는 2005년 2억 7,100만 달러, 2006년 2억 7,600만 달러에 이르는 적자를 냈고, 증권업계가 추정하는 바에 의하면 훌루는 연간 4억 달러에 육박하는 적자를 기록했다.

셋째, 저작권 문제가 해결되지 않은 동영상이 많기 때문이다. 인터넷 사이트에 올라오는 상당수 동영상이 기존 방송이나 전문가들이 만든 작품을 짜깁기해서 올린 것들이다. 인터넷 동영상 사이트가 본격적으로 돈을 벌면 저작권자들이 소송을 제기할 가능성도 있다. 유튜브를 상대로 굴지의 글로벌 기업인 바이아컴이 대규모 소송까지 벌인 것이 그 사례다. 저작권 문제를 해결하지 못할 경우 인터넷 동영상 사이트의 앞날은 밝지 못하다.

모든 사람이 이동 생중계를 하는 시대

앞으로 인터넷 동영상 사이트는 어떻게 진화할까? 현재 동영상 사이트는 과거 UCC에 파일을 올리는 방식에서 한 단계 발전해서 스마트폰으로 동영상을 찍어 올리면 곧바로 실시간으로 중계해준다. 대표적인 사이트인 유스트림(http://www.ustream.tv)은 인터넷 동영상 서비스의 미래를 보여준다.

유스트림을 이용하면 핸드폰만으로도 세계 어디서든 실시간 동영상 생중계가 가능하다. 과거처럼 위성을 임차하거나 비싸게 돈을 주고 망을 빌려서 쓸 필요가 없어진 것이다. 많은 사람들이 유스트림이나 저스틴 TV 등과 같은 인터넷 동영상 사이트를 이용해 적극적으로 생중계하고 있다. 유스트림은 최근 아이폰으로 인터넷 생중계를 할 수 있는 유스트림 라이브 브로드캐스터(Ustream Live Broadcaster)를 배포했다. 국내 유명 아이돌 그룹인 원더걸스 역시 2010년 5월 16일, 한국어, 영어, 중국어 버전으로 새 앨범을 발매하면서 유스트림을 활용했다.

바야흐로 모든 사람들이 스스로 방송 프로그램을 만들어 생중계할 수 있는 시대가 도래했다. 미래의 적정 시점이 되면 동영상을 서비스하는 데 들어가는 비용을 동영상 광고로 해결할 수 있는 때가 올 것이다.

인터넷을 통해 동영상을 내보내는 웹 TV의 가능성도 결코 무시할 수 없다. 다음과 같은 이유 때문이다.

첫째, 인터넷 트래픽 비용이 급격하게 낮아지고 있다. 미국 IT 전문지 『와이어드(Wired)』에 의하면, 2000년에 비해 2010년에는 동일한 용량의 파일을 전송하는 데 드는 비용이 1,000분의 1 수준까지 떨어졌다고 한다. 이러한 추세로 가면 미래 어느 시점에는 광고 수익에 비해 트래픽 비용과 사이트 운영 비용이 충분히 낮아져 웹 TV가 비즈니스로 발달할 가능성이 높다.

둘째, 인터넷이 TV 못지않은 동영상 매체로서 크게 주목을 받고 있다. 물론 아직도 콘텐츠를 볼 때 긴장을 풀고 보는 '린 백(lean back)' 미디어로서 TV와, 적극적으로 콘텐츠를 찾아가면서 보는 '린 포워드(lean foward)' 매체로서의 컴퓨터는 분명 차이가 있지만, 콘텐츠 속성에 따라서 얼마든지 TV와 동영상 부문에서 경쟁할 수 있는 매체가 되었다.

예를 들면 2005년 11월 야후코리아는 유럽 축구 챔피언스 리그와 계약을 하고 해당 시합을 인터넷으로 5,500원씩 받고 중계하는 사업을 했다. 특히 스포츠처럼 마니아가 있는 프로그램을 인터넷으로 중계하면 성장할 가능성이 높다.

셋째, 인터넷 방송 제작과 운영에 들어가는 장비와 비용 자체가 저렴해졌다. 예컨대 50만 원짜리 카메라에 동영상 편집 프로그램, 그리고 인터넷 접속망만 있으면 이제는 단 한 명이 방송국을 운영할 수 있다. 노트북에 와이브로를 연결한 후 인터넷 방송 사이트에 동영상을 올리면 이동중계차처럼 현장생방송도 가능하다. 스마트폰은 장착된 카메라로 촬영하면 곧바로 인터넷에 올릴 수 있는 응용프로그램까지 있다. 인터넷 동영상은 이미 진화의 초기 단계에 들어서 있다.

3

TV,
TV를 뛰어넘다

추락하는 지상파 TV

유료 방송 시장의 성장

다양한 채널로 승부하는 케이블 TV

넓은 지역을 아우르는 위성 방송

통신사의 야심찬 방어 도구 IPTV

테이크아웃 휴대 방송 DMB

편성의 의미를 없애는 장치들

수상기를 떠난 TV

TV는 상당 기간 미디어 시장에서 가장 큰 영향력을 발휘할 것이다. 지상파 TV 방송의 성장이 부진하기는 하지만 그 공백을 케이블 TV, IPTV, DMB 등 새로운 형태의 서비스가 충분히 메울 것으로 보인다.

또한 기존 방송과 다른 방송이 나타나서 새로운 형태의 서비스를 계속 제공할 가능성이 높다. 예를 들면 3차원 입체 영상을 기반으로 하는 3D 방송 서비스는 계속 확산될 전망이다. 이 흐름을 타고 2010년 남아공 월드컵 축구 경기도 3D로 중계되었다. 국내에서는 위성 방송인 스카이라이프가 3D 채널을 운영하고 있다. 이 외에도 현재의 HD 방송보다 해상도를 훨씬 높인 UHD(Ultra HD) TV 서비스가 활성화될 것이다.

2010년 하반기에는 구글과 애플이 각각 스마트 TV를 내놓고 시장에 진입할 전망이다. 스마트 TV는 인터넷 검색, 화상 통화, TV 프로그램

예약 녹화 및 재생 등 기존 TV와는 차원이 다른 서비스를 제공할 것이다. 전자업계에서는 스마트 TV의 판매 지수가 2010년은 600만 대, 2013년에는 2,100만 대로 세계 TV 시장의 70퍼센트를 석권할 것으로 예상하고 있다.

인터넷과 방송의 결합을 뜻하는 스마트 TV는 시청 행태에 지각 변동을 불러올 수 있다.

인터넷과 방송의 결합은 지상파 방송은 물론 유료 방송 사업자들 등 기존 미디어업계의 강자들마저 긴장하게 하고 있다. 프로그램 제작, 편성, 전송으로 이어지는 기존 방송의 가치사슬 자체를 무너뜨릴 수 있기 때문이다. 이를테면 방송국을 거치지 않고 제작자가 곧바로 스마트 TV에 프로그램을 파는 것이 가능할 수도 있다. 기존 방송의 체계 자체가 무너지는 것이다.

기존의 TV는 거실에서 긴장을 푼 상태에서 피동적으로 보는 것이 전형적이었기 때문에 바보상자로 불렸다. 그러나 스마트 TV의 출현, 인터넷과 결합한 새로운 유형의 방송 서비스는 시청자들을 보다 능동적인 수용자로 만들 가능성이 크다.

이제 TV는 거실이라는 공간적 제약을 벗어났다. DMB 등 이동형 방송으로 장소의 한계를 넘어섰다. 언제나 콘텐츠로 접근이 가능한 스마트 TV는 시간의 벽도 뛰어넘을 것으로 보인다. TV가 TV의 한계를 뛰어넘는 'TV 2.0' 시대가 본격적으로 열리고 있는 것이다.

추락하는 지상파 TV

시청률 하락과 광고 수익 감소

현재 우리나라에서 유명한 연예인들은 장동건, 고현정처럼 1990년대 초반부터 왕성하게 지상파 TV를 통해 활동했던 40세 전후 나이의 탤런트가 대부분이다. 이들은 데뷔 20여 년이 지난 현재까지 정상의 자리를 유지하고 있다. 이들의 장기집권(?)은 뛰어난 역량 때문이기도 하지만 이들을 대체할 만한 슈퍼스타들이 출현하지 못한 것도 그 원인이다.

실제 2000년대 들어 등장한 배우들은 1990년대처럼 TV를 통해 시청자들에게 압도적으로 노출될 기회가 없었다. 전체 국민과 연령대를 통틀어 높은 인지도를 얻은 '전국구' 탤런트로 성장할 수 있는 통로 자체가 좁았다. 이는 다양한 방송 매체 시대의 등장으로 지상파 방송이 지닌 힘이 약화됐기 때문이다.

KBS, MBC, EBS 그리고 SBS와 같은 지역 민간 방송이 지상파 TV 방송에 속한다. 지상파 TV는 시청률이 점점 하락하고 있으며, 전체 TV 시청 가구 가운데 점유율이 2000년 91.6퍼센트에서 2004년 63퍼센트로 떨어졌다. 1991년 SBS가 나오기 전까지만 해도 우리나라 TV 채널은 AFKN을 포함 다섯 개뿐이었다. 전체 채널을 탐색하는 데 걸리는 시간은 3~4초면 충분했다. 그러나 현재는 아날로그 케이블 TV 방송만 해도 채널이 70~80개, 디지털 케이블 TV 방송은 140~150개나 된다. 그러다보니 한두 개의 지상파 TV 채널에 집중적으로 노출되는 경우가 줄어들었다.

　참고로 시청률 조사가 제대로 이뤄진 1990년 이후 역대 시청률 1위부터 10위까지 드라마를 보면 시청률 상위에 랭크된 것은 대부분 1990년대 작품이다. 2000년대에 히트했던 드라마도 대부분은 2000년대 초반에 나온 프로그램들이다. 이는 지상파 TV를 보는 시청자 수가 절대적으로 감소했다는 것을 말해준다.

역대 시청률 상위 랭킹 드라마

순위	프로그램	시청률(퍼센트)	방송일자
1	첫사랑	65.8	1997년 4월 20일
2	사랑이 뭐길래	64.9	1992년 5월 24일
3	모래시계	64.5	1995년 2월 6일
4	허준	63.7	2000년 6월 27일
5	젊은이의 양지	62.7	1995년 11월 12일
6	그대 그리고 나	62.4	1998년 4월 12일
7	아들과 딸	61.1	1993년 3월 21일
8	태조 왕건	60.2	2001년 5월 20일
9	여명의 눈동자	58.4	1992년 2월 6일
10	대장금	57.8	2004년 3월 23일

　지상파 TV의 시청률 하락은 곧 광고 수익 감소로 연결되었다. 숭실대 김민기 교수의 자료에 따르면, 지상파 TV 방송사의 주요 수입원인 광고 매출은 2007년 2조 3,943억 원, 2008년 2조 1,856억 원, 2009년 1조

9,064억 원, 2010년 1조 8,600억 원(예상)으로 계속 감소하고 있다. 시청률 하락과 그에 따른 광고 수익의 감소로 지상파는 내·외부적으로 위기에 처해 있다는 평가를 받고 있다.

지상파 TV의 몰락

지상파 방송의 위기는 국내에 국한된 현상일까? 다음은 일본 지상파의 몰락을 보여주는 기사이다.

일본 아사히(朝日)신문에 따르면, 작년 일본 공중파 TV 프로그램이 최고 시청률 40퍼센트를 넘은 적이 한 번도 없었다. 30퍼센트를 넘은 순간도 일곱 번에 불과했다. '30퍼센트 이상' 시청 건수가 한 자릿수로 떨어진 것은 사상 처음이다. 이 신문은 "(공중파 방송의) 황금시대였던 1979년에는 최고 시청률 30퍼센트를 넘은 순간이 1,864회에 달했다"고 보도했다. 황금시간대의 총 가구 시청률(TV를 시청하는 가구 비율)도 20년 동안 6퍼센트포인트 하락했다. 일본 TV의 몰락을 상징하는 것은 일본 TV의 황금시대를 상징하던 프로야구 요미우리 자이언츠 야간중계와 연말 NHK 가요 프로그램인 〈홍백가합전(紅白歌合戰)〉의 시청률 하락이다. 시청률조사 회사 '비디오 리서치'에 따르면, 1979년 77퍼센트였던 홍백가합전 시청률은 작년엔 사상 두 번째로 낮은 39.5퍼센트를 기록했다. 1999년 20.3퍼센트였던 자이언츠 시청률도 9.6퍼센트로 처음 한자리 수에 진입했다.

－『조선일보』 2008년 1월 16일

지상파의 몰락은 미국에서 더 두드러진다. 우리나라와 일본에서는 지상파 TV 방송사가 유료 TV 방송 채널 사업자에게 인수된 경우가 없다. 그러나 미국에서는 한때 전성기를 누렸던 지상파 TV 방송사가 케이블 TV 사업자에게 인수된 사례까지 있다.

미국을 대표하는 케이블 TV 방송사인 컴캐스트는 2009년 12월 미국 3대 지상파 네트워크 회사 중 하나인 NBC를 인수했다. NBC 매각은 미국 방송을 장악해온 3대 지상파(NBC, ABC, CBS) 시대가 막을 내렸다는 것을 뜻한다. ABC는 1995년 미디어 그룹인 디즈니에 매각됐다. CBS는 웨스팅하우스에 매각됐다가, 1999년 세계적인 음악 채널인 MTV 등을 소유한 미디어 그룹인 바이아컴에 재매각됐으며, 현재는 바이아컴과 같은 계열사인 내셔널어뮤즈먼트(National Amusements)의 자회사로 남아 있다.

미국은 그간 NBC, ABC, CBS가 대규모 제작비를 들여 프로그램을 만들면 지역 방송국들이 미국 전역에 방송하는 '지상파 전국 네트워크'를 중심으로 TV 시장이 형성되어 있었다. 그러나 최근에는 ABC의 상징과 같던 〈오프라 윈프리 쇼〉의 진행자 오프라 윈프리가 지상파를 떠나겠다고 선언함으로써 지상파 TV 방송업계에 충격을 줬다. TV 토크쇼 여왕 윈프리는 2011년 9월 계약 만료와 동시에 25년간 토크쇼를 진행해온 ABC를 떠나 자신의 이름을 딴 케이블 TV 채널에서 활동할 계획이다. 이제 미국에서는 꼭 지상파를 타야만 성공하던 시대가 끝난 것이다.

이와 더불어 미국의 지상파 네트워크 방송의 시청률도 크게 하락하고 있다. 1990년대는 미국에서 TV를 보는 사람들의 약 90퍼센트가 공중파 방송을 시청했다. 그러나 2000년대 후반기에 이르러서는 공중파 TV 3대 채널의 시청률이 51퍼센트로 낮아졌고, 케이블 TV 채널이 36퍼센트, 그리고 새로 생긴 공중파 TV 채널인 FOX가 13퍼센트를 기록했다.

지상파 TV의 약세 원인

지상파 방송의 약세는 국가를 가리지 않고 나타나는 공통된 현상이다. 지상파 TV가 약세를 보이는 원인은 무엇일까?

첫째, 지상파 방송이 지닌 기술에 한계가 있다. 지상파 방송은 지상으로 전파를 보내 TV를 보도록 하는데, 전파는 도달 거리에 한계가 있고 송신 거리가 길수록 신호 손실과 여러 가지 노이즈를 일으킨다. 당연히 선명한 화면을 보기가 어렵게 된다. 제대로 나오지도 않고 때로는 치직거리는 방송이 나와 보고 싶은 생각이 사라지게 만든다. 이런 약점을 파고든 방송 매체가 바로 유료로 운영하는 케이블 TV와 위성 TV, IPTV다.

둘째, 콘텐츠 전송과 관련된 문제가 있다. 지상파 TV 방송 콘텐츠를 유료 TV 방송사가 대가를 지불하지 않고 재전송하는 것은 우리나라는 물론 미국에도 아직 관행처럼 남아 있다.

유료 TV 방송사들은 지상파 TV 방송이 대다수 국민들을 상대로 하는 보편적인 서비스라는 이유를 들어 지상파 TV 프로그램을 아무 대가 없이 그대로 틀어주려 하고 있다. 이에 지상파 TV 방송사들은 콘텐츠 사용료를 내라고 유료 TV 방송사들을 공격하고 있다. 이 문제를 놓고 지상파 TV 방송사와 유료 TV 방송사 간에 소송이 벌어지기도 했고, 심지어는 프로그램 공급이 중단되는 일까지 벌어지고 있다.

예를 들면 미국의 거대 미디어 그룹인 디즈니 산하 ABC와 유력 케이블 TV 사업자인 케이블비전 간에 프로그램 재전송 문제를 놓고 갈등이 벌어지는 바람에 2010년 82회 아카데미상 수상식은 케이블비전 가입자에게 제공되지 않았다. 디즈니 측은 ABC방송 프로그램 재전송 비용으로 케이블비전 가입자 1인당 1달러를 지불하라고 요구했으나, 이런 요구가 거부당하자 케이블비전에 제공하던 방송을 아예 차단해버렸다. 이 때문에 뉴욕 지역 약 300만 케이블 TV 가입자가 아카데미상 시상식을 보지 못했다. 국내에서도 KBS, MBC, SBS 등 지상파 TV 방송 3사와 케이블 TV 방송사는 지상파 재전송 비용 문제를 놓고 법적 공방을 펼치고 있다.

이러한 대립의 근본 원인은 지상파 TV 방송의 위기감이 반영된 결과라 볼 수 있다. 새로운 방송 플랫폼의 등장으로 지상파 TV의 방송 장악력은 현저히 약화됐다. 우리나라 지상파 TV 방송사들이 케이블 TV 사업자들을 극단적으로 밀어내지 못하는 가장 큰 이유는 의무 전송을 해야 하는 KBS와 EBS 외에는 케이블 TV 사업자들이 마음대로 자신들의 방송을 뺄 수 있으며, 실제 지상파 TV를 과거처럼 수신 안테나를 세워

보는 시청자 수가 전체 시청자의 10퍼센트 미만이기 때문이다. 만약 케이블 TV를 비롯한 유료 TV 방송 사업자들이 동시에 지상파 TV 프로그램을 방송 제공 리스트에서 제거한다면 지상파 TV 방송사들은 순식간에 시청 가구의 대부분을 잃어버리게 된다.

이처럼 지상파 방송사들은 시장 장악력이 약화되면서 '시청률 하락 → 광고 수입 감소 → 콘텐츠 투자 여력 저하 → 시청률 하락' 이라는 악순환 고리에 빠질 가능성이 커지고 있다.

추락하는 위상을 찾기 위한 디지털 전환

지상파 TV 방송사 내부에서는 과거의 위상을 찾기 위해 전략적인 움직임을 보이고 있다. 지상파 프로그램의 디지털화로 발생하는 기회를 노리는 동시에 산하에 유료 방송용 채널 사용 사업자(PP : Program Provider)를 다수 두는 'MPP 전략' 이 그것이다. 이 외에 텐콘츠 유통사업 분야에 뛰어든 경우도 있다.

지상파 TV를 디지털화할 때 나타날 수 있는 문제를 살펴보자.

과거 지상파 TV 방송은 케이블 TV나 IPTV 같은 유료 방송 사업자들의 망을 이용하지 않고서는 양질의 화면을 보낼 수 없었다. 그러나 새로운 기술의 발전에 따라 지상파 방송의 디지털화 과정에 새로운 사업 기회가 열릴 것으로 보인다. 지상파 방송 사업자들이 가장 관심을 갖고 지켜보고 있는 변화는 지상파 방송의 디지털 전환과 주파수 재배치 문제, 그리고 분배받은 주파수를 어떻게 사용할 것인가에 관한 정책과 기술이다.

양질의 화면 제공과 전파의 효율적 이용을 목표로 상당수 국가에서 지상파 TV의 디지털화를 추진했다. 룩셈부르크, 네덜란드, 핀란드, 스웨덴, 스위스, 오스트리아 등이 디지털 전환을 마쳤고, 미국도 2009년 6월 12일 완료했다. 일본(2011년 7월 24일)과 영국(2012년)도 지상파 TV 방송의 전면 디지털 전환 계획을 수립해 놓은 상태다.

우리나라는 2001년 지상파 TV의 디지털 방송을 시작했다. 이 부문에서는 세계에서 일곱 번째로 빠른 시도이다. 그러나 디지털 방송을 수신할 수 있는 TV의 보급 부진과 정부의 장기 전략 부재로 지상파 TV의 디지털 전환은 계속 지연됐다. 결국 다른 나라에 비해 비교적 늦은 2012년 12월로 전환 완료일이 결정됐다.

이러한 디지털 전환 과정에서 지상파 TV 방송은 그간 유료 TV 방송에 빼앗겼던 플랫폼의 주도권을 되찾으려 시도하고 있다. 쟁점은 지상파 TV 방송사들이 유료 TV 방송사들의 플랫폼(케이블망, IPTV망, 위성 방송)을 거치지 않고 과거처럼 자신들이 쏘아 올린 전파를 시청자들이 직접 수신토록 하는 데 있다.

디지털 지상파 TV 방송을 보는 방법은 크게 두 가지다.

첫째, 각 가정에서 지상파 디지털 TV 수신 안테나를 설치하여 시청하는 방식이다. 시청자들은 방송을 디지털 수신할 수 있는 안테나를 설치하고 디지털 TV와 셋톱박스, 디지털 지상파 수신용 튜너가 달린 수상기를 구비해야 한다. 아파트 등과 같은 공동주택은 공시청 안테나에 디지털 방송을 수신할 수 있도록 설비를 개선해야 한다.

그러나 우리나라처럼 산이 많고 고층 빌딩이 밀집한 곳에서는 지상파가 제대로 도달하지 못하는 경우가 많이 발생한다. 이런 문제를 해결하기 위해 중계소도 많이 세워야 한다. 문제는 이런 중계망 구축과 공시청 안테나 등과 같은 설비 개선 작업에 들어가는 비용이 막대하다는 점이다. 정부와 지상파 TV 방송사는 지상파 TV의 디지털 전환에 들어가는 비용과 이에 대한 지원을 놓고 공방을 벌이고 있다.

한편 지상파 방송사들은 현재 6MHz로 구성된 주파수 대역을 디지털화 과정에서 쪼개어 추가 채널을 만들려 시도하고 있다. 예를 들면 MBC가 MBC 1 TV, MBC 2 TV처럼 채널 숫자를 증가시키는 것이다. 일찍이 2006년 월드컵 당시 지상파 TV 방송사들은 일부 디지털 방송의 화질이 떨어지는 것을 감수하고도 한 개의 디지털 주파수 대역을 쪼개어 두세 개 채널로 운영하는 방안을 테스트했다. 이런 방식의 서비스를 멀티 모드 서비스(Multi Mode Service)라고 하는데 방법에 따라 현재 주파수 대역에서 두세 개 채널을 추가로 만들 수 있다. 방송통신위원회는 이 문제와 관련한 정책을 아직 확정하지 않은 상태다. 2011년이 되면 국내에서도 이 문제를 두고 본격적인 논의가 진행될 것으로 전망된다.

둘째, 케이블 방송이나 위성 방송, IPTV로 시청하는 방법이다. 이는 유료 TV 방송 사업자가 지상파 TV 사업자와 협의해 디지털 지상파 TV 프로그램을 수신하여 가입자에게 그대로 보내주거나 재전송하는 방식이다. 영국이 전자, 미국이 후자에 해당한다.

영국은 2002년 10월 5개 주주사 즉 BBC, B Sky B, Channel 4, iTV 등이 출자한 디티브이 서비스(DTV Service)라는 법인을 출범시켰다. 이 법인은 일종의 송출 전담 회사로서 프리뷰라는 이름으로 지상파를 통해 50여 개의 TV 채널과 20여 개의 라디오 방송, 그리고 쌍방향 방송 서비스를 하고 있다. 프리뷰를 통해 가입자가 디지털 지상파 TV를 수신할 수 있는지 점검해주는 서비스도 하고 있다. 프리뷰 서비스로 셋톱박스 등을 설치하면 영국의 주요 지상파 TV 프로그램을 무료로 볼 수 있다.

미국은 디지털 지상파 TV 서비스가 당초 계획보다 3개월 정도 지연된 2009년 6월 12일 전면 도입됐다. 미국의 경우 대부분 가구가 케이블 TV 등 유료 방송에 가입해 있는데다 디지털 방송 수신 장비가 내장된 TV를 사용하고 있었기 때문에 기존 방송 환경에 큰 변화가 없었다. 미국 정부는 저소득층을 대상으로 한 가정당 40달러짜리 쿠폰 2매씩을 지급해 디지털 TV 셋톱박스 구입을 도왔다. 이는 아날로그 방송을 종료하는 데 도움이 됐다.

미국은 1억 1,400만 가구 가운데 2.5퍼센트 정도인 280만 가구만 지상파 TV를 디지털로 전환하지 못한 것으로 알려졌다. 전문가들은 미국 정부가 아날로그 방송을 디지털로 전환하면서 700MHz 대역의 주파수를 경매하여 약 200억 달러를 벌었으나 디지털 전환에 들어간 비용은 고작 20억 달러 수준일 것이라 추정하고 있다.

지상파 TV 콘텐츠의 강세와 전망

지상파 TV 방송사들이 경영 환경 악화에 대응하는 방식은 국가별로 차이가 있다. 미국의 대부분 지상파 TV 방송사들은 경영 압박을 받자 글로벌 미디어 기업 아래로 들어갔다. ABC가 디즈니, NBC가 컴캐스트, CBS가 바이아컴 아래로 들어간 것이 그예이다. 미국의 지상파 TV 방송사들은 방송 네트워크를 운영하는 것보다는 콘텐츠 제작에 무게 중심을 옮기는 방향으로 전략을 바꾼 것 같다.

우리나라는 공영 TV 방송인 KBS나 MBC, 그리고 유일한 민영 TV 방송인 SBS가 유사한 전략을 구사하고 있다. 핵심은 우위에 있는 콘텐츠 역량을 최대한 유료 시장으로 전이하는 것과 지상파 외의 경쟁 플랫폼을 약화시키는 것이다.

실제 위성 TV 방송인 스카이라이프, 위성 DMB, 그리고 IPTV까지 신규 미디어 플랫폼이 생길 때마다 지상파 TV 방송사들은 지상파 TV 채널 재전송을 최대한 까다롭게 했다. 그 영향으로 신규 미디어 플랫폼들은 방송의 킬러 콘텐츠인 지상파 TV 채널을 재전송하지 못해 초기 가입자를 확보하는 데 어려움을 겪었다. 지상파 TV 방송 재전송 대가 문제로 신규 미디어 플랫폼과 지상파 TV 방송은 몇 년간에 걸쳐 지루한 협상을 해야 했다.

지상파 TV 방송은 또 공영 방송과 민영 방송을 가리지 않고 유료 방송용 자회사의 PP 채널을 적극적으로 만들었다. 이는 공영 방송이 유료 방송용 TV 채널을 산하에 두는 구조적 모순을 드러냈다. 그러나 정부의 규제 미비 등으로 유료 방송 시장에서 지상파 계열 TV 채널의 지배력은 지속적으로 높아졌다.

2010년 6월 30일 방송통신위원회가 발표한 2009년 방송 사업자 재산 현황을 보면 지상파 계열 PP 10개의 매출이 국내 PP 201개 매출의 32.6 퍼센트를 차지하고 있다. 그 영향으로 국산 TV 방송 프로그램 제작 환경이 악화되고 있다.

2009년 지상파 계열 PP 10개는 총 4,517억 원의 매출을 올렸다. 홈쇼핑을 제외한 국내 PP 201개의 전체 매출액 1조 3,863억 원 중 32.6퍼센트에 해당하는 금액이다. 2008년에는 지상파 계열 PP들의 전체 매출에서 31.5퍼센트를 차지했다. 지상파 계열의 PP는 2005년 일곱 개였는데 부정적인 시각에도 4년 만에 세 개가 늘어났다.

『한국경제』가 2010년 6월에 조사한 자료에 따르면, 개그맨 유재석이 진행하는 MBC 예능프로 〈무한도전〉은 2010년 5월 18일부터 25일까지 6개 케이블 TV 채널에서 68회나 재방송됐다. 심지어 특정일에는 무려 13회나 재방송됐다. 2009년 한 해 동안 〈무한도전〉이 재방송된 횟수는 5개 채널에서 2,133회나 되며 2010년 1월부터 5월까지는 7개 채널에서

유료 TV 방송 시장에서 가장 많이 방영되는 프로그램 가운데 하나인 MBC의 〈무한도전〉 출연진

1,140회 방송됐다. 지상파 TV에서 일주일에 한두 번 방송되는 이 프로그램은 케이블 TV PP를 오가며 한 해 동안 같은 프로그램이 무려 50번이나 재탕된다. SBS 〈TV동물농장〉은 재탕 횟수가 더 많다. 2009년에는 무려 3,230번이나 된다. 2010년 1~5월에는 2,058회에 이르렀으며, 연말까지 4,939회에 달할 전망이다. 〈TV동물농장〉 한 편을 만들면 연간 100회 정도 재방송된다는 계산이다.

이런 현상이 나타나는 이유는 국내 케이블 TV 채널이 콘텐츠를 제작하기보다 외부에서 구매하는 데 치중하고 있기 때문이다. 채널 드라맥스는 지상파 TV 프로그램을 구입해 100퍼센트 재방송한다.

지상파 TV의 콘텐츠 강세는 당분간 지속될 전망이다. 다만, 〈슈퍼스타 K〉, 〈롤러코스터〉와 같은 프로그램을 자체 제작할 수 있는 CJ미디어와 같은 대형 PP가 나올 경우 지상파 콘텐츠의 절대 우위도 흔들릴 가능성은 있다.

유료 방송 시장의 성장

유료 방송은 영리 추구 면에서 보면 민영 방송에 속한다. 민영 방송은 크게 지상파를 중심으로 100퍼센트 광고에 의존하는 모델, 그리고 케이블 TV나 위성 방송, IPTV 등 유료 방송 플랫폼을 활용하는 유료 방송으로 구분한다.

유료 방송은 통상 유선 방송 사업자와 위성 방송 사업자에 의한 이원론적 구조로 이루어진다. 유선 방송 사업자는 미국의 컴캐스트나 타임워너 케이블 TV, 일본의 제이콤, 우리나라의 티브로드, CJ헬로비전, 씨엔엠과 같은 회사 등이 있고, 위성 방송 사업자는 미국의 디렉티비, 일본의 스카이퍼펙트, 영국의 B Sky B, 우리나라의 스카이라이프 등이 해당한다.

또 상당수 통신 사업자들은 IPTV라는 플랫폼을 만들어 IPTV 사업을 하고 있다. 국내 KT의 쿡 TV가 대표적인 유료 방송 채널이다.

유료 방송은 단순히 전파를 공중으로 쏘아 올리는 지상파 방송과는 달리 플랫폼을 구축하여 운영해야 한다. 케이블 TV 사업자들은 정부로부터 허가받은 영업 지역에 케이블 선을 깔아야 하고 가입자들에게 셋톱박스를 설치해줘야 한다. 또 가입자가 신청한 채널을 보낼 수 있는 시설을 갖추고 요금을 징수하여, 유료 방송 플랫폼을 이용하는 방송 채널 사업자에게 일부 배분해야 한다.

위성 방송 사업자 역시 케이블망 대신 고가의 인공위성을 임대하거나 매입해서 관리해야 하고 IPTV 사업자들 또한 초고속 통신망을 활용할 수 있는 각종 시설과 시스템을 갖춰야 한다. 이 때문에 유료 방송 사업자들은 막대한 자본력을 갖추고 있다. 컴캐스트와 같은 케이블 방송 사업자가 NBC와 같은 거대 지상파 방송사를 인수할 수 있었던 것은 거대한 규모의 사업을 이끌 수 있는 능력이 있었기 때문이다.

실제 케이블 방송 사업자의 시장 가치는 지상파 방송 사업자보다 훨씬 높다. 예를 들면 서울과 강원도 일부 지역을 중심으로 케이블 방송을 보내는 씨엔앰은 2007년 경영권이 바뀌면서 전체 지분이 3조 원으로 평가됐다. 반면 주식 시장에서 거래되는 지상파 방송사인 SBS는 1조 원에도 못 미친다.

유료 방송 플랫폼을 활용하여 채널을 운영하고 광고 수익을 얻거나, 방송 사업자(SO : System Operator)들에게 일정 수신료를 배분받는 방송 채널 사업자도 유료 방송의 중요한 구성원이다. 그 예로는 세계적인 음악 전문 채널인 MTV, 스포츠 채널인 ESPN, 경제 채널인 MS-NBC, 드라마와 영화 채널인 HBO, 다큐멘터리 채널인 디스커버리, 뉴스 채널인 CNN 등이 있다. 국내에는 YTN, 한국경제 TV, MBN, TVN, OCN 등이 속한다. 이런 회사들은 전략에 따라 무슨 플랫폼에 자신의 채널을 공급할 것인지 결정한다.

다양한 채널로 승부하는 케이블 TV

다양한 채널과 수신료로 존립해야 하는 시장

케이블 TV는 처음 만들어졌을 때 지상파가 제대로 도달하지 않는 곳의 난시청을 해소하기 위해 활용됐다. 과거에는 케이블 TV라는 말 대신 공동 안테나 TV를 뜻하는 'Community Antenna Television'을 줄여 CATV라고 했다. 세월이 흘러 가입하는 사람들이 늘어나자 케이블 방송사는 가입자들에게 자체 프로그램을 제작해 보내기 시작했다.

케이블 TV 방송은 지상파 TV 방송에 비해 여러 가지 장점이 있다.

첫째, 지상파 방송을 안테나로 수신해서 볼 때 화면이 여러 개로 겹쳐 보이는 고스트(ghost) 현상을 없애준다. 고스트 현상은 TV 수신용 안테나가 여러 곳에서 반사되는 전파를 중첩해서 받기 때문에 발생한다. 하지만 케이블 TV 방송은 전송용 케이블을 전용으로 사용하므로 불필요한 전파의 반사가 없어서 지상파 아날로그 방송보다 화질이 우수하다.

둘째, 훨씬 다양한 방송을 제공한다. 지상파 TV 방송은 채널 수가 많아야 10개 미만이다. 하지만 케이블 TV 방송은 아날로그로는 최소 70개 이상, 디지털로는 200개에 이르는 채널을 서비스할 수 있다.

셋째, 쌍방향 방송을 할 수 있다. 케이블망의 대역폭이 넓다보니 하향 대역과 상향 대역으로 구분하여 방송을 할 수 있기 때문이다. 그러므로 가입자들은 케이블망 상향 대역을 통해 방송국에 신호를 보낼 수 있다.

이를 역방향 채널이라고도 하는데 쌍방향의 멀티미디어 서비스를 제공하는 데 필수적이다.

넷째, 방송을 내보내고도 대역폭에 여분이 남으므로 이를 통해 인터넷 서비스를 할 수 있다. 케이블 TV 회사들이 초고속 통신망이나 인터넷 전화 서비스를 사업을 하는 것도 이런 이유에서다.

그러나 케이블 TV 방송에도 단점이 있다. 지상파 TV와는 달리 별도로 선을 깔아야 하는데 그 비용이 만만치 않다. 산촌이나 도서 지역에서는 아예 수지타산이 서지 않는다.

2009년 12월말 기준으로 우리나라 케이블 TV 가입자는 1,530만 가구이다. 우리나라 전체 가구의 80퍼센트를 약간 웃도는 수치다. 케이블 TV의 보급률은 세계적으로 국가별 편차가 크다. 그중 미국이 상대적으로 높아 2009년 기준으로 전체 유료 방송 가입 가구의 약 64.2퍼센트인 6,350만 가구가 케이블 TV 방송을 본다. 미국은 1970년대부터 케이블 TV 시장이 성장하기 시작했고, 1990년대에는 케이블 TV 방송사들이 본격적으로 인수합병을 했다. 그리고 2000년대에 들어서는 몇몇 사업자들이 시장 대부분을 장악했다.

이에 비해 위성 방송을 많이 보는 영국이나 일본은 케이블 TV의 보급률이 상대적으로 떨어진다.

케이블 TV 방송에 가입했다고 해서 모두에게 다 같은 서비스를 제공하지는 않는다. 보통은 주요 채널을 다 볼 수 있는 기본형 패키지와 지상파 재전송 채널과 무료 종교 방송 등 일부 방송만 시청할 수 있는 보급형 패키지가 있다. 단적인 예를 들면, 20~30개 채널만 무료로 볼 수 있고 나머지 채널은 유료로 봐야 하는 저가형 패키지가 있는가 하면, 전체 채널을 다 볼 수 있는 고가형 패키지도 있다.

국내 케이블 TV 이용자의 상당수는 월 몇천 원만 지불하고 보는 보급형 가입자들이다. 고가의 디지털 케이블 TV 방송 가입자는 2010년 6월 기준 400만 가구를 웃도는 수준이다. 그 결과 우리나라 케이블 TV 방송사가 가입 가구당 받는 월 평균 수신료는 6,000원밖에 되지 않는다. 이는 월 40달러 이상을 받는 미국 같은 선진국에 비해서도 낮고, 월 10달러 이상을 받는 태국, 인도네시아 등과 비교해도 낮은 수준이다.

2009년 1분기 기준 미국 주요 케이블 TV 방송 가입자 수

회사명	가입자 수(단위 : 천 명)
컴캐스트(Comcast)	24,104
타임 워너(Time Warner)	13,105
케이블 비전(Cable Vision)	3,102

막강한 영향력 발휘하는 채널로 이기는 것만이 살 길

우리나라 케이블 TV 방송도 발전사가 미국과 비슷하다. 케이블 TV의 전신이라고 할 수 있는 중계 유선의 성장, 케이블 방송 시장의 확장, 케이블 방송 서비스를 제공하는 사업자들의 인수합병, 그리고 여러 지역에서 대형 케이블 방송 사업을 하는 기업(MSO)의 등장이라는 일반적인 패턴을 거쳤다. 미국과 차이가 있다면 1994년 들어 본격적으로 케이블 방송 서비스를 시작한 지 십수 년 만에 이 모든 과정이 진행됐다는 점뿐이다.

현재 우리나라 SO들의 영업권역은 77개로 나눠져 있으며, 복수 SO가 경쟁하는 지역을 포함하면 100여 개 지역이다. 인수합병 후 약 300만 가구를 가입자로 각각 확보하고 있는 티브로드와 CJ헬로비전이 현재 1, 2위를 다투고 있고, 씨앤엠 등이 주요 MSO로서 수십 개의 지역에서 영업하고 있다.

대체로 SO들은 매년 영업이익률 20~30퍼센트의 양호한 실적을 거두고 있다. 디지털 전송을 위해 다수 SO들이 통합시스템을 이루기도 하는데, 디지털 미디어 센터(DMC) 구축, 디지털 방송의 본격화에 따른 셋톱박스 구입 등 많은 투자 비용을 감당하기 위해서다.

현재 우리나라 케이블 TV 방송사들의 당면 과제는 아날로그 방송을 디지털 방송으로 바꾸는 것이다. 디지털 방송은 채널을 더 많이 늘리고 VOD 서비스 등을 실시할 수 있기 때문이다.

그러나 케이블 TV 방송의 디지털 전환율은 케이블 TV 방송 전체 가입자의 30퍼센트 수준 정도만 이뤄졌다. 정부에서는 전 국민의 80퍼센트 가량이 케이블 TV를 시청하는 것을 감안해 디지털 케이블 방송으로 전환을 서둘러 달라고 요청하고 있다. 그러나 케이블 TV 방송 사업자들은 디지털 전환에 따른 대규모 투자와 마케팅에 부담을 느끼고 있다.

아무리 좋은 디지털 케이블 TV 방송 시스템을 구축해놓는다고 하더라도 적절한 콘텐츠가 있어야 사업을 제대로 할 수 있다. 케이블 TV 방송사에 프로그램을 공급하는 대표적인 회사로 미국의 경우 뉴스 전문 채널은 CNN, 영화 전문 채널은 HBO, 음악 전문 채널은 MTV, 스포츠 전문 채널은 ESPN이 있다. 우리나라에는 뉴스 전문 채널 YTN, 경제뉴스 전문 채널 MBN, 영화 전문 채널 OCN, 종합연예 · 오락 전문 채널 TVN 등이 있다. 조사에 따르면 국내에 등록된 방송 채널 사용 사업자는 200여 개 정도 된다.

각 나라마다 방송 채널 사용 사업자들의 사정은 다르다. 미국의 경우 MTV는 미국의 SO뿐 아니라 전 세계 수천 개의 SO를 대상으로 방송 채널을 제공한다. ESPN 역시 2010년 남아공 월드컵을 중계하는 등 방송 시장에 막강한 영향력을 행사하고 있으며 CNN 또한 세계 정치 · 경제 · 문화 시장에 큰 영향력을 미치고 있다. 이런 초대형 PP들은 SO와 협상 과정에서 수신료 배분 등에 우월한 자리를 차지한다.

그렇다면 국내 방송 채널 사업자들의 문제점을 살펴보자. 무엇보다 가장 큰 문제는 영세성이다. 연간 매출 100억 원이 넘는 지상파 PP를 제외하면 영세성을 벗어난 곳은 극소수에 지나지 않는다. PP는 광고 수입과 수신료 수입에 의존하는데 우리나라 PP들은 수신료 수입이 낮은 편이다. 현재 일반적인 수신료 수입 금액은 SO가 가입자들로부터 받은 월간 수신료 중 약 25퍼센트를 전체 PP의 몫으로 떼어놓은 다음 시청률 등 다양한 공식에 따라 배분된다.

케이블 TV PP 시장이 황폐한 가장 큰 이유는 유료 TV 방송 시장을 대표할 만한 채널이 없다는 것이다. 이 때문에 광고 단가가 지상파 TV에 비해 많이 떨어진다. 이런 악순환을 끊으려면 과감한 투자와 참신한 아이디어로 시청률 경쟁에서 지상파 TV를 이겨야 한다. 그러나 실제 상황을 보면 자체 프로그램 제작 비율이 높은 TVN(78퍼센트)이나 엠넷 (96퍼센트) 등은 영업이익률이 대부분 마이너스를 기록하고 있다. TVN 은 〈롤러코스터〉, 엠넷은 〈슈퍼스타 K〉 등과 같은 히트 작품을 만들었으나 아직은 지상파 TV 방송을 따라잡지 못하고 있는 상태다.

넓은 지역을 아우르는 위성 방송

지상에서 쏘아 올리는 전파 곧 지상파는 장애물이 있으면 도달 거리가 짧아진다. 서울 남산에 전파를 보내는 중계소를 설치하는 이유도 장애물에 방해받지 않고 전파를 최대한 멀리 보내기 위해서다.

위성 방송은 적도 상공 35,786km 지점에 있는 정지 궤도에 중계기를 설치하여 전파를 재송신한다. 당초 지상파의 난시청 문제를 해결하고자 사용했으나, 요즘은 지상파 TV로 시청할 수 없는 다양한 채널 등을 보기 위해 이용하고 있다. 다양한 채널과 선명한 화면 등과 같은 장점이 있지만 위성 방송은 다음과 같은 단점도 있다.

첫째, 인공위성을 쏘아 올려야 하므로 초기 비용이 막대하게 들어갈 뿐 아니라 인공위성의 수명에 명확한 한계가 있다. 인공위성의 궤도를 확보하는 데도 상당한 어려움이 따른다. 그래서 직접 인공위성을 쏘아 올리기도 하지만 미국 등과 같이 인공위성을 많이 보유한 국가들에게 빌려서 사용하기도 한다.

둘째, 지상파에 비해 수신이 약간 늦다. 지상에서 쏘아 올린 전파를 인공위성이 받은 뒤 지상으로 쏘아 보내는 과정에 약간의 시차가 발생하기 때문이다.

셋째, 전파의 넓은 도달 범위 때문에 국가 또는 사업자 간에 갈등을 일으키기도 한다.

넷째, 쌍방향 서비스, 텔레비전 수상기를 활용한 상거래 등이 어렵다. 경쟁 상대인 케이블 TV나 IPTV와 달리 가입자에게서 사업자에게로 보내는 통신, 즉 리턴 패스의 확보가 불가능하다.

우리나라에 본격적으로 위성 방송이 시작된 것은 2002년 스카이라이프 방송을 통해서다. 미국, 영국, 일본은 1990년대에 이미 위성 방송을 본격적으로 시작했고, 우리나라는 다른 나라에 비해 10~20년 늦게 시작한 편이다. 위성 방송의 가장 큰 특징은 민간 방송과 달리 전국을 사업권역으로 둔다는 점이다.

먼저 다른 나라의 위성 방송 상황부터 살펴보자. 미국에는 두 개의 주요 위성 방송사가 지배적인 사업자로서 케이블 TV 시장에 도전하고 있다. 미국의 위성 방송 가입자는 2007년 3분기 기준 3,000만 명을 돌파했는데, 이 가운데 디렉(Direc) TV가 55퍼센트인 1,600만 명을, 디시 네트워크(Dish Network)가 45퍼센트를 확보했다. 미국은 유료 방송 보급률이 전체 가구의 90퍼센트나 되며, 그중 디지털 위성 방송 가입률은 2010년 기준으로 3,130만 가구이다.

미국에서는 위성 방송사들이 가입자를 늘리기가 쉽지 않다. 컴캐스트와 같은 케이블 방송사들의 입지가 강력하기 때문이다. 그러나 그들보다 저렴한 가격을 무기로 가입 가구 수를 조금씩 늘려나가고 있다. 2014년쯤에는 3,400만 가구를 가입자로 확보할 것이라는 전망도 있다.

미국의 미디어 그룹인 리버티미디어 소속 디렉 TV는 1994년 6월 17일 서비스를 시작하여 디시 네트워크와 경쟁하고 있다. 유료 방송 시장 전체를 놓고 보면 2,400만 가구를 확보한 컴캐스트를 잇는 2위로 1,800만 가구가 가입자로 있다. 디렉 TV는 스스로 컴캐스트를 경쟁자로 간주하고 있다. 자사 홈페이지를 보면 "가입 비용이 컴캐스트에 비해 훨씬 저렴하다"고 강조하고 있는데 매출은 2007년 기준 170억 달러에 이를 정도로 규모가 크다.

과거에는 미국 위성 방송 시장에서 많은 방송사들이 경쟁했다. 1975

년에는 RCA가 미국의 주요 공중파를 송신하기 위한 목적으로 인공위성을 쏘아 올렸다. 이후 HBO 등 광대한 미국 대륙에 산재한 지역 케이블 방송사들도 인공위성을 활용하여 방송을 내보냈다. 인공위성으로 수신한 전파를 지역 가입자에게 재전송하는 방식을 택한 것이다. 1981년 출현한 USSB는 인공위성에서 나온 전파를 최초로 사람들이 직접 수신하여 방송을 볼 수 있도록 했다. 현재와 같은 위성 방송의 시작이다. 1998년 USSB가 디렉 TV에 인수된 후 수많은 위성 방송사들이 생겼으나, 1990년대 후반 디렉 TV와 디시 네트워크의 양강 구도를 이루며 현재에 이르고 있다.

케이블 방송 사업이 미국에 비해 취약한 일본은 위성 방송이 유료 방송 시장에서 선전하고 있다. 일본은 방송위성(BS)과 통신위성(CS)을 활용해 위성 방송을 하고 있다. BS 위성 방송은 1989년 NHK가 처음으로 시작했으며, 민영 방송 가운데서는 와우와우(WOWOW)가 1991년 4월 1일에 최초로 시작했다.

영국에서는 루퍼트 머독이 이끄는 B Sky B가 인공 방송 시장을 선도하고 있다. B Sky B는 각종 스포츠 이벤트와 관련된 독점 중계권을 확보한 뒤 위성 방송 가입자들에게만 중계 방송을 제공함으로써 가입자를 늘려나가고 있다. 유럽에서는 아스트라(ASTRA)와 핫버드(Hot Bird) 같은 방송사들이 유럽 전역으로 위성 방송을 내보내고 있으며, 홍콩에서는 스타 TV가 아시아 지역으로 위성 방송을 보내고 있다.

일반적으로 위성 방송 보급률은 케이블 TV의 보급이 힘든 곳에서 상대적으로 높다. 예를 들면 지상파 방송의 채널 수도 많을 뿐 아니라 위성 방송에 무료 방송 채널을 다수 포함하여 서비스하는 독일은 위성 방송 보급률이 전체 TV 보유 가구 가운데 약 40퍼센트나 된다. 그러나 케이블 TV가 많이 보급된 벨기에나 네덜란드는 7퍼센트 정도에 지나지 않는다.

우리나라 위성 방송은 사업자 선정 등으로 적지 않은 우여곡절을 겪은 끝에 2002년 3월 스카이라이프라는 단일 사업자가 서비스를 시작했다. 케이블 방송에 비해 10년 늦은 출발이다. 최근에는 PP들이 광통신망 등을 이용하여 스카이라이프의 송신 시설로 채널을 보내면 이를 받아 무궁화 3호 위성으로 발사하고 있다. 무궁화 3호는 한반도에만 전파를 전달할 수 있었던 무궁화 1·2호와는 달리 가변 빔안테나를 이용하여 동남아 지역까지 전파를 보낼 수 있다.

우리나라의 위성 방송은 특히 초기 안착에 많은 난관을 겪었다. 킬러 콘텐츠를 다수 보유한 지상파 방송 3사가 2005년 4월까지 3년 동안 위성 방송사에 재전송을 허용하지 않았기 때문이다. 머독이 영국에서 위성 방송을 출범할 때 영국 프로축구 중계권을 독점한 뒤 가입자를 적극 유치한 것과 비교하면 흡인력이 강한 콘텐츠를 확보하는 데도 실패한 셈이다. 이러한 이유로 법인 설립 직후 액면가가 두 배까지 뛰었던 위성 방송의 주가는 액면가인 5,000원을 밑도는 3,000원 수준까지 떨어졌으며 대규모 적자를 기록하기도 했다.

그러나 대주주인 KT가 스카이라이프 위성 방송, KT 인터넷, KT IPTV의 VOD 등을 묶은 번들 상품을 2010년 전후에 출시하면서 경영난에서 벗어날 조짐을 보이고 있다.

통신사의 야심찬 방어 도구 IPTV

통신망을 이용한 신개념의 방송 서비스

IPTV(Internet Protocol TV)는 과연 방송의 미래가 될 것인가? IPTV는 근본을 따지자면 '방송의 서자(庶子)'라고 할 수 있다. 지상파 TV 방송, 케이블 TV 방송, 위성 방송은 모두 방송 사업을 주도하지만, IPTV는 통신사가 이끌어가고 있다.

그렇다면 왜 통신사들이 IPTV 시장에 뛰어 들었을까? 방송사에 비해 적어도 매출이 열 배 이상 큰데도 통신사들이 방송 사업에 관심을 두는 이유는 두 가지다.

첫째, 기존의 케이블 TV 방송사들도 케이블망을 통해 TV 방송은 물론 인터넷 전화, 초고속 인터넷 전화 서비스를 제공하기 때문이다. 심지어 국내 케이블 방송사인 CJ헬로비전은 가정에서 사용할 수 있는 무선 전화(일종의 와이파이폰) 사업도 하고 있다. 통신사들의 입장에서는 인터넷, 전화 등 기존 안방을 케이블 TV 방송사들로부터 공격당하는 형국이다. 공격이 최선의 방어라고 여기며 융합미디어 시장의 주도권을 빼앗기지 않겠다는 계산이다.

둘째, TV와 인터넷, 통신을 번들로 묶어서 판매할 경우 현격하게 서비스 해지율이 떨어진다. 통신사가 IPTV 시장에 뛰어든 것은 가입자들을 유지하는 데 들어가는 막대한 비용보다는 IPTV를 운용하는 것이 가입자 해지를 막는 데 효과적이기 때문이다.

먼저 IPTV의 기술적 배경을 살펴보자. IPTV는 영상 압축을 포함한 디지털 신호처리 기술과 광대역(브로드밴드) 전송 기술에 힘입어 등장했다. IPTV를 부르는 이름은 나라마다 다양하다. 일본에서는 브로드밴드(Broadband) TV라고 한다. 미국이나 영국에서는 통신사들이 운영하는 TV라고 해서 텔코(Telco)TV라고 부른다.

IPTV는 특정 주파수 대역을 이용하는 케이블, 지상파 등 일반적인 방송과는 달리 초고속 통신망을 이용한다는 것이 가장 큰 차이점이다. IPTV는 초고속 통신망을 이용해 데이터를 패킷(packet) 형태로 보내기 때문에 기존 통신 서비스의 연장선상에 있다고 할 수 있다.

IPTV가 방송되는 과정은 이러하다. IPTV 사업자들은 채널 사용 사업자인 PP 또는 콘텐츠 제공업자인 CP로부터 공급되는 방송 프로그램을 전용선이나 위성 안테나 등으로 수신한다. 이후 프로그램을 압축한 뒤 광통신망을 이용해 데이터를 흘려보내는 스트리밍(streaming) 방식으로 송신한다. 이렇게 보낸 자료는 몇 번의 단계를 거쳐서 가입자 가구의 셋톱박스에 전달된다. 이때 사업자는 모든 채널을 보내는 기존 방송과는 달리 가입자가 요구한 특정한 채널만 보낸다. 디지털 케이블 TV 방송은 전파를 통해 서비스하는 채널 전체를 보내는 데 비해 IPTV는 한 개의 채널만 보낸다.

IPTV는 사용 인터넷망의 대역폭과 관련된 문제로 케이블 TV처럼 곧바로 채널이 바뀌지 않고 약간 느리게 반응한다. 디지털 케이블 TV 방송은 모든 채널이 셋톱박스에서 바뀌는데 비해 IPTV는 초고속 통신망의 서버에서 바뀌기 때문이다.

IPTV는 인터넷으로 서비스를 하는 웹 TV 또는 인터넷 TV와 혼동하기 쉽다. 웹 TV는 단말기로 PC를 사용하며 누구나 인터넷망을 통해 서비스할 수 있는 개방형 구조로 되어 있다. IPTV는 제한된 네트워크를 사용하기에 특정 지역에만 방송을 볼 수 있지만 웹 TV는 전 세계 어디에서든 인터넷망에 접속하여 볼 수 있다. 웹 TV는 반드시 일정한 수준의 서비스를 보장할 필요가 없다.

다음 표는 국제전기통신연합(ITU)이 웹 TV와 IPTV의 차이를 비교한 내용이다.

국제전기통신연합이 비교한 웹 TV와 IPTV의 차이

	IPTV	웹 TV
시청권역	지역	전 세계
이용자	제한된 가입자	모든 이용자
영상 화질	방송용 품질 보장함	방송용 품질 보장하지 못함
연결 대역폭	최소 4Mbps	인터넷 대역폭 사용
비디오 포맷	MPEG-2, H264	Windows media, Quick Time 등
수신기	셋톱박스	PC
해상도	TV 수준	QCIF, CIF
신뢰도	안정적임	경쟁에 따라 다름
안정성	이용자 법적 보호 가능	불안정
저작권	콘텐츠 보호 가능	콘텐츠 보호 어려움
기타 서비스	EPG, PVR	없음
고객 지원	현장 설치	일반적으로 받지 못함
케이블 TV, 지상파 TV 등과의 관계	잠재적으로 공통의 셋톱박스 사용	셋톱박스 필요 없음

IPTV는 과도기 서비스로 전락할까

IPTV 서비스는 우리나라에 비해 외국에서 비교적 일찍 시작됐다. 우리나라는 실시간 지상파 재전송 문제로 통신사들과 방송사 사이에 합의가 제대로 이뤄지지 않아 IPTV 사업이 상당 기간 미뤄졌다.

IPTV는 2003년 방송 시작 이래 약 60개국에서 서비스를 하고 있는 것으로 알려져 있다. IPTV 서비스에 가장 적극적으로 나서고 있는 사업자들은 서유럽 지역 통신사들이다. 독일의 도이치 텔레콤, 스페인의 텔레포니카, 프랑스의 프리텔레콤 등이 대표적이다. 그중 프리텔레콤은 2007년 기준으로 약 300만이라는 가입 가구를 확보한 것으로 조사됐다.

중국의 상하이 미디어 그룹(SMG)도 IPTV 사업 인허가를 받아 2009년부터 사업을 본격화했다. 일본의 야후 BBTV는 인터넷 사업자가 IPTV 서비스를 시작했다는 점에 특징이 있다. 일본에서도 히카리 플러스(Hikari Plus), KDDI 서비스 등 3~4개 사업자가 경쟁하고 있다.

홍콩은 홍콩 최대 통신 회사인 PCCW 계열의 '나우(Now) TV'가 선전하고 있다. 2003년 IPTV 서비스를 시작한 나우 TV는 유료 가입자 수가 2008년 기준으로 홍콩 전체 220만 가구 가운데 약 80만 가구를 확보했다. 그 결과 유료 방송 플랫폼에서 1위를 차지했다. 나우 TV는 우리나라의 CJ 미디어가 제공하는 TVN을 비롯하여 100여 개가 넘는 채널을 운영하고 있다. 나우 TV의 성공 사례는 우리나라뿐 아니라 외국에도 널리 알려져 벤치마킹 대상이 되고 있다.

한편, 영국은 지상파 디지털 방송인 프리뷰가 급속하게 성장하면서 IPTV의 성장을 압박하고 있다. 영국의 대표적인 통신사인 브리티시텔레콤이 운영하는 BT 비전이라는 서비스는 실시간 방송을 하지 않고 VOD 서비스를 중심으로 사업을 전개하고 있다. 미국 역시 통신사 중심으로 IPTV 서비스를 하고 있으나 위성 방송과 케이블 방송의 틈새에서 성장할 기회를 찾지 못하고 있다.

국내에서는 IPTV 도입을 위한 정책 논의와 통신사들의 준비가 2004년쯤부터 시작됐다. 그러나 국내 통신사들의 투자 규모 등 전략적 방향을 정하지 못하여 추진력을 얻지 못했다.

국내에서 본격적으로 IPTV 사업을 시작한 곳은 뜻밖에도 최대 통신사인 KT가 아니라 VOD 서비스를 중심으로 프리(Pre) IPTV서비스를 시작한 하나로텔레콤이다. 현 SK브로드밴드의 전신인 하나로텔레콤은 KT나 LG의 통신사에 비해 취약한 고객 기반을 넓히고 초고속 인터넷 가입 고객 유지를 위해 2006년 7월 '하나 TV'를 시작했다. 당초 하나 TV는 기존 지상파의 실시간 방송 없이 VOD 서비스만으로 출범했기 때문에 사업 성과가 좋지 않을 것이라는 예상이 많았다. 그러나 VOD 서비스에 대한 호응이 예상 외로 좋게 나타나면서 가입자 수가 서비스 시작 1년 만인 2007년 7월, 50만 가구를 돌파했다. 하나 TV의 급성장은 KT와 LG에도 자극제가 돼 IPTV 사업을 보다 적극적으로 검토하게 하는 계기가 됐다.

마침내 KT가 메가 TV, LG가 마이 LG TV를 내놓으며 2008년 말 실시간 방송을 포함한 전면적인 IPTV 서비스를 시작했다. 이후 하나 TV는 SK 그룹에 인수되면서 BTV로, KT의 메가 TV는 쿡 TV로 이름을 바꿨다. 2010년 상반기 기준으로 3개 통신사의 IPTV 서비스 가입자는 약 200만 명을 약간 웃도는 수준이다.

2000년대 중반 본격적으로 서비스를 개시했을 때만 해도 많은 사람들이 IPTV의 성공을 예상했다. 우리나라에서 지배적인 케이블 TV 시장을 급속하게 잠식할 것이라는 예측까지 나왔다. 그러나 실제 뚜껑을 열어본 결과 IPTV의 파괴력은 예상보다 약했다. 그 원인은 다음과 같다.

첫째, IPTV 서비스에 위기감을 느낀 SO들이 보다 공격적으로 아날로그 케이블 TV 방송을 디지털 케이블 TV 방송으로 전환하는 데 노력을 기울였기 때문이다. IPTV와 디지털 케이블 TV는 150개 이상의 채널 서비스, VOD 서비스를 비롯한 쌍방향 서비스, 데이터 방송 서비스가 똑같이 가능하기에 소비자들이 차별성을 알아차리기가 힘들다. 따라서 지역 밀착형 마케팅이 강한 SO가 기존 아날로그 케이블 TV 가입자를 디지털 케이블 TV 가입자로 전환하기가 훨씬 수월하다. 이는 케이블 SO들이 아날로그 케이블 TV 가입자의 고객 정보를 손에 쥐고 있기 때문이다. 실제 2010년 상반기 디지털 케이블 TV 가입자는 400만 명이 넘는 것으로 조사됐다.

둘째, 케이블 TV 서비스를 15년 이상 지속하는 동안 케이블 방송에만 콘텐츠를 공급하는 PP가 생겼고, 이들 케이블 TV 전용 PP들의 경쟁력이 IPTV 전용 PP에 비해 강하기 때문이다. 예를 들어 케이블 PP 시장의 선두주자인 CJ는 IPTV에 채널을 공급하는 것에 적극적으로 나서지 않고 있다. 그러므로 케이블 TV 대비 IPTV는 상대적으로 볼 것이 적은 방송 서비스를 하고 있다.

셋째, 초고속 인터넷망의 데이터 통신량 확대, 이동통신망 업그레이드, 스마트폰 보급으로 구태여 셋톱박스를 설치하고 폐쇄된 형태로 방송 서비스를 하는 것이 바람직한가라는 의구심이 여전히 통신사 내부에 존재하기 때문이다. 전문가들은 인터넷을 활용한 TV 서비스의 미래는 웹 TV나 스마트 TV에 가까울 것으로 전망한다. 그렇게 될 경우 IPTV는 통신사의 과도기 서비스로 전락할 가능성이 크다.

테이크아웃 휴대 방송 DMB

테이크아웃 이동 방송

과거는 TV는 거실이나 안방의 고정된 수상기로 보는 것이라는 고정 관념이 강했다. 그래서 붙은 이름이 '안방극장'. 그러나 21세기 TV는 안방에만 머물기를 거부한다. '테이크아웃 TV'라는 마케팅 슬로건처럼 집을 떠나 어디든 돌아다닐 수 있게 됐다. 이를 가능케 한 것이 바로 DMB(Digital Media Broadcasting)다.

세계적으로 이동형 방송이 본격화된 것은 2005년 5월 SK텔레콤의 자회사인 TU미디어가 위성 DMB을 시작하면서부터다. 이후 2005년 12월 1일 지상파 DMB가 서비스를 시작함으로써 유료와 무료가 공존하는 이동 방송 시대가 열렸다. 2010년 기준으로 국내에는 2,000만 대가 넘는 지상파 DMB 수신기가 깔려 있다. 이중 상당수는 휴대전화와 내비게이션을 겸하는 장치다. DMB는 우리나라가 세계 시장을 선도하고 있는 실정이므로 국내 상황부터 알아보자.

지상파 DMB의 시작은 아날로그 라디오의 디지털 전환을 추구하다가 출발했다. 아날로그 라디오를 디지털 라디오로 바꾸면 동일한 주파수 대역에서 채널 5~6개를 새로 만들 수 있다. 이렇게 먼저 디지털 라디오 방송을 검토하다가 동영상 압축 기술이 더 발전하면서 아예 이동형 TV 서비스쪽으로 방향을 틀었다.

이동형 방송을 구현하는 데는 기술적인 난관이 많다. 영상 압축, 전송, 안테나, 소형 단말기를 위한 디스플레이, 영상을 장시간 볼 수 있는 배터리 등 단말기 개발에 들어가는 하드웨어 기술과 방송을 운용하는 기술이 효과적으로 결합해야만 비로소 DMB를 제대로 서비스할 수 있다.

지상파 DMB의 수도권 가용주파수는 VHF TV 채널 12번 (204~210MHz)이다. 지방의 경우 주파수 배정이 다르게 되어 있어 지역별로 DMB 채널을 조정해야 한다. 이 경우 지역별 특성을 살리는 권역별 방송만이 유리하다. VHF 12번과 8번을 활용하는 방송 사업자는 모두 각 3개씩 6개의 채널을 사용할 수 있다. 이 때문에 DMB 사업자들은 동영상 채널 두세 개를 여러 개로 쪼개서 사용하거나 동영상과 라디오를 섞어서 서비스하기도 한다. 현재 국내에는 KBS, MBC, SBS, YTN DMB, 한국 DMB(QBS), U1 미디어 등 6개 사업자가 DMB를 서비스하고 있다. 이 가운데 한국 DMB, U1 미디어는 다른 방송에 채널 자체를 임대해서 운영한다.

지상파 DMB를 시작한 지 5년이 지났고 단말기 보급 대수도 2,000만 대를 넘었지만, 아직까지 DMB 사업의 경영 성과는 안정적이지 못하다. 지상파 DMB의 사업적 부진은 여러 가지 원인이 복합적으로 작용한 결과다.

지상파 DMB도 지상파로 분류되기 때문에 법적으로 국내 지상파 광고 영업을 모두 대행하는 조직인 한국방송광고공사(KOBACO)가 영업을 담당한다. 개별 DMB 사업자는 직접적으로 광고 대행사나 광고주를 접촉해 영업할 수 없다. 또한 DMB 단말기로는 누가 무슨 프로그램을 얼마나 보았는지 명확하게 알 수 없다. DMB 시청에 대한 기본적인 데이터를 확보하기 어렵기에 광고주들은 DMB 광고 영업을 꺼린다.

지상파 DMB는 공익적인 무료 방송이고 위성 DMB는 상업적인 유료 방송이다. 위성 DMB의 기본적인 형태는 위성 방송과 흡사하다. 지상에서 위성으로 전파를 쏘아 올리면 위성이 이를 증폭해서 지상으로 방송 전파를 다시 쏘아 내려 보낸다. 현재 우리나라의 위성 DMB는 지상파 DMB보다 높은 주파수 대역인 2.630~2.665GHz을 사용한다. 서울 성수동에 있는 방송센터에서 Ku밴드 주파수 대역(13.824~13.883GHz) 방송용 전파를 쏘아 올리면 위성은 이를 다시 DMB용으로 할당된 S밴드 (2.630~2.655GHz) 주파수 대역을 활용해 지상의 단말기로 뿌려준다. 위성 신호를 직접 받기 어려운 곳은 위성에서 받은 전파를 전파의 음영 지

오른쪽은 유료 위성 DMB 방송 시대를 연 TU 미디어의 위성 DMB를 전철 안에서 즐기고 있는 모습. 왼쪽은 자동차에 위성 DMB 뉴스가 나오고 있는 사진.

역으로 보내주는 '갭 필러'를 활용한다.

위성 DMB는 세계 최초로 인공위성과 휴대전화 단말기를 결합한 이동형 방송이다. SK와 위성을 공동으로 사용한 일본의 MBCo가 2004년 10월 말 상용서비스를 시작했지만 휴대전화 겸용 단말기를 이용한 것은 아니었다. '테이크아웃(take out)' 개념을 적용한 휴대 방송은 우리나라의 위성 DMB가 세계 최초로 테이프를 끊은 셈이다.

21세기 본격적인 TV 진화의 산물

위성 DMB는 음성 전화와 제한된 데이터 서비스 외에 TV와 같은 대용량 멀티미디어 서비스를 휴대전화에 접합하려는 시도에서 시작됐다. SK텔레콤은 일본 도시바의 자회사인 MBCo사에 자금을 투자하면서 위성 사용 기회를 잡았다. MBCo사는 1997년 국제전기통신연합에 인공위성 발사를 신청해 놓은 상태였고, 2001년 12월 드디어 그 계획을 실행했다.

위성 DMB 사업은 이동통신사들과 협력이 필수적이다. 방송 프로그램을 제작하여 송출하는 것으로 할 일이 끝나는 지상파 DMB 사업과 달리 가입자 모집, 요금 징수 등 다양한 업무가 수반되기 때문이다. 우리나라에서는 SKT가 자사 대리점을 통해 가입자 모집과 요금 징수를 담당했다.

위성 DMB 사업은 또한 휴대전화 단말기에 위성 DMB 사용이 가능하도록 해야 한다. SK텔레콤은 서비스 개시 4년 전인 2001년 9월 단말기 개발을 삼성전자에 의뢰했다. 삼성전자는 사업 성공 가능성을 놓고 반신반의하다가 6개월 이상이 지난 2002년 6월에야 단말기 개발을 착수했다.

콘텐츠를 구입하기 위한 방송사들과의 제휴도 필수적이다. 특히 킬러 콘텐츠로 인식되는 지상파 방송을 끌어들이기 위해 주주로 참여시키는 등 다양한 시도를 한 것이 눈길을 끈다.

위성 DMB는 지상파 DMB 사업을 하는 지상파 방송사들의 견제로 서비스를 시작한 뒤에도 콘텐츠 수급에 어려움을 겪었다. 그 난관은 2010년 현재까지 계속되고 있다. 위성 DMB는 선진 기술과 아이디어 상품이지만 비즈니스로서 성공할 수 있을지 여부는 계속 지켜봐야 한다.

DMB는 21세기에 새롭게 등장한 관계로 기술 표준의 확산 등과 관련해서 각국이 뜨겁게 경쟁하고 있다. 지상파 DMB는 2005년 12월 국내에서 처음으로 서비스를 시작한 이래 베트남, 캄보디아, 말레이시아, 이집트 같은 해외에서도 방송을 하거나 시험 방송 중에 있다. 베트남의 경우 수도 하노이 반경 30~35㎞에 DMB 전파를 송출하고 있다.

우리 정부는 DMB 기술을 동남아와 중남미에 적극적으로 수출하려고 한다. 한국형 DMB의 오디오와 비디오 압축 기술은 우리나라 기업들이 다수 지적재산권을 보유한 H.264와 MPEG4 BASC인데 이런 DMB 기술이 상용화된다면 상당한 로열티 수입도 기대할 수 있다.

한국형 DMB 기술의 강력한 경쟁 상대는 미국 퀄컴의 미디어플로(MediaFlo)와 유럽 휴대 방송 규격인 DVB-H다. 한편 일본에서 독자적으로 선보인 원세그(One-Seg) 기술은 브라질과 아르헨티나를 공략하고 있다.

TV가 지닌 한계인 고정성을 극복했다는 점에서 DMB는 21세기 들어 본격화된 TV 진화의 산물이라고 할 수 있다. 그러나 DMB도 지역적으로 전파가 도달되는 범위에 한계가 있다. 이를테면 우리나라 지상파 DMB는 방송 도달 범위가 대체로 도(道)의 경계를 벗어나지 못한다. 위성 DMB도 위성의 전파가 도달하는 지역에만 서비스가 국한된다. 그러나 인터넷 기술과 무선 인터넷의 확산으로 TV가 지닌 지리적 제한성은 점점 더 사라질 것이다.

21세기에 개발된 DMB는 상용된 지 얼마되지 않지만 지속 가능성이 불투명하다. 초고속 인터넷 환경이나 방대한 분량의 정보를 주고받을 수 있는 이동통신망이 정비되면 구태여 DMB를 활용하지 않아도 실시간으로 인터넷을 통해 TV를 볼 수 있기 때문이다. 다만, DMB는 통신망 구축 비용을 조달하기 어려운 국가나 통신망 이용 대가를 지불하기 어려운 사람들에게는 계속해서 유용한 이동 방송 수단이 될 전망이다.

편성의 의미를 없애는 장치들

본방 사수는 가라 VOD 서비스

언제부터인가 '본방 사수'라는 말이 유행하기 시작했다. 본방 사수라는 말은 TV 특정 프로그램을 굉장히 좋아해 꼭 본 방송 시간에 시청한다는 뜻이다.

1990년대 TV 프로그램이 높은 시청률을 기록했던 이유는 요즘처럼 다양한 형태로 원하는 시간에 골라 볼 수 있는 기기가 없었던 것도 한 몫을 한다. '원하는 시간에 원하는 프로그램을 볼 수 있다'는 것은 '편성' 즉 시간대를 정해 프로그램을 내보내는 것의 중요성이 약해졌음을 의미한다.

TV가 시간의 제약을 뛰어넘게 된 것은 프로그램을 녹화했다가 다양한 형태로 재생할 수 있게 되었기 때문이다. 아날로그 비디오 테이프에 녹화를 할 경우 화질의 열화(劣化)가 발생하는 등 상당한 제약이 따른다. 그러나 디지털 녹화 기술의 보급으로 화질의 열화 없이 TV 프로그램을 즐기는 것이 얼마든지 가능해졌다.

2006년 IBM 컨설팅은 2012년 TV의 미래를 예측하면서 '우리가 알고 있는 TV의 종말(The end of television as we know it)'이라는 보고서를 발표했는데 앞으로는 사람들이 TV를 실시간으로 보지 않고 다양한 방식으로 시청할 것이라는 내용이었다.

시간차를 두고 TV 프로그램을 볼 수 있는 가장 흔한 방식은 IPTV나 디지털 케이블 TV 등 방송 플랫폼 사업자가 고객과 상호작용을 하며 제공하는 VOD(Video on Demand) 서비스에 가입하는 것이다. VOD 서비

웹 TV의 대표주자로서 각종 방송 프로그램을 제공하는 곰 TV

스에 가입하면 미리 녹화해 둔 각종 프로그램을 가입자의 요구에 따라 돈을 받고 개별적으로 보내준다. 국내에서도 VOD 서비스를 디지털 케이블 TV 사업자나 IPTV 사업자들이 핵심적으로 활용하고 있다.

한국 방송영상산업진흥원은 2007년 기준 VOD의 세계 시장 규모를 40억 달러로 추정했다. 2007년 VOD 서비스에 주력했던 하나 TV는 그 해 VOD 서비스로만 약 470억 원의 매출을 올렸다. IT조사기관인 아이서플라이는 2010년 전 세계 VOD 시장 규모를 126억 달러로 예상했고, LG경제연구원은 2012년 국내 시장 규모가 최대 5,900억 원을 넘을 것으로 전망했다.

VOD 서비스는 대체로 세 가지 방식으로 이뤄진다.

첫째는 플랫폼 사업자들, 즉 케이블 TV나 IPTV 사업자들이 가입자들에게 서비스를 제공하는 방식이다.

둘째는 콘텐츠 사업자들이 직접 만든 인터넷 사이트를 통해 '다시보기' 형태로 프로그램을 제공하거나 제휴 사이트, 이를테면 인터넷 동영상 사이트인 곰 TV를 이용해 내보는 방식이다.

셋째는 애플이 운영하는 아이튠즈처럼 플랫폼 운영자가 만들어 놓은 이동형 기기, 예를 들면 아이팟을 통해 동영상 서비스를 제공하는 방식이다.

파일을 공유하는 웹하드

내가 원하는 시간대에 내가 원하는 방송을 본다는 개념을 갖고 특정 서비스를 분석하거나 접근할 때 무시하기 어려운 것이 바로 웹하드(webhard) 서비스이다. 웹하드 서비스는 개인과 개인이 파일을 서로 전송하면서 콘텐츠를 올리거나 받아볼 수 있게 해준다. 예를 들면 A라는 사람이 특정 방송 녹화 파일을 웹하드에 올리면 B라는 사람이 프로그램 한 편당 100원이나 150원(통상 캐시라는 이름으로 불림)이라는 저렴한 가격으로 파일을 자신의 컴퓨터로 다운로드한다. 이때 지불한 100원이나 150원은 동영상 웹하드 사이트와 콘텐츠를 올린 A라는 사람에게 배분된다. 웹하드 운영자가 받는 비용은 콘텐츠와는 상관없이 시스템을 제공한 대가이다.

지금까지 웹하드 서비스는 개인 대 개인(P2P)이 파일을 전송한다는 이유로 규제가 쉽지 않았다. 그러는 사이 시장이 급성장했으며, 일각에서는 불법 콘텐츠를 공유하기 위한 웹하드 시장 규모가 국내만 해도 1조 원에 이를 것이라 추정하고 있다.

방송사들은 웹하드 시장을 불법 콘텐츠 유통의 온상으로 보고 무력화시키기 위해 저작권법에 호소하는 등 다양한 대책을 마련했으나 실질적인 효과를 거두지 못하고 있다. 결국 국내 방송 콘텐츠의 대부분을 만들어 내는 지상파 TV 시장은 웹하드 시장과 타협하는 쪽으로 전략을 바꿨다.

시간에 구애받지 않고 TV를 보는 DVR

편성의 의미가 약해진 시대에 시간에 구애받지 않고 자유롭게 TV를 보는 방법은 무엇일까? 국내에는 그다지 보급되지 않았지만 미국에서는 DVR(Digital Video Recorder)이 VOD 못지않게 중요한 역할을 하고 있다. PVR(Personall Video Recorder)이라고 불리는 DVR은 입력해둔 시간에 TV 프로그램을 녹화했다가 원하는 시간에 시청할 수 있도록 해준다.

대표적인 DVR 장치 티보(TiVo)에 관해 살펴보자. 티보는 셋톱박스에 영화나 TV 프로그램을 녹화했다가 볼 수 있는 기기로 가격은 100달러대다. 광고를 건너뛰고 TV를 볼 수 있다는 특징이 있다. 티보가 등장했던 1999년부터 2000년대 중반 무렵에는 티보가 TV 방송국을 무력화시킬 것이라는 위협론이 대두되기도 했다. 티보를 사용하는 시청자들이 TV 광고를 보지 않을 것이므로 방송국은 광고 수익이 줄어들어서 생존이 위태해질 것이라는 추측에서였다.

티보와 유사한 제품은 지금도 지속적으로 등장하고 있다. 성공한 경우는 아니지만 애플이 만든 iTV도 DVR과 유사한 서비스를 제공하고 있다. iTV는 아이튠즈에 나오는 다양한 콘텐츠는 물론 유튜브 동영상을 TV로도 볼 수 있게 해주는데, 가격은 229달러다.

미국에서는 시간에 구애받지 않고 TV를 보는 데서 사업 기회를 찾는 벤처 기업들이 끊이지 않게 나오고 있다. 2005년 출시된 슬링박스(Sling Box)는 인터넷 네트워크를 통해 TV 프로그램을 다양한 단말기에 전송

해주는 기기다. TV가 갖는 시간적·공간적 제약을 극복했다는 이유로 2005년 『타임(Time)』지가 선정한 올해의 혁신 제품상을 수상했다.

슬링박스의 탄생 배경은 이러하다. 블레이크 크리코리안과 제이슨 형제는 미국 프로야구팀 샌프란시스코 자이언츠의 골수팬이었다. 이들은 케이블 TV에 가입을 하고도 제대로 된 샌프란시스코 자이언츠팀의 경기 방송을 출장지에서 볼 수 없다는 데 울화가 치밀었다. 어디에서든 TV 프로그램을 볼 수 있는 기기를 손수 만들어야겠다고 생각하고 2002년 가정의 케이블 TV에 설치해두면 인터넷으로 프로그램을 어디서든 시청할 수 있는 장치 개발에 착수했다. 2005년 7월 이들은 우여곡절 끝에 케이블·위성·지상파 방송 신호를 인터넷을 통해 외부로 보내주는 셋톱박스 개발에 성공했다. 다만 저작권 문제 해결을 위해 해당 슬링박스에 접속해 프로그램을 볼 수 있는 사람은 한 사람으로 국한했다. 현재 슬링박스 제조사인 슬링미디어의 프로그램은 PC 버전뿐 아니라 스마트폰 버전도 나와 있다. 이로써 사람들은 자신이 원하는 시간대에 자신이 원하는 프로그램을 어디서든 볼 수 있게 되었다.

이 외에도 가정용 게임기를 DVR 장치로 활용하려는 시도도 진행 중에 있다. 예컨대 소니사가 만든 게임기 '플레이스테이션 3'는 TV 프로그램을 실시간으로 내려받을 수 있다. 마이크로소프트사에서 출시한 게임기 'X-Box 360'도 각종 TV 프로그램을 다운로드해서 TV로 보여주는 DVR 기능을 겸비하고 있다.

수상기를 떠난 TV

수상기를 떠나기 위한 시도

TV를 꼭 TV 수상기로만 봐야 할까? TV를 PC나 스마트폰 등 다른 기기로는 볼 수 없을까? 이와 관련한 두 가지 주목할 만한 시도가 있다.

첫째는 주스트(Joost) 서비스이다. 주스트는 피투피(PtoP) 기반 웹 TV 서비스, 채널 안내, 애니메이션, 뮤직비디오 등의 동영상 콘텐츠를 제공한다. 2007년 1월 정식으로 출범한 주스트는 2007년 2월 MTV, 비이티 네트웍스(BET Networks), 파라마운트 픽처스(Paramount Pictures Corporation) 등을 거느린 바이아컴과 전략 제휴를 했다.

주스트를 탄생시킨 인물은 인터넷 전화인 스카이프(Skype)를 설립한 니클라스 젠스트롬과 야뉴스 프리스이다. 이 두 사람은 2006년 '베니스 프로젝트' 라는 주제 아래 150여 명의 유명 개발자를 끌어 모은 후 세계 6개 도시에서 주스트 서비스의 본격적인 개발을 진행했다. 베타 테스트 기간에 워너 뮤직 등과 제휴했고, 유럽 기반의 유명 프로덕션 겸 TV포맷 개발 회사인 엔데몰(Endemol)과도 제휴했다. 이들의 시도는 PC 환경에서 TV 프로그램을 비롯한 각종 콘텐츠를 높은 화질로 효율적으로 보여주자는 것이었다. 이때 동원된 기술이 가입자들끼리 컴퓨터 자원을 공유하는 PtoP다. 기술적 기반을 다지는 것 외에도 주스트는 콘텐츠를 합법적으로 유통하는 데 노력을 집중했다.

주스트에 날개를 달아준 것은 글로벌 미디어 그룹인 바이아컴과의 제휴였다. 바이아컴의 오너 섬너 레드스톤은 변호사 출신답게 공격적인 소송을 경영 전략으로 채택한 인물로 유명하다. 바이아컴은 유튜브의 불법 동영상 10만 개를 없애 달라고 유튜브 운영자인 구글을 상대로 소송하는 등 콘텐츠의 불법 유통에 단호한 입장을 보였다.

그런 바이아컴이 온라인 콘텐츠 유통 플랫폼으로 주스트를 선택하자 CBS는 4,500만 달러를 주스트에 투자했다. 주스트로서는 저작권이 없는 불법 동영상에 주로 의존하는 유튜브에 비해 제대로 된 콘텐츠를 PC 환경에서 보여줄 수 있는 터전을 가지게 된 셈이다.

주스트는 이후에도 지속적으로 콘텐츠를 확보했다. 현재는 워너 뮤직, 엔데몰, 프리맨틀 미디어(포맷 관련 전문 회사) 등과 글로벌 제휴하고 있다. 2007년에는 미국프로하키리그(NHL)를 배급하는 계약을 맺기도 했다.

하지만 현재 주스트의 콘텐츠 대부분은 미국에 국한되어 있다. 기술적으로는 인터넷을 이용하여 전 세계의 서비스 제공이 가능하지만, 아직 세계적인 차원의 저작권 문제를 해결하지 못했기 때문이다.

둘째는 훌루 서비스다. 2007년 3월 주스트와 CBS가 제휴 관계를 구축했을 때 미국의 대표적인 네트워크 TV인 NBC와 루퍼트 머독이 이끄는 폭스 TV가 전략적 제휴를 맺었다. 그리고 한동안 두 회사의 합작법인은 베일 속에서 프로젝트를 진행했다. 훌루는 1년간 준비 기간을 거친 뒤 2008년 3월 12일 정식으로 서비스를 시작했다.

훌루도 주스트와 마찬가지로 인터넷을 통해 TV 프로그램을 볼 수 있다는 점이 같다. 주스트에 비해 훌루가 가진 장점은 NBC, ABC, FOX 등 미국 내 주요 콘텐츠 공급업자라고 할 수 있는 네트워크 TV의 참여를 끌어냈다는 것이다. 3개 네트워크 방송사가 모두 주요 주주라는 것도 특징이다. 훌루는 미국의 유명 벤처투자 회사인 프로비던스 에퀴티 파트너스가 1억 달러를 지불하고 지분 10퍼센트를 확보하고 있다. 회사의 가치를 10억 달러로 보았다는 얘기다.

훌루 서비스의 또 다른 매력은 자신의 웹 사이트는 물론, 계약을 한 다른 웹 사이트에도 동영상 프로그램을 제공한다는 점이다. 훌루는 세계 최고의 전자상거래 사이트인 아마존의 부사장 출신 제이슨 킬라가 출범을 지휘했다. 그는 훌루가 자사 사이트에서만 서비스를 하는 데 국한하지 않고 이메일이나 페이스북 등에도 동영상을 보낼 수 있도록 하는 등 인터넷이 가진 개방성을 충분히 발휘하는 전략을 펼쳤다. 훌루는 유튜브에 비해 방문자 수가 10분의 1도 안 되지만 훨씬 더 높은 수익을 올리고 있다.

훌루의 최고 강점은 역시 미국의 4대 네트워크 가운데 3개를 확보하고 있는 것이다. 커런트(Current) TV, PBS를 비롯한 다른 방송사들도 훌루 서비스에 참여하고 있다. 한편, 콘텐츠 유료화 전략을 부르짖는 뉴스코퍼레이션은 훌루가 현재처럼 광고 모델에 수익을 의존할 것이 아니라 유료 모델을 적극적으로 개발해야 한다고 강조하고 있다.

TV 에브리웨어 전략

미국 케이블 TV업계는 케이블 TV와 인터넷을 연계한 서비스를 내놓고 있다. 여기에는 수동적으로 인터넷에 대응했다가 실패한 신문이나 음반 산업의 전철을 밟지 말자는 생각이 배경에 깔려 있다. 그래서 내놓은 전략이 바로 'TV 에브리웨어(TV Everywhere)'이다.

케이블 TV가 인터넷에 비해 가진 가장 큰 약점은 시청 가능 장소가 가정이라는 한계다. 이러한 한계를 벗어나기 위해 인터넷망 또는 통신망을 통해 세계 어디에서도 자신이 가입한 케이블 TV의 프로그램을 즐길 수 있도록 하는 전략이 나왔다. 이 전략의 핵심은 가입자들이 장소에 구애받지 않고 프로그램을 볼 수 있도록 하는 것이다. 단, 인터넷이나 모바일로 케이블 TV 프로그램을 보기 전에는 반드시 가입자 번호와 비밀 번호를 입력하도록 했다.

당초 케이블 TV 사업자들은 시청자들이 인터넷으로 TV를 보면 케이블 방송을 덜 이용할 것이라고 생각했으나 실험 결과 큰 관계가 없었다. 이를 근거로 미국의 2대 케이블 TV 사업자인 타임 워너는 TV 에브리웨어 전략을 미국 전역으로 확대하려 하고 있다. 미국 최대 케이블 TV 사업자인 컴캐스트 역시 2008년, 가입자들에게 자신들이 인터넷으로 제공하는 프로그램을 볼 수 있도록 허용하는 팬캐스트(Fancast) 서비스를 시작했다. 컴캐스트에 이어 위성 방송 사업자인 디렉 TV까지 TV 에브리웨어 물결에 가세했다.

현재로서는 주요 케이블 TV SO들이 공동 인터넷 사이트를 만들어 가입자들이 각종 콘텐츠를 인터넷이나 모바일로 접할 수 있도록 하는 방향의 TV 에브리웨어 전략을 펼칠 가능성이 크다. 훌루와 같은 서비스에 비해 TV 에브리웨어 서비스가 가진 강점은 시청 프로그램의 종류가 비교가 되지 않을 정도로 풍부하다는 것이다. 케이블 TV 사업자야말로 콘텐츠를 사들이는 가장 큰 수요처이기 때문이다.

국내에서는 CJ헬로비전이 50여 개 케이블 TV 프로그램을 곰 TV로 실시간 시청할 수 있도록 했다. CJ헬로비전은 곰 TV와 제휴를 맺음으로써 가입자들이 인터넷에 접속할 수 있는 곳이라면 어디에서든 콘텐츠를 볼 수 있도록 했다. 웹에서 가입자 인증을 하므로 별도로 장비를 설치해야 하는 작업도 필요 없다.

한편 애플과 구글 등 초대형 IT기업은 TV 수상기를 아예 컴퓨터처럼 활용하려 하고 있다. 이들은 스마트폰이라는 전혀 다른 콘텐츠 생태계를 만들어 성공을 거뒀던 것처럼 기존 방송 환경을 새롭게 바꾸려 한다. 구글은 2010년 하반기에 구글 TV를 출시하겠다고 발표했는데, 인텔, 소니, 베스트바이, 어도비, 로지텍과 같은 주요 기업이 개발 진영에 가세했다. 애플은 이미 DVR 셋톱박스를 출시했으나 그다지 성공적이지 못했다. 셋톱박스를 통해 인터넷에 접속할 수 있는 기능 외에는 별다른 것이 없었기 때문이다. 애플은 이러한 애플 TV의 미미한 성과를 반성하며 TV 수상기 시장에 새롭게 뛰어들려 하고 있다.

구글과 애플이 PC 시장에 뛰어든 것은 단순히 TV 수상기에 인터넷을 연결하기 위해서가 아니다. TV 수상기에 인터넷을 연결하려는 시도 즉 OTT(Over the Top)는 과거에도 많았다. TV를 인터넷과 연결하는 'TV 포털'과 같은 시도가 그런 사례다.

구글과 애플은 보다 큰 그림을 염두에 두고 시장을 개척해 나가고 있다. 두 회사는 기존 방송과 관련된 가치 사슬을 완전히 해체하고 재배열하는 엄청난 시도를 모색하고 있다.

지금까지 TV 방송 시장은 콘텐츠를 만드는 회사, 콘텐츠를 가정으로 유통하는 회사, 그리고 방송을 볼 수 있도록 하는 기기인 TV 수상기 제조 회사로 구분되어 있었고, 각 시장마다 강자가 있었다. 스마트폰이 본격적으로 도입되기 전 휴대전화 시장이 콘텐츠를 제공하는 회사와 통신망 회사, 그리고 단말기를 만드는 회사로 구분되어 있었던 것처럼 말이다.

수상기를 떠난 대표적인 TV

애플 TV

웹 비디오를 TV로 볼 수 있게 한 장치. 아이튠 스토어에 나온 내용을 볼 수 있는 것이 장점이다.

박시(Boxee)

각종 영상 프로그램을 온라인으로 볼 수 있도록 한 것이 특징이다. 친구들이 어떤 프로그램을 보고 있는지도 실시간으로 확인할 수 있다.

훌루(Hulu)

온라인으로 NBC, 디즈니, 팍스 등의 주요 프로그램을 볼 수 있는 것이 장점이다. 무료로 서비스를 제공하며, 비즈니스 모델은 광고에 의존한다.

넷플릭스(Netflix)

각종 영상 프로그램을 온라인으로 볼 수 있도록 한 것이 특징이다. 친구들이 어떤 프로그램을 보고 있는지도 실시간으로 확인할 수 있다.

로쿠(Roku)

셋톱박스에서 영화, TV쇼 등 다양한 콘텐츠를 다운로드할 수 있다. 무선 통신이 가능하다.

세즈미(Sezmi)

DVR로 지역 방송 채널, VOD 채널과 일부 케이블 TV 채널을 방송한다.

싱글박스(Sling Box)

TV에서 녹화한 프로그램을 인터넷을 이용하여 세계 어느 곳으로든 전송해준다. 가격은 299달러선이다.

티토(TiVo)

셋톱박스에서 TV로 영상을 보내는 DVR이다.

4
신문은
최대의 위기를
극복할 것인가

위기의 신문
신문의 콤팩트화
무료 신문의 대두
특화된 신문의 강세 현상
신문의 잡지화
위협받는 비즈니스 모델
존립을 건 싸움, 콘텐츠 유료화
신문사는 과연 존립할까

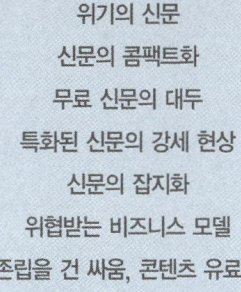

신문은 과거 400여 년간 강력한 매스 미디어로 군림했다. 구독료와 광고료를 받는 비즈니스 모델은 라디오나 TV가 등장했을 때도 신문이 꿋꿋하게 살아남도록 했다. 문자를 중심으로 하는 쿨(cool) 미디어인 신문은 TV나 라디오 같은 감성 중심의 핫(hot)미디어와는 다른 존재감이 있었다.

그러나 현재 신문의 앞날에는 빨간불이 들어와 있다. 구독자 감소, 광고 매출 저조, 주가 하락, 부도 등 위기가 연속되고 있다. 과거 명성을 자랑했던 권위지들도 몰락하고 있다. 2040년쯤이면 종이신문이 종말을 맞을 것이라는 전망도 나오고 있다.

물론 그동안 신문이 현실에 안주하고 있었던 것만은 아니다. 신문업계는 자체적인 반성도 하고 혁신도 시도했다. 내부에서는 '신문의 위기가 지나치게 과장되어 있으니 판매를 촉진하는 방법이 필요하다'는 주장도 제기했다. 마이크로소프트나 구글 등 스타 기업이 신문의 앞날에 대해 부정적인 전망을 쏟아내고 있는 동안 반박조차 하지 않아서 위기를 자초했다는 주장도 나왔다. 티모시 볼딩 세계신문협회 사무총장은 "마케팅 도구인 신문이 스스로 마케팅을 하지 않았다"고 지적했다.

드디어 지금까지 진행된 신문의 위기를 해결하기 위한 몇 가지 대응책이 나왔다. 그것은 2000년대 초·중반부터 시작된 신문의 콤팩트(compact)화, 무료 신문의 급성장, 타깃 층을 보다 확실하게 설정한 신문 창간, 잡지화, 유료화 등이다. 그러나 이런 시도로 신문의 위기를 없앨 수 있을지는 미지수이다.

종이 위에만 뉴스를 인쇄하려 하지 말고 '뉴스' 자체를 업(業)의 속성으로 설정하여 전자종이, 태블릿 PC, 인터넷 등 다양한 장치로 공급하는 것이 신문이 살아남는 길이라고 본다. 그러나 신문업계의 뉴스 공급 다변화 전략은 아직까지 '돈'으로 연결되지는 못하고 있다. 신문은 역사상 가장 큰 도전을 과연 성공적으로 해낼 수 있을까?

위기의 신문

1990년대 중반부터 신문의 앞날을 어둡게 전망하는 예측이 쏟아져나왔다. 예측의 대부분은 인터넷이라는 새롭고 강력한 매체의 등장을 근거로 한다. 과거에도 새로운 매체가 등장할 때마다 '신문 위기론'은 유행했으나 1990년대 후반부터 본격화된 신문의 위기는 그 범위와 파급력에서 전례를 찾아볼 수 없다.

신문의 위기는 신문 기업의 주가로 확인해볼 수 있다. 2002년 40달러를 넘었던 미국의 대표적인 신문 『뉴욕 타임스』의 주가는 2009년 한때 5달러 미만으로 떨어졌다. 2010년 들어서도 10달러 전후에서 멈추며 20여 년 만에 최저 수준을 맴돌고 있다. 이는 2005년 주가의 25퍼센트에 지나지 않는 수준이다.

주식 가격의 하락으로만 신문의 위기를 엿볼 수 있는 것은 아니다. 미국의 인터넷 신문 『비즈니스 인사이더(Business insider)』의 보도에 따르면 "2009년 미국에서는 1만 명 이상의 신문 산업 종사자들이 일자리를 잃었다"고 한다. 구독자 수도 지속적으로 감소하고 있다. 대표적인 경제 신문 『월스트리트 저널』의 구독자는 한때 200만 명에 육박했다가 2009년 9월 162만 명까지 떨어졌다. 또 『뉴욕 타임스』의 구독자 수는 92만 7,800여 명으로 1985년 이래 가장 낮은 수준이었다. 대표적인 신문사인 가넷(Ganett)이 운영하는 『USA 투데이』의 구독률은 17퍼센트 줄어든 190만 명을 기록했다. 『워싱턴 포스트(Washington post)』도 58만 2,844명에 그쳤다.

미국의 노스캐롤라이나 대학의 필립 마이어 교수는 2043년이면 미국에서 신문이 사라질 것으로 전망했다. 마이어 교수가 신문의 미래에 관해 주장하는 내용은 이렇다.

미국에서 매일 일간지를 읽은 성인의 비율은 1964년 81퍼센트에서 2004년 52퍼센트로 급락했다. 거의 매년 1퍼센트씩 일정한 비율로 구독률이 떨어지고 있는 셈이다. 이렇게 1퍼센트씩 줄어드는 비율을 그대로 연장해보면 2043년이면 미국에서 종이신문이 사라진다. 물론 그는 2043년 이전에도 종이신문이 언제든지 사라질 수 있다고 강조했다. 구독률이 어느 정도 떨어지면 결국 인쇄 시설을 돌리는 데 들어가는 고정 비용을 감당하기 힘들기 때문이다.

신문의 약세는 세계적인 현상이다. 중국과 인도 등을 제외하면 구독

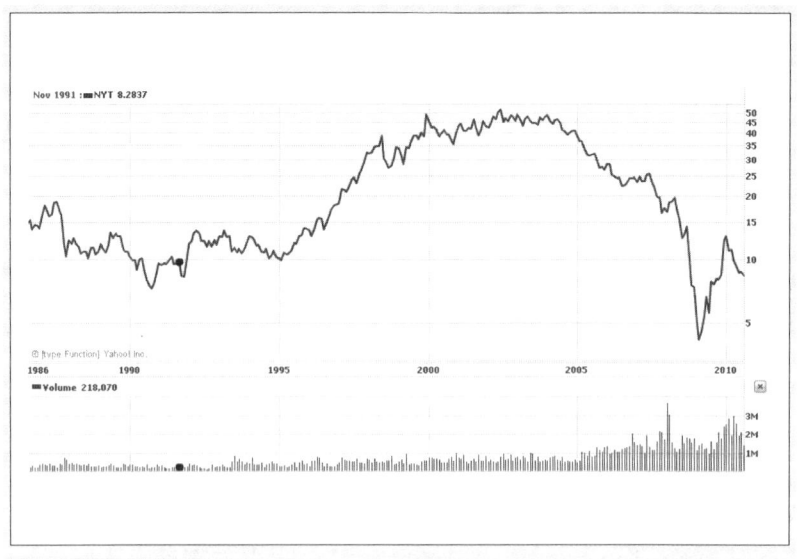

미국을 대표하는 신문 기업인 『뉴욕 타임스』의 주가. 오른쪽 세로 축이 주가를 나타낸다.

부수가 늘지 않고 있지 않다. 우리나라 상황을 보면 2010년 기준으로 가구 구독률(전체 가구 가운데 신문을 구독하는 가구 수)은 30퍼센트 초반이다. 한국언론재단의 조사를 보면 신문의 가구 구독률은 1996년 69.3퍼센트를 기록하다가 2008년 36.8퍼센트까지 하락했다.

신문대국인 일본도 암울하기는 마찬가지다. 경제 전문 잡지 『토요우게자이(東洋經濟)』는 2008년 4월 12일자 특집 기사에 "『요미우리 신문』과 『아사히 신문』은 하루에 각각 1,000만 부와 800만부를 발행한다고 하지만 실제 가구가 구독하는 부수는 이보다 훨씬 적다"고 지적했다. 보고되는 발행 부수에 적지 않은 거품이 끼어 있다는 지적이다.

일본 광고 회사 덴쓰가 발표한 2009년 광고 집행 현황 자료를 보면 일본에서는 인터넷이 처음으로 신문을 제치고 방송에 이어 매출 2위로 부상했다. 분야별 광고 수입은 2009년 인터넷이 7,069억 엔, 신문이 6,739억 엔이었다. 신문 광고 매출 규모는 2007년 9,462억 엔, 2008년 8,276억 엔, 2009년 6,739억 엔으로 매년 15퍼센트 이상 감소하고 있다. 2008년 대비 2009년 전체 미디어의 광고 매출은 11.5퍼센트가 감소했으나, 신문은 18.6퍼센트로 훨씬 더 큰 폭으로 줄었다.

세계적인 권위를 자랑하는 잡지 『이코노미스트(Economist)』도 신문의 위기를 주기적으로 보도했다. 이 잡지는 2006년 8월 26일자에 인터넷의 위협으로 고전하는 신문을 커버스토리로 보도하면서 한 신사가 신문을 들고 절벽에 서 있는 모습으로 절박감을 표현했다.

신문의 미래에 대한 암울한 전망은 인터넷이 급격하게 보급되면서 더욱 급속히 확산됐다. 1990년대 말 마이크로소프트의 창업자인 빌 게이츠는 "신문은 2000년대 초반 종말을 맞을 것"이라고 했다. 또한 2006년 마이크로소프트 전략 담당자 회의에서는 "인쇄 매체의 수명이 앞으로 5년 정도 남아 있다"고도 했다. 종이의 기능을 대체하는 우수한 단말기가 5년 안에 보급되면 사람들이 더 이상 인쇄된 매체를 사용하지 않을 것이라는 추측이었다. 빌 게이츠는 소니가 개발한 리더(reader)기를 종이를 대체할 대표적인 단말기라고 생각했다. 그가 이런 예측을 내놓을 당시만 해도 아마존의 e북 단말기나 애플의 아이패드와 같은 기기가 나오지 않았을 때였다.

발행 부수를 기준으로 한 세계 신문 랭킹

신문명	발행 부수(만 부)	국가
요미우리 신문	1,406	일본
아사히 신문	1,212	일본
마이니치 신문	558	일본
닛케이 신문	463	일본
주니치 신문	451	일본
빌트	354	독일
찬카오샤오시(参考消息)	318	중국
타임스 오브 인디아	314	인도
더 선	298	영국
런민르바오	280	중국

데일리 메일	233	영국
조선일보	230	한국
유에스에이 투데이	229	미국
도쿄 스포츠	223	일본
산케이 신문	220	일본
중앙일보	220	한국
다이니크 야그란	216	인도
동아일보	210	한국
월스트리트 저널	202	미국
닛칸 스포츠	186	일본

2008 세계언론동향(World press trends) 정보 제공

신문에 대해 가장 파격적인 전망을 보여주는 것은 2004년부터 인터넷에 본격적으로 유포되기 시작한 동영상 '에픽(Epic) 2014'이다. 유튜브에서 확인해볼 수 있는 이 동영상(http://www.youtube.com/results?search_query=epic+2014)은 인터넷 이용자들의 입을 통해 급속하게 퍼져나갔다. 2004년 이후 2014년까지 미국의 미디어 시장에 어떤 변화가 생길지를 전망하는 내용이 담겨 있으며 후속 작품으로 에픽 2015이 있다.

에픽 2014의 대략적인 내용은 이렇다. 2008년 구글과 아마존이 합병하여 구글존을 만든다. 합병된 회사는 2010년 인터넷 사이트와 블로그의 모든 정보를 검색하여 개별 맞춤 정보를 제공한다. 구글존은 인터넷에서 개개인의 활동상을 파악한 뒤 관심을 가질 만한 뉴스를 개인마다 선별적으로 제공한다. 이에 불만을 품은 미국의 대표 신문인 『뉴욕 타임

스』는 구글존을 제소한다. 그러나 2014년 구글존이 승소하고 『뉴욕 타임스』는 온라인 서비스를 중단한다. 결국 『뉴욕 타임스』는 노인들을 대상으로 하는 종이신문 서비스만 제공하게 된다.

에픽 2014에서 말한 미국 미디어 시장의 변화는 실제로 실현되지 않은 것이 많다. 그러나 그 예상대로 신문이 인터넷을 비롯한 뉴미디어에 타격을 받아 급격하게 위축되고 있다는 사실은 부인하기 힘들다.

신문 산업은 어두운 전망이 많지만 아직도 다른 산업에 비해 수익성이 훨씬 높은 편이다. 미국 주요 신문의 영업이익률은 20퍼센트를 넘는다. 『뉴욕 타임스』도 2~3년 전에 비해 최근 주가가 절반 정도로 떨어졌지만, 17~18퍼센트의 이익률을 보이고 있다.

주요 신문 기업의 주가 부진은 장기적 전망에서 나왔을 뿐이지 단기적 수익성마저 극도로 부정적인 것은 아니라는 주장도 있다. PWC라는 컨설팅 회사는 2007년 세계신문협회에 제출한 보고서에서 "2010년 이후에도 신문은 방송에 이어 두 번째로 큰 광고매체로 남을 것이며, 인도와 중국 등 소득 1,000~5,000달러인 국가에서 폭발적으로 성장하고 있다"며 긍정적인 관측을 내놓았다.

물론 이런 주장은 현실성이 없게 들린다. 미국, 일본, 유럽 등 대부분의 성숙 시장에서는 신문이 성장세를 회복할 기미가 없기 때문이다.

신문 광고 수입의 감소는 신문사 간의 부익부빈익빈 현상을 심화시킬 것이다. 극소수 신문은 고급 콘텐츠를 만들면서 보다 높은 구독료를 받는 방식으로 살아남을 것이다. 그렇게 되려면 현재 8 대 2인 광고 수입과 구독료의 매출 비중이 구독료 중심으로 바뀌어야 한다. 구독료에 거의 의존하는 신문은 계속 입지가 좁혀질 가능성이 크다.

신문의 약세는 신문 연관 산업에도 영향을 미친다. 대표적인 사례가 신문 용지 산업이다. 신문사 규모나 배달 방식에 따라 다르기는 하지만 일반적으로 용지는 신문 원가를 결정하는 가장 큰 요소이다. 1970년대와 1980년대 미국에서는 신문사가 용지 공급에서 배달까지 모든 과정을 인수 통합해서 경영하는 것이 유행했다. 그때는 신문사에서 용지 회사를 자회사로 두는 경우가 많았다.

그러나 현재는 상당수 신문사들이 용지 회사를 처분했다. 세계적인 신문 용지 기업인 노르웨이의 노스케스코그도 경영 부실과 시장 환경 악화로 글로벌 차원의 구조 조정에 들어갔다. 한국노스케스코그 역시 2008년 사모펀드에 지분이 매각됐고 이후 이름을 전주페이퍼로 변경했다. 국내 전체 신문 용지 시장 규모는 2002년 130만 톤에서 2006년 100만 톤으로 최근 5년 사이에 25퍼센트 이상 감소했다.

신문의 콤팩트화

신문의 크기는 대판부터 대판의 절반에 해당하는 타블로이드판(B4 :

가로 257mm × 세로 364mm) 등 다양하다. 통상 과거에는 정통파 신문은 대판으로, 상업적 속성이 강한 신문은 타블로이드판, 즉 콤팩트판으로 만들었다. 콤팩트판 신문들은 사실 확인과 객관적인 보도에 충실하지 않은 채 본능과 호기심을 자극하여 대중의 인기를 끌어 이익을 얻으려는 보도 경향이 강했다. 그럼에도 오늘날 거의 모든 신문이 판형을 변경할 경우 콤팩트판으로 한다.

2003년 영국 런던의 『인디펜던트(The independent)』가 판형을 변경하며 공격적으로 마케팅한 것을 계기로 신문의 콤팩트화 바람이 전 세계적으로 불었다. 대표적으로는 미국의 『월스트리트 저널』이 유럽판과 아시아판을 콤팩트판으로 바꿨다. 세계신문협회의 집계를 보면 2001년부터 2006년까지 판형을 변경한 신문은 모두 97개이며 2006년에만 28개 신문사가 판형을 바꿨다.

미국은 영국과 같은 극단적인 판형 변화는 없으나 점진적인 변화가 일고 있다. 『뉴욕 타임스』는 2008년 2분기부터 좀 더 작은 크기인 『유에스에이 투데이(USA Today)』 판형으로 변화를 시도했다. 2007년에 창간한 신문은 대부분 콤팩트판이며, 대판은 하나도 없다.

반면 일본과 우리나라는 판형에 큰 변화가 없다. 『중앙일보』가 2009년 3월 콤팩트판보다 조금 큰 베를리너판(가로 323㎜ × 세로 470㎜)으로 변형했으나 다른 신문사들은 이런 변화를 따라가지 않았다.

콤팩트판의 경우 들고 다니기가 쉬워 더 많은 사람들이 지하철과 같은 곳에서도 신문을 볼 가능성이 높아질 것이라는 가설에 따라 유행하기 시작했다. 유럽은 신문이 콤팩트판보다 작은 A4까지 줄어드는 경향도 나타나고 있다. 신문 판형의 변화는 용지 비용 절감 효과도 있다.

그렇다면 실제 판형 변화가 판매 부수에는 어떤 영향을 주었을까? 세계신문협회의 분석에 따르면 이 둘은 큰 상관관계가 없다. 판형 변화 후극적으로 판매 부수가 늘어난 경우도 있지만 아무런 변화가 없거나 줄어든 신문도 있었다. 예를 들면 호주의 『쿠리어 메일(Courier mail)』은 판형 변화로 판매 부수가 158퍼센트나 늘었으며, 영국의 『인디펜던트』는약간 증가했고, 이탈리아의 『코리에레 델 라 세라』는 67만 9,000부에서

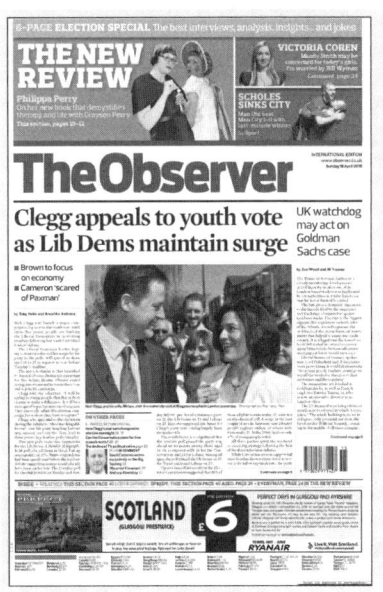

베를리너 판형 신문인 영국의 『업저버』

콤팩트 판형인 『월스트리트 저널』 유럽판

64만 7,000부로 줄어들었다.

신문의 판형 변화는 대체로 거리 판매율이 높은 나라에서 많이 이루어졌다. 거의 모든 신문을 직접 배달해주는 우리나라와 일본은 판형의 변화가 드물었고, 절반 이상을 가판대에서 판매하는 유럽은 다양한 크기로 변화를 시도했다.

무료 신문의 대두

1995년 스웨덴 스톡홀름에 독특한 신문이 하나 생겼는데, 이 신문은 정치, 경제, 문화 등 다양한 뉴스를 다루되 지하철역에서 누구나 무료로 들고 갈 수 있도록 했다. 『메트로(Metro)』라는 이름의 이 무료 신문은 15년이 지난 2009년 기준으로 18개 나라에서 15개 언어로 56개 신문을 발간하고 있다. 하루 독자만 1,700만 명, 주간 단위 독자는 3,700만 명이며, 기존의 관념을 깨고 100퍼센트 광고에만 의존하는 비즈니스 모델로 성공을 거뒀다.

세계신문협회 등의 집계에 따르면 2006년을 기준으로 세계에서 하루 동안 발행되는 무료 신문은 2005년에 비해 50퍼센트가 증가한 3,500만 부나 된다. 특히 유럽에서 그 성장이 두드러진다. 스페인은 무료 신문의 매출이 전체 신문 매출의 20퍼센트이고, 덴마크나 스페인은 무료 신문의 발행 부수가 전체 유료 신문보다 많다. 캐나다, 미국, 홍콩, 우리나라에서도 발행 부수가 100만을 넘어서서 광고 플랫폼으로 무시할 수 없게 됐다.

무료 신문의 성장은 유료 신문의 판매 부수 하락으로 연결된다. 독일과 영국은 1995년과 2005년 사이에 유료 신문 판매 부수가 15퍼센트 정도 감소했으며 덴마크, 체코 등은 더 심한 것으로 집계되고 있다. 물론 유료 신문의 부수 감소를 단순히 무료 신문의 등장 때문이라고 몰아붙이기는 힘들다. 무료 신문의 본격적인 등장 이전에도 유료 신문의 발행 부수는 감소하는 경향을 보였기 때문이다.

하지만 우리나라에서 가판대 중심으로 성장했던 『스포츠 신문』은 무료 신문이 등장하면서 급격하게 몰락했다. 『스포츠 신문』의 매출은 2000년을 전후로 600억~700억 원 수준이었으나 무료 신문의 등장 후 200억 원 안팎으로 추락하여 경영에 타격을 주고 있다. 현재 국내 무료 조간은 『메트로』, 『포커스』, 『노컷뉴스』, 『AM 7』 등이, 석간은 『씨티』, 『이브닝』 등이 통근자를 대상으로 『스포츠 신문』과 경쟁하고 있다.

초기 무료 신문에 대한 기존 신문의 태도는 부정과 깔보기였다. 정통 신문이 아니기 때문에 오류가 많고 콘텐츠 질이 떨어진다는 평가가 주를 이뤘다. 기존 신문들은 콘텐츠가 고품질이라는 사실을 마케팅 포인트로 내세웠다.

이는 경영학의 아인슈타인이라고 평가받는 하버드 대학교 경영대학

원 클레이튼 크리스텐슨 교수의 '파괴적 혁신(disruptive innovation)'이라는 이론을 떠올리게 한다. 파괴적인 혁신 이론이란 제품이 점점 고급화되면 그것을 대체하는 제품이 새로운 시장의 참여자로 등장하는데, 그런 상황에서 새 제품이 소비자들의 요구를 맞춰준다면 기존 제품을 장기적으로 대체한다는 주장이다. 특히 그는 무료 신문이 미국 신문업계와 협업하면 혁신적 상품이 될 수 있다고 강조했다.

2000년대 중반 기존 신문사들은 『메트로』나 『십스테드(Shibsted)』와 같은 무료 신문 시장을 대충 보아 넘길 수 없는 상황이 됐다. 뉴욕 타임스, 보니어, 트리뷴컴퍼니, 벨로, 르 몽드 등 전 세계 유명한 신문사들이 무료 신문 시장에 뛰어들었다. 뉴욕 타임스는 메트로 보스턴(Metro Boston)의 지분 49퍼센트를 보유하고 있으며, 시카고 트리뷴은 『레드 아이(Red eye)』라는 무료 신문을, 우리나라 문화일보는 『AM 7』이라는 무료 신문을 발행하고 있다.

무료 신문이 지속적으로 성장할지 여부는 의문을 제기하는 목소리도 있다. 많은 사람들이 무료 신문 대신 휴대 미디어를 볼 가능성이 커졌기 때문이다. 실제 지하철에서 대부분 사람들이 무료 신문을 보던 2005년 전후 상황과 비교해볼 때 2010년에는 핸드폰이나 PMP 등을 이용하는 이들이 훨씬 많아졌다.

무료 신문은 전철과 같은 좁은 공간에서 출퇴근 시간을 이용해 읽기가 편하지만 애플의 아이패드나 아마존의 킨들, 그리고 스마트폰과 같이 항상 휴대할 수 있는 단말기의 보급이 늘어난다면 성장세가 급격하게 약세로 돌아설 가능성이 크다.

특화된 신문의 강세 현상

정치, 경제, 사회 등을 종합적으로 다루는 신문은 지속적으로 약세를 보이는 반면 특정 장르나 특정 인종이나 특정 계층을 다루는 특화된 신문은 세계적으로 강세를 보이고 있다.

특히 경제 신문은 종합적인 테마를 다루는 신문에 비해 2000년대 들어 강세를 보이고 있다. 일본의 대표적인 경제지인 『닛케이 신문』은 종합지인 『요미우리 신문』과 『아사히 신문』이 부진한 틈을 타서 강력한 영향력을 발휘하고 있다. 이 외에 미국의 『월스트리트 저널』, 영국의 『파이낸셜 타임스』, 프랑스의 『레제코』 등이 신문 시장에서 선전하고 있다.

경제 신문이 강세를 보이는 이유는 몇 가지로 분석된다.

첫째, 신문을 보다 실용적 관점에서 보는 사람들이 늘었다. 우리나라는 물론 해외에서도 무슨 신문을 보느냐에 따라 정치적 성향이 나눠지는 경향이 강하다. 일본의 『아사히 신문』은 보다 진보적이고 『요미우리 신문』은 보수적이며 미국의 『뉴욕 타임스』는 정치적인 성향이 민주당에 가깝다. 영국의 『더 타임스』는 보수적인 정치를 지지하는 사람들이 선호하는 반면 『인디펜던트』는 좌파에 가까운 사람들이 즐겨본다.

그러나 경제 신문은 정치적인 성향에 영향을 그다지 받지 않는다. 우리나라 신문의 경우 『매일경제』나 『한국경제』 모두 보수편에서 자본주의를 옹호하고 있으나 정치적인 색채 때문에 이 신문을 읽지 않겠다는 사람은 거의 없다.

둘째, 경제 정보량이 종합지에 비해 많다. 정치적인 기사를 빼고 나면 종합지들은 경제 정보 분량에서 경제 신문을 따라갈 수 없다. 신문대국인 일본을 예로 살펴보자. 『닛케이 신문』의 경제 관련 정보량은 다른 신문을 압도한다. 월 구독료는 4,383엔으로 다른 주요 신문 즉, 『아사히 신문』, 『요미우리 신문』, 『마이니치 신문』의 3,925엔보다 비싸지만 조간의 분량은 2007년 기준으로 44.4페이지나 된다. 『요미우리 신문』의 40.7페이지, 『아사히 신문』의 40.3페이지, 『마이니치 신문』의 31.8페이지보다 많은 분량이다. 신문의 지면 수는 신문에 실리는 정보의 양과 비례한다.

세계적으로 유수한 경제 신문은 선순환 구조를 이루고 있다. 인터넷 업계에서 흔히 하는 말로 인터넷으로 돈을 벌 수 있는 콘텐츠는 섹스와 주식 관련 정보라고 한다. 이 가운데 돈과 관련된 정보를 경제 신문은 효율적으로 전달해준다.

주요 경제지들은 어떤 형태로든 유료화로써 선순환 구조를 만들어낼 수 있는 유리한 입장에 있다. 『닛케이 신문』은 기사의 70퍼센트를 웹 사이트에서 볼 수 없도록 하는 대신 각종 유료 데이터베이스 검색 서비스로 수익을 올리고 있는데, 2007년 처음으로 신문에서 얻은 이익보다 더 많은 이익을 각종 온라인 형태의 정보를 판매함으로써 얻었다. 『월스트리트 저널』 역시 확실한 유료 모델을 확보하고 있다. 2008년 연회비 99달러를 내는 『월스트리트 저널』의 온라인 서비스 가입자는 수십만 명으로 알려졌다. 세계적인 경제 신문인 『파이낸셜 타임스』도 데이터베이스 열람 전에 유료 결제를 하고 있다.

경제 신문은 또한 기존 신문과 달리 수익을 내기가 수월하다. 경제 신문이기 때문에 광고주의 입장을 대변하는 기사를 게재하는 데 어려움이 덜하고, 기업과 즉각적인 유대관계 등을 맺으며 광고를 따오는 것도 쉽다. 실제 같은 발행 부수일 경우 광고 단가는 경제 신문이 일반 종합지보다 높다. 이러한 이유로 우리나라 『매일경제』와 『한국경제』 같은 경제 신문들은 상대적으로 종합일간지에 비해 영업 실적이 좋은 편이다. 언론 전문 비평지인 『미디어 오늘』이 우리나라 경제 신문의 사업 실적을 분석한 2008년 4월 8일자 기사를 보면 『매일경제』, 『한국경제』, 『서울경제』, 『머니투데이』, 『헤럴드 미디어』, 『이데일리』의 총 매출은 2003년 3,412억 원에서 2007년 3,907억 원으로 증가했다. 매출이 감소하는 종합 일간지와는 대비되는 현상이다.

온라인 경제 신문도 성장세가 두드러진다. 온·오프라인 경제 신문인 『머니투데이』는 2007년 매출액이 318억 원으로 2006년보다 13.6퍼센트 증가했다. 온라인 경제 신문인 『이데일리』의 매출액은 2006년 대비 12.5퍼센트가 늘어난 117억 원, 당기순이익은 4억 원을 기록했다. 이러한 트렌드에 따라 2010년 『조선일보』는 『조선경제i』라는 온라인 경제 신문을 만들었으며, 『아시아경제』 등도 온라인 부문 사업을 강화하고 있다.

특정 계층이나 민족을 대상으로 하는 신문들도 선전하고 있다. 특히 2002년 창간된 이후 약 5년 만에 발행 부수를 50만으로 늘린 남아프리카공화국의 신문 『데일리 선(Daily Sun)』이 주목할 만하다. 이 회사의 퍼거슨 샘슨 사장은 "남아프리카공화국에서 새롭게 등장하기 시작한 흑인 중류층을 목표 독자 그룹으로 삼아 성공을 거뒀다"고 했다. 남아프리카공화국은 전체 인구 4,500만 명 가운데 3,000만 명 이상이 흑인이다. 인종분리정책이 끝난 후 흑인들의 경제적 입지가 계속 향상되고 있어 흑인 중산층 비율이 2001년 45퍼센트에서 2006년 51퍼센트로 높아졌다.

2000년만 해도 남아프리카공화국에서는 교육 수준이 낮고 소득도 평균 이하이며 나이가 어린 흑인들을 위한 신문은 발행되지 않았다. 그들이 가장 큰 시장을 형성할 텐데도 대부분 신문사가 중산층 이상, 중년 이상, 고학력자들을 대상으로 하는 신문만 만들고 있었다.

퍼거슨 샘슨 사장은 이런 인구통계학적인 조사를 바탕으로 고등학교 이상 졸업자, 영어를 읽을 수 있는 자, 16세부터 49세까지 월 평균 수입이 400달러 전후인 사람을 목표 독자로 선정했다. 또 이런 독자 집단에 어울리는 편집 전략도 만들었다. 선명한 그래픽, 친구 같은 논조, 읽기 쉽고 일관성이 있는 기사로 구성해야 한다는 것이 그것이다.

샘슨 사장은 흑인들 사이에 유행하는 미신 이야기도 게재했고, 직접 많은 사람들이 신문사로 찾아와 이야기를 털어놓도록 허용했다. 결과적으로 신문의 발행 부수는 2002년 12월 7만 2,000에서 2007년 3월 50만 8,000으로 증가했으며 광고 수입은 2002년 100만 달러에서 2006년 3,500만 달러로 상승했다. 샘슨 사장은 "인구통계학적으로 목표 독자군을 잘 설정하고 그에 맞는 편집 전략을 구사하면 신문도 얼마든지 급성장할 수 있다"고 주장했다. 미국에서는 스페인어를 구사하는 사람들을 대상으로 하는 신문이 선전하고 있다.

신문의 잡지화

오스트리아의 신문 『오스터리히 자이퉁(Osterreich zeitung)』은 '하이브리드 데일리(Hybrid daily)'로 불린다. 하이브리드 데일리란 신문과 잡지를 섞어 놓은 형태로 잡지의 제작 방식을 과감하게 채택한 신문을 말한다. 『오스터리히 자이퉁』은 성장이 멈춘 시장에서 신문이 어떻게 성공을 거둘 수 있는지를 보여주었다.

『오스터리히 자이퉁』의 편집 책임자인 거트 에드링거는 2006년 9월 새로운 형태의 신문을 기획했다. 목표 독자군을 중상층의 20~49세로 정하고 섹션을 집중적으로 만드는 전략을 택했다. 그는 프론트 섹션과 지역 정보를 제공하는 두 번째 섹션, 그리고 매거진 형태의 세 번째 섹션을 만들었다. 또 기자들로 하여금 웹 사이트에 하루 두 번씩 인터넷 방송을 내보내도록 했다. 2010년 현재 6명의 전문 비디오 저널리스트와 기자들이 인터넷 방송을 내보내고 있다. 하루 31만 부를 발행하는 이 신문은 선진 시장에서 2000년대 들어 창간한 신문 중 가장 성공한 매체로 꼽힌다.

미디어 전문 컨설팅 회사인 이노베이션 컨설팅은 앞으로 신문의 모양이 잡지를 닮아갈 것이라고 전망했다. 이 회사에서 제작한 미래의 신문을 보면 어떤 페이지에 어떤 기사가 있는지를 보여주는 인덱싱이 있고 신문의 맨 앞면과 뒷면에 프론트 면이 있다. 기사는 한 개 지면에 두 개를 게재한다. 이 회사의 길레르모 나고르 컨설턴트는 "권위지의 1면도 점차 영향력이 강한 잡지 스타일로 변해가고 있고, 눈에 띄는 색상과 일러스트레이션을 적극적으로 사용하는 사례가 늘고 있다"고 했다.

실제 신문사들은 독자적으로 개발한 활자체를 사용함으로써 신문의 이미지를 강화하고 있으며 다양한 그래픽을 활용해 효과적으로 기사를 전달하는 '인포그래픽(infographics)'을 늘려가고 있다.

영국의 경제 전문지 『이코노미스트』처럼 신문이라 자칭하는 잡지도 생기고 있다. 『이코노미스트』의 발행 부수는 과거 10년 동안 60만에서

130만으로 증가했다. 2007년 순이익 규모는 2,700만 달러며, 장기 구독자의 평균 구독 기간은 8.5년이다. 『이코노미스트』의 가장 큰 특징은 100여 명의 기자들이 정확하고 명료한 기사를 쓰고 있다는 점이다. 이러한 신문의 잡지화는 시사 잡지의 몰락을 재촉하는 중요한 요인으로 작용하고 있다.

위협받는 비즈니스 모델

신문은 매출의 대부분이 구독료에 있는가, 광고료에 있는가에 따라 비즈니스 모델이 달라진다. 우리나라 신문의 매출은 광고료 대 구독료 수입이 8 대 2 정도 된다. 미국은 7 대 3 정도로 알려져 있고, 일본은 5 대 5로 다른 나라에 비해 광고료 수입이 낮은 편이다.

우리나라 신문의 비즈니스 모델은 일본과 비슷하다. 이른바 무다이 모델을 그대로 도입했기 때문이다. 무다이 모델은 판매 조직이 막강한 일본 『요미우리 신문』의 전성기를 만든 무타이 미츠오가 확립했다.

무다이 모델에 따르면 신문사는 전국 각지에 인쇄 공장을 세우는 동시에 강력한 전문 판매망 즉 지국을 조직하고, 지국은 주어진 지역 안에서 점유율을 최대한 높인다. 높은 점유율을 확보한 신문은 일명 '치라시'라고 부르는 삽입 전단지를 듬뿍 뿌린다. 이를 기반으로 지국이 판매 부수를 늘리면 본사에 들어오는 구독료와 광고료 수입이 증가하여 지국과 본사는 윈-윈(win-win) 관계가 된다.

무다이 모델을 통해 『요미우리 신문』은 1,000만 발행 부수를 자랑하는 거대 신문으로 성장했다. 『아사히 신문』, 『마이니치 신문』도 『요미우리 신문』이 만든 무다이 모델을 따라 했다.

이러한 무다이 모델은 신문의 성장 시대에는 유용했나 발행 부수가 더 이상 늘지 않고 독자들이 인터넷으로 옮겨가는 상황에서는 빛을 잃고 있다. 과거 신문 지국의 주요한 수입원이었던 지역 광고가 인터넷으로 흡수되면서 지국의 수익이 크게 줄어들고 있기 때문이다.

인쇄 시설과 판매망을 포함한 거대한 시스템은 한때 신문을 성장하게 하는 동력이었지만 신문 시장이 축소되는 상황에서는 오히려 비용 발생 요인이 되고 있다. 신문사들은 수익성이 악화되는 지국의 수익성을 보전하려면 끊임없이 지원을 해야 한다. 만약 지원을 제대로 하지 못하여 지국망이 무너지면 신문 배달이 제대로 되지 않아 '판매 부수 감소 → 광고 수입 하락 → 판매 지원 약화'로 이어지는 악순환의 고리에 빠지게 된다. 물론 이런 것을 해결하기 위해 여러 신문들이 배달망을 통합하는 공동배달시스템을 운용하고 있으나 실제 운용에는 어려움이 많다.

신문이 광고에 지속적으로 의존하는 비즈니스 모델로 현재의 위기 상황을 뚫고 나갈 수 있을지 의문이 드는 이유는 다음과 같다.

첫째, 신문 판매 부수만을 보고 광고를 집행하는 광고주들이 점점 줄어들고 있기 때문이다. 그들은 광고 효과를 측정할 수 있는 구체적인 데이터를 요구하고 있으나 신문은 인터넷이나 방송에 비해 과학적이고 객관적인 수치로 데이터를 제공하는 데 한계가 있다.

둘째, 여러 미디어가 경쟁하는 제한된 광고 시장에서 인쇄 용지, 운전 시설, 인력 등을 갖추고 판매망을 유지해야 하므로 경영에 압박을 받기 때문이다. 원가는 상승하는데 다른 매체와의 경쟁 때문에 광고 수익이 올라가지 못하는 상황에서는 비즈니스 모델이 위협을 받을 수밖에 없다.

그 대안으로 종이신문의 배달을 포기하는 일도 생기고 있다. 『크리스천 사이언스 모니터』 등은 아예 취재 인력을 대폭 줄이고 온라인 광고에만 의존하는 소규모 온라인 신문으로 존립을 추구하고 있다.

무다이 모델과 반대되는 것이 있으니 엔조지 모델이다. 이 모델은 엔조지 지로(円城寺次郎) 전 『닛케이 신문』 회장이 만들었다. 『닛케이 신문』의 사장과 회장을 지낸 그는 승부가 고급 정보와 질 높은 콘텐츠로 결정된다고 확신했다. 그리고 양질의 콘텐츠 확보와 디지털화에 매진하며 도쿄를 비롯한 거점 지역 외에는 판매망 확대를 최소화했다. 이러한 운영 방식은 신문 시장이 급팽창하던 1970년대와 1980년대까지만 해도 보수적이고 과감하지 못하다는 이유로 공격까지 받았다.

그러나 1990년대 이후 『닛케이 신문』은 엔조지 모델로써 판매 조직 유지에 막대한 비용이 들어가는 어려운 상황을 쉽게 빠져 나올 수 있었다. 게다가 다른 곳보다 앞서 시작한 각종 온라인 사업이 빛을 발하면서 2000년대에 들어서는 다른 신문들을 압도적으로 앞서 나가고 있다. 콘텐츠에도 지속적으로 투자한 결과 『닛케이 신문』을 읽는 사람과 읽지 않은 사람으로 구분될 정도로 양질의 고급 독자를 확보할 수 있게 됐다. 현재 『닛케이 신문』의 광고 단가는 세계 최다 부수를 자랑하는 『요미우리 신문』보다도 높은 상황이 됐다.

존립을 건 싸움, 콘텐츠 유료화

신문 콘텐츠를 인터넷상에서 적극적으로 유료화하려는 시도가 세계적으로 진행되고 있으나 온라인 뉴스 콘텐츠의 유료화로 종이신문의 매출을 대체한 사례는 거의 없다. 세계의 많은 신문들이 유료화에 노력을 기울였지만 온라인 뉴스 부문의 수익은 전체 신문 매출의 10퍼센트 수준에 그쳤다.

종이신문이 여러 가지 혁신을 추구하고는 있으나 현재와 같은 속도로 구독률이 줄어들 경우 신문의 앞날은 암울하다.

종이에서 디지털로 지식의 저장 방식이 바뀌는 상황에서 뉴스 조직인 신문이 살아남으려면 콘텐츠의 유료화가 필수적이다. 그러나 종이신문에 비해 온라인 뉴스 사이트의 광고 단가는 비교할 수 없을 정도로 낮기 때문에 온라인 광고에만 의존해서는 신문사를 끌고 갈 수 없다.

온라인 콘텐츠의 유료화는 신문의 존립이 걸린 중요한 문제다.

그렇다면 과연 신문은 온라인 콘텐츠의 유료화에 성공할 수 있을까? 신문이 인터넷 공간에서 주요 콘텐츠를 유료화할 수 있다면 뉴스를 다루는 사업으로 계속 존립할 수 있다는 긍정적인 신호로 받아들여도 된다. 하지만 온라인 신문의 유료화를 실행하려면 먼저 수많은 뉴스 소비자들의 행태를 바꿔야 하는 신문업계의 최대 과제를 풀어야 한다.

세계적으로 디지털 뉴스의 유료화에 성공한 신문은 『월스트리트 저널』이다. 이 신문은 종이신문만 구독하는 독자에게는 주당 2.29달러, 온라인 신문(wsj.com)만 보는 독자에게는 주당 1.99달러씩 이용료를 받고 있다. 이 두 가지를 모두 보는 독자에게는 2.69달러만 받고 모바일 애플리케이션 이용료는 비독자에게 주당 2달러씩 부과한다.

2010년 6월 기준으로 『월스트리트 저널』은 온라인 가입자를 약 35만 명 확보한 것으로 알려져 있다. 하지만 인터넷 구글 검색으로 『월스트리트 저널』의 기사를 읽는 등 『월스트리트 저널』이 정해 놓은 과금 시스템을 빠져나갈 수 있는 방법이 있어서 실제로는 유료화 정책이 위협을 받고 있다.

이 외에도 『더 타임스』는 물론 각 국가의 1위 신문 또는 대표적인 경제지들이 어느 정도 유료화에 성공했으나 강력한 콘텐츠가 없었던 종합일간지는 유료화 과정에서 쓴 맛을 보았다. 발행 부수를 기준으로 할 때

유료화를 본격적으로 실행하고 있는 신문 『더 타임스』. 각 국가의 대표 신문 또는 대표적인 경제지들이 본격적인 유로화에 나섰다.

미국 신문 부문에서 한때 랭킹 11위(2008년 발행 부수 37만)였던 『뉴스 데이(News day)』는 온라인 유료화를 실시했다가 참담한 패배를 맛보았다. 이 신문은 2009년 10월 400만 달러를 들여 온라인 유료화를 위한 사이트 및 조직 개편을 단행하고 인터넷 독자들에게 일주일에 5달러씩, 일년에 260달러를 부과했다. 그러나 3개월이 지난 시점이 되어도 유료 가입자 수는 고작 35명에 지나지 않았다. 실제 미국의 조사 결과를 보면 무료로 사이트를 이용했던 사람들이 유료 가입자로 전환하는 비율은 1퍼센트도 되지 않았다.

미국의 대표적인 신문인 『뉴욕 타임스』는 2010년 초에 유료화를 시도했으나 이를 1년 정도 미뤄 2011년 1월부터 시작할 계획이다. 인터넷 조사 기관인 컴스코어(Comscore)에 따르면 『뉴욕 타임스』의 뉴스 사이트 방문자는 2010년 상반기 월간 기준으로 3,253만 명이며 페이지뷰는 7억 1,900만 건에 이른다. 전 세계 영어 뉴스 사이트 중에 방문자가 가장 많은 『뉴욕 타임스』가 유료화에 성공한다면 다른 뉴스 사이트에도 엄청난 영향을 줄 것으로 보인다.

일본은 미국과 달리 신문 콘텐츠의 일부만 온라인상에 무료로 공개하는 정책을 펼치고 있다. 일본 주요 신문사들은 자체 생산한 기사의 30퍼센트 정도만을 자사 사이트에 올리며 유리한 상황을 이끌어가고 있다.

유료화에 가장 적극적으로 나선 신문은 『닛케이 신문』이다. 이 신문사는 2010년 2월 24일 기자회견에서 온라인 콘텐츠 유료화 방침을 발표하고 『닛케이 신문 전자판(일명 '웹간')』을 창간했다. 말이 창간이지 기존 온라인 뉴스 사이트인 닛케이 넷을 새로 단장한 웹간은 유료 회원에게만 기사를 100퍼센트 보여준다. 또한 『닛케이 신문』 본지의 모든 기사, 웹간용으로 만든 별도 기사, 닛케이 그룹 각사에 의한 전문 기사와 동영상, 영국 『파이낸셜 타임스』 번역 기사 등을 수시로 갱신하고 무료 비회원은 월 20개까지 한정 기사를 읽을 수 있도록 했다.

『닛케이 신문』은 2010년 2월 25일자 특집 기사를 통해 유료화 전환 준비에 4년이 걸렸다고 했으며, 편집국 체제도 이원화하기로 했다고 발표했다. 웹간 서비스를 위해서는 100명 정도의 추가 인력이 필요했다. 요금 정책을 보면 기존 신문 구독료(조간 : 3,518엔, 조 · 석간 : 4,383엔)에 1,000엔을 더 내면 웹간을 다 볼 수 있고, 신규로 웹간만 보려면 월 4,000엔을 내야 한다.

『닛케이 신문』의 목표는 유료 회원 30만 명을 확보하는 것이다. 이 신문은 "성공하기까지 5년이 걸릴지, 10년이 걸릴지 모르지만 지금 시작하지 않으면 10년 후에 성공이 없는 것은 확실하다"고 주장하고 있다.

한편, 『요미우리 신문』, 『아사히 신문』, 『마이니치 신문』 등 종합지들은 유료화를 검토하고 있으나 당분간 시행할 계획은 없다. 한 달에 4,000엔을 내고 웹간만 볼 사람들이 그다지 많지 않을 것이라는 예측 때문이다. 『아사히 신문』은 "한 달에 1,000엔 이상은 독자들에게 받기가 어렵다고 판단한다"면서 "기존 신문 독자 중 1,000엔을 내고 웹간까지 보는 사람이 적지 않을 수 있지만 그 정도로는 수지타산이 맞지 않는다고"고 지적했다.

유럽에서도 인터넷 신문의 유료화를 진행하고 있는데 대체로 고객을 종이신문과 온라인 기사를 함께 보는 독자들과 온라인 뉴스만 읽는 독자들로 구분하고 있다.

프랑스의 대표적인 신문인 『르 몽드』의 경우 월 구독료가 41유로인데 6개월 이상 보면 50퍼센트를 할인해주므로 실질적인 구독료는 20~30유로 정도밖에 되지 않는다. 『르 몽드』는 종이신문 독자에게는 온라인 신문을 무료로 제공하고 있으나, 온라인 신문만 이용하는 독자에게는 기본 서비스는 월 6유로를 받고, 프리미엄 서비스는 15유로를 부과하고 있다. 『르 몽드』는 온라인 가입자 수만 해도 10만 명 정도인 것으로 알려져 있다. 『르 피가로(Le figaro)』 등 다른 신문도 이와 비슷한 정책을 펴고 있다.

경제 전문지인 『레 제코』는 약간 다른 정책을 펴고 있다. 『레 제코』는 종이신문과 온라인 신문을 동시에 이용하는 독자에게는 37.5유로를 부과하고 있으며, 온라인 신문만 구독하는 사람에게는 월 30유로를 내도록 하고 있다.

독일의 신문들도 프랑스의 신문들과 비슷한 정책을 펼치고 있다. 『프랑크푸르트 알게마이네』는 종이신문 독자가 온라인 서비스를 활용할 경우 종이신문 구독료에 월 6.9유로를 추가로 받고, 온라인 신문만 이용하면 월 29.9유로를 받는다. 『디 벨트(Die welt)』는 종이신문 구독자에게는 온라인 서비스를 공짜로 제공하고, 비구독자에게는 검색 기사 한 건당 1.2유로를 받는다. 정액제로 1개월에는 23.6유로, 3개월에는 70.8유로, 6개월에는 118유로, 1년에는 236유로를 부과한다.

영국의 『가디언』, 『더 타임스』, 『데일리 텔레그라프』 등은 우리나라처럼 온라인 기사를 공짜로 제공하고 있다. 단 PDF파일로 보는 서비스는 유료이다. 영국의 대표적인 신문인 『가디언』은 온라인 구독료가 월 9.99파운드이다. 『파이낸셜 타임스』는 종이신문만 볼 경우 1년에 611.58유로이고, 종이신문과 온라인 기사를 함께 이용하면 705.27유로이다. 종이신문 구독자는 월 30개까지만 무료로 온라인 기사를 볼 수 있고, 종이신문 정기 구독자라도 온라인상에서 무제한으로 기사를 읽으려면 연 181유로를 내고 온라인 구독 신청을 해야 한다. 이는 『파이낸셜 타임스』가 강력한 콘텐츠를 가지고 있기에 가능한 일이라 판단된다.

신문사들이 직접 운영하는 온라인 뉴스 사이트 외에도 e북 단말기, 아이패드, 휴대전화 등 유료화를 해야 할 새로운 단말기가 끊임없이 나오고 있기 때문에 온라인 뉴스 유료화 정책의 성공 여부에 신문사의 존폐가 걸려 있다고 해도 지나친 말이 아니다. 만약 온라인 뉴스의 유료화가 성공한다면 신문사를 비롯한 콘텐츠 제작업체가 만든 뉴스 등을 무료나 헐값으로 사들여 시장을 주도하고 있는 포털 사이트는 적지 않은 타격을 입을 것으로 보인다.

신문사는 과연 존립할까

과거 400년 동안 지배적인 매스 미디어였던 종이신문은 존립 위기에 직면해 있다. 그러나 위기에 대한 논의만 분분했지 미래의 신문이 어떻게 바뀔지에 대한 체계적인 예측은 여전히 부족하다.

세계신문업계에서는 2007년과 2008년 상반기에 업계 전문가 20명이 모여서 2020년 신문의 앞날을 예측했다. 이 예측은 많은 전문가들이 말한 것이므로 신문업계 내부에서도 신뢰성을 인정하고 있다. 이들이 동원한 기법은 불확실한 미래를 예측할 때 사용하는 '시나리오 플래닝'이다. 세계신문협회는 시나리오 플래닝으로 명성이 높은 스웨덴의 컨설팅 회사인 카이로스 퓨처(Kairos future)에 2020년 신문사의 모습을 그려달라고 주문했다.

카이로스 퓨처는 세계 미디어 전문가들과 함께 2020년 신문 산업의 미래를 결정할 두 가지 쟁점이 무엇인지, 매스 미디어의 공략 대상이 일반 대중 독자군(mass audience)과 특정 목표 독자군(target audience) 중 어느 쪽에 맞춰질지, 그리고 혁신적인 미디어가 우세할지 전통적인 미디어가 우세할지 여부를 바탕으로 네 가지 시나리오를 개발했다. 그리고 이 네 가지 시나리오에 영화 〈007〉 시리즈의 제목을 붙였다.

첫 번째는 '포 유어 아이즈 온리(For your eyes only)' 시나리오이다. 이 시나리오에 따르면, 미디어 시장은 혁신적인 미디어가 지배를 하고 특정 목표 독자군을 주로 공략하는 형태로 형성된다. 소수의 특화된 독자를 대상으로 혁신적인 미디어가 주목받고 신문사는 사라진다. 뉴스와 광고는 특정 개인을 위한 맞춤형으로 제공된다. 기자들은 각자가 맡은 영역에서 전문가로 활동하며 회사에 소속하는 경우가 거의 없다. 그리고 인터넷이 최고의 미디어로 자리를 잡는다.

두 번째는 '썬더볼(Thunderball)' 시나리오이다. 혁신적인 미디어가 득세하여 대중을 지배한다는 내용이다. 이 경우도 인터넷이 가장 중요한 미디어가 된다. 뉴스는 물론 비디오, 음악 등 모든 것이 인터넷을 통해 소비된다. 대부분 신문사들은 몰락하고 인터넷상의 플랫폼, 예를 들면 포털 사이트, 소셜 네트워크 서비스 등은 급격하게 커질 가능성이 높다. 역시 신문이 차지할 공간은 별로 없다.

세 번째는 '다이 어나더 데이(Die another day)' 시나리오이다. 전통 미디어가 여전히 영향력을 발휘하고 일반 대중 독자군을 염두에 두고 시장을 형성한다. 독자들의 변화는 느리고 신문은 여전히 중요한 위치를 차지한다. 온라인은 선정적이고 무책임하다는 비판을 받는 대신 신문은 신뢰할 만하다는 평가를 받으며 정보를 구별하는 나침반 역할을 할 것이다. 그렇다고 신문이 오늘날처럼 대형 신문으로 살아남는 것은 기대하기 힘들다. 신문사들은 끊임없이 조직을 축소할 것이다. 그래도 이 시나리오는 신문사들에게는 한 줄기 빛과 같다.

네 번째는 '다이아몬드는 영원히(Diamonds are forever)' 시나리오이다. 전통 미디어가 우세한 상황에서 특정 목표 독자군을 중심으로 시장이 움직인다. 신문, 인터넷, TV, 라디오가 모두 존립하며 콘텐츠의 중요성이 더 커진다. 신문사는 뉴스 회사로 변하며 대형 미디어 그룹이 다양한 틈새시장 공략을 위한 브랜드를 보유하게 된다. 위의 어느 시나리오를 보더라도 신문사의 조직과 신문의 역할 등이 크게 바뀐다는 것을 알 수 있다.

앞에서 소개한 전망은 종이신문을 만드는 신문사의 존립 여부를 다룬 것이다. 그렇다면 종이를 떠난 신문사의 존립 가능성은 없는 것일까? 영어로 '신문(newspaper)'이라는 단어를 사용할 때 '종이(paper)'라는 단어를 빼놓고 생각하기는 힘들다. 종이신문은 종이가 지닌 장점, 즉 화장실에까지 가져 갈 수 있는 휴대성, 한눈에 여러 가지 정보를 파악하고

176

경중을 알 수 있는 일람성 등이 최대한 발휘된 매체다.

그러나 신문이 종이 외의 배달 수단을 채택할 가능성은 점점 커지고 있다. 미국의 전자상거래업체인 아마존은 이미 세계 주요 신문을 전자종이 기술에 기반을 둔 기기인 킨들로 보여주고 있다. 우리나라에서도 『조선일보』가 전자종이에 기반을 둔 신문 서비스를 2008년부터 제공하고 있다.

컬러 전자종이, 접을 수 있는 전자종이의 등장과 함께 단말기의 진화가 가속화되고 널리 보급되면서 온라인 신문을 보는 이용자 수는 점점 늘어갈 것이다. 그러면 미래를 다룬 영화 〈마이너리티 리포트(Minority report)〉에서처럼 신문을 공중에 띄워놓고 읽는 모습도 볼 수 있을 것이다. 사진, 텍스트, 동영상을 결합해 뉴스를 전달하는 서비스는 이미 IPTV를 비롯해 다양한 유비쿼터스 미디어 환경에서 구현되고 있다.

2020년이면 현재 진행되고 있는 실험적 서비스들이 일상화될 가능성

LG에서 개발한 19인치 전자종이. 전자종이는 휘어져서 읽기가 편하다. 신문을 공중에 띄워놓고 읽는 모습도 곧 보게 되지 않을까?

이 크다. 그러면 종이신문은 다양한 신문 가운데 하나로 그 위상이 낮아질 가능성이 높다. 아침에 일어나 잉크 냄새가 물씬 풍기는 신문을 들고 커피 한 잔을 마시는 기분은 일부 노인 세대들이나 느끼는 구식 감정으로 남게 될지 모른다.

5
라디오는
내 친구

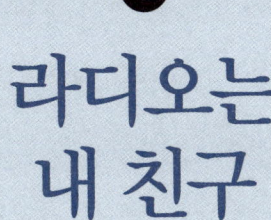
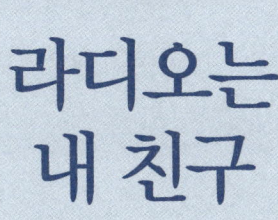

FM · AM 라디오

공동체 라디오

위성 라디오

DMB 음성 서비스와 DAB

인터넷 라디오

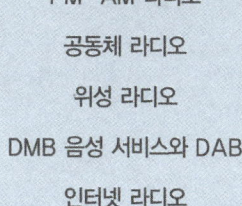

1980년대 초반만 하더라도 라디오 프로그램들은 '예쁜 엽서 전시회'를 개최했다. 예쁜 엽서는 청취자들이 라디오에 사연을 전할 때 일상적으로 이용하곤 했다. 당시 엽서의 발신지를 보면 대부분 전파가 도달하는 가청 범위 지역 사람들이 보낸 것이었다.

그러나 요즘 라디오 프로그램에는 전 세계에서 소식이 들어온다. 인터넷으로 라리오를 듣는 것이 가능하다 보니 세계가 청취권역이 되었다.

2006년 크게 히트했던 영화 〈라디오 스타〉는 변화하는 라디오 환경을 잘 보여준다. 주인공인 최곤(박중훈 역)은 강원도 영월에서 지역 라디오 프로그램인 〈오후의 희망곡〉을 진행한다. 그의 프로그램은 지역과 밀착된 내용, 파격적인 진행으로 인터넷을 통해 전국에 알려진다. 청취자들도 전국 각지에 산재해 있다. 라디오의 청취권역에 사실상 제한이 없어

졌다는 것을 극명하게 보여주는 영화이다.

　1979년에 나온 가수 그룹 버글스의 'Video killed the radio star' 라는 노래가 있다. 이 노래는 제목대로 라디오의 전성기를 찬양하면서 TV로 영향력을 잃어버린 가수의 얘기를 다루고 있다. 그런데 아이러니한 것은 이 노래가 음악 부문의 대표적인 방송인 MTV의 뮤직 비디오를 통해 급격하게 확산됐다는 점이다.

　암울한 전망 속에서도 라디오는 출퇴근을 하는 직장인, 청소년 등 틈새시장을 공략하여 살아남았다. 물론 TV, 신문, 잡지에 비해 시장 자체는 가장 작지만 다양한 방식으로 진화하고 있다.

FM · AM 라디오

우리가 실생활에서 접하는 라디오로는 FM 라디오와 AM 라디오가 있으며 제한적으로 사용되는 단파 라디오가 있다.

AM은 소리를 실어내는 반송파의 크기를 달리하여 방송을 내보내는 방식이고, FM은 파장의 크기를 일정하게 유지하되 진동 주기를 길거나 짧게 하여 소리 정보를 보내는 방식을 말한다. 이 둘은 주파수 대역에 따라서 분류되며 FM 라디오는 88MHz에서 108MHz 주파수 대역을 활용하여 방송을 보낸다.

아직까지는 AM 라디오보다 FM 라디오를 청취자들이 선호하는 편이다. FM 라디오는 도달거리가 짧은 반면 AM 라디오에 비해 음질이 훨씬 좋기 때문이다. 미국에서 AM 라디오를 듣는 비율은 1981년 41퍼센트였으나 2005년 약 18.5퍼센트로 줄었다. 또 2005년 조사 자료에 의하면 AM 라디오 방송국은 4,700개지만 FM 라디오 방송국은 두 배 가까이 많은 9,200개나 된다. 참고로 우리나라에서 전국적으로 방송하는 FM 라디오와 AM 라디오 채널은 104개다(http://www.idgen.co.kr 참고). 라디오는 소수의 기술 인력과 진행자만 있으면 충분히 운영이 가능한 미디어다.

라디오 방송은 두 가지 유형으로 분류할 수 있다.

첫째는 네트워크 라디오이다. 네트워크 라디오는 자신들과 계약 관계에 있는 라디오 방송국들에게 하루에 열 몇 시간, 심지어는 24시간 동안 대부분의 프로그램을 공급해준다. 마치 서울 MBC라디오가 상당수 프로그램을 원주·춘천·강릉 MBC라디오에 제공하는 것처럼 말이다.

한편 라디오 프로그램을 제작하여 전국의 방송국에 제공하는 신디케이터라는 사업도 있다. 예를 들어 미국의 세 시간짜리 정치 관련 프로그램 〈러시 림보 쇼〉는 600개 라디오 방송국을 통해 매주 2,000만 명이 넘는 청취자들에게 전달된다. 일부 라디오 방송국은 프로그램을 구입한 뒤 중계 편성만 하는 곳도 있다. 우리나라의 경우 러시 림보만큼 자기 이름을 걸고 집객할 수 있는 라디오 스타가 없어서인지 라디오 신디케이트는 활성화되어 있지 않다.

현재의 라디오 방송은 종교, 음악, 어학교육, 교통정보, 시사토론 등 확실한 틈새시장을 공략하는 방향으로 특화되고 있다. 예를 들면 YTN 라디오는 뉴스, TBS라디오는 교통정보, EBS라디오는 어학교육, KBS 1 FM 라디오는 클래식 음악을 특화하고 있다. 라디오의 주류를 이루는 음악 방송도 연령대를 더욱 세분화함으로써 성공을 거두고 있다. 기독교 방송국의 FM 라디오 방송은 40~50대가 주로 듣는 음악만을 집중적으로 방송한다는 브랜드 이미지를 구축했다.

라디오는 TV와 달리 황금시간대가 출퇴근 무렵에 형성된다. 당연히 이때 방송하는 프로그램의 광고 단가가 높다.

라디오는 전통과 역사가 깊지만 산업 규모는 신문이나 TV에 비해 작다. 미디어미래연구소가 조사한 매체별 광고비를 보더라도 라디오의 광고 수입은 2007년 2,807억 원, 2008년 2,769억 원, 2009년 2,431억 원으로 지상파 TV 광고 수입의 10분의 1 수준이다. 국내 라디오 방송국 한 곳에서 올리는 평균 매출은 20억 원 남짓 된다. 라디오의 광고 매출은 신문이나 잡지와 비슷한 패턴을 보이며 감소하고 있다.

하지만 라디오는 틈새시장 속성과 커뮤니티 중심적인 속성, 그리고 전화, 문자 등을 통해 쉽게 진행자와 교감하고 상호작용할 수 있다는 점 때문에 다양한 형태로 진화할 것으로 보인다.

공동체 라디오

경기도 성남시 분당에 가서 FM 90.7MHz에 주파수를 맞춰보면 분당 인근에서만 들을 수 있는 공동체 라디오방송 'FM 분당'이 나온다. 그러나 분당에서 반경 5km 정도를 벗어나면 이 방송을 들을 수 없다. 'FM 분당'은 2009년 8월부터 정부에서 정식 인허가를 받아 비영리 사단법인인 미디어복지연대에서 운영하고 있으며 하루 17시간 방송한다. 음악 프로그램 DJ 등 직원들이 대부분 자원봉사자들이다. FM 분당과 같은 소출력 라디오 즉 공동체 라디오는 운영 비용이 저렴하고 지역 밀착형이라는 점 때문에 미디어의 다양성에 크게 기여할 것이라는 기대를 받았다.

공동체 FM	주파수(MHz)	방송권역
마포 FM	100.7	서울특별시 마포 서대문 일원
관악 FM	100.3	서울특별시 관악구 일원
FM 분당	90.7	경기도 성남시 분당구
금강 FM	104.9	충남 공주시
성서 공동체 FM	89.1	대구광역시 달서구
영주 FM	89.1	경북 영주시
광주시민 방송	88.9	광주광역시 북구

공동체 라디오는 주민과 대학생 등 자원봉사자들이 운영에 적극 참여하는 것이 특징이다. 예를 들면 금강 FM은 공주영상대학에 주소지를 두고 많은 지역 대학생들의 참여로 이루어지고 있다.

FM 주파수 대역을 사용하는 공동체 리다오 방송은 FM 라디오 방송의 주파 수가 서로 방해하지 않도록 특정 지역에 소출력(1W 이하) 전파를 내보낸다. 따라서 통상 방송권역은 반경 5km 안팎으로 지역 밀착형이 될 수밖에 없다.

우리나라에는 비영리법인이 공동체 라디오 방송을 하는 것으로 되어 있다. 관영도 아니고 영리를 추구하지도 않는 제3섹터에서 공동체 라디오를 운영하는 사례가 많다. 공동체 라디오는 값싼 라디오 수신기에 송출에 필요한 장비와 비용 부담이 적다는 이유로 소외 계층을 위한 대안 매체로 도입됐다.

우리나라에 본격적으로 도입이 논의되기 시작한 것은 2004년 전후로 지역적 성격이 강한 방송을 만들겠다는 정부의 의지가 반영된 결과라고 볼 수 있다. 이후 공익적 성격을 전제로 방송 관련 기금을 지원하는 쪽으로 사업이 추진됐으나 2006년 이후에는 광고 방송도 할 수 있도록 허용됐다.

공동체 라디오 운영자들의 모임인 전국커뮤니티 라디오협의회는 공동체 라디오는 출력이 낮은데다 도심에는 고층 건물들이 많아 제대로 된 방송을 하기가 힘들다며 출력을 높여달라고 요구하고 있다. 최소한 10W급은 돼야 제대로 된 방송을 할 수 있다는 주장이다. 10W급이면 전파가 장애물에 부딪히더라도 반경 5~6 km까지는 확실하게 도달한다.

미국이나 일본은 공동체 라디오를 기반으로 하는 출력 FM 방송이 크게 활성화되었다. 미국은 2001년 4월 이후 비상업적인 독립형 라디오를 운영한다는 전제 아래 100W 이하의 소출력 방송을 허가하고 있고 일본은 1992년 이래 180개나 되는 지역 방송 라디오 프로그램을 내보내고 있다.

2005년을 기준으로 할 때 미국은 485개의 공동체 라디오가 있는데 대부분 민간재단에서 받은 기부금으로 운영되고 있으며, 영국은 약 55개의 공동체 라디오가 정부의 지원과 복권 기금, 자선 사업자의 후원 등으로 운영되고 있다. 일본은 약 180개의 공동체 라디오가 있는데 대체로 정부의 출자와 민간 자본의 공동 투입으로 운영되고 있으며 방송국마다 직원 4~5명이 근무하고 있다.

우리나라 방송통신위원회는 추가적인 공동체 라디오 방송의 허용이나 출력 확대에 부정적인 입장을 보이고 있다. 출력 확대를 반대하는 이유는 미국이나 일본 등에 비해 국토가 좁은데 강력한 전파를 내보내도록 허용하면 전파의 상호간섭으로 방송의 질이 떨어질 우려가 있기 때문이다. 공동체 라디오의 추가 허용을 하지 않는 이유는 과거에는 공동체 의식의 활성화와 자율적 참여를 공동체 라디오를 통해 꾀하는 것이 가장 저렴하고 확실한 방법이었으나, 이제는 인터넷 라디오 방송의 활성화로 공동체 라디오가 가진 장점이 점점 희석되고 있기 때문이다. 하루 15~20 시간 가까이 진행하는 방송을 채울 양질의 콘텐츠가 부족하다는 것도 문제다.

우리나라 공동체 라디오 방송의 역사를 돌이켜보면 한때 연세대학교 등지에서 운영됐다가 1970년 폐지됐다. 그후 1998년 김대중 정부가 주요 국정 과제 가운데 하나로 공동체 라디오 방송을 포함시킨 결과 2005년부터 시범 사업에 들어갔다.

방송법 2조에 의하면 공동체 라디오 운영자들에 관해 정의하기를 "공중선 전력 10W 이하로 공익 목적으로 라디오 방송을 하기 위해 (방송법) 제9조 11항에 의거해 허가를 받은 자"라고 기록하고 있다. 공동체 라디오 운영자들은 현재 1W 수준인 공동체 라디오의 출력을 방송법이 허용하는 최대치인 10W, 나아가서는 그 이상인 30W까지 높여 달라고 요구하고 있다.

우리나라에서는 2005년 하반기 8개 업체가 선정돼 공동체 라디오 방송 시범 운영을 했고, 2009년 7개 업체에 정식 허가증이 나갔다.

위성 라디오

미국 영화를 보다 보면 커다란 트럭 안에서 CD 수준의 음질로 라디오를 청취하는 모습이 나오곤 한다. 미국은 전역 어디를 가더라도 같은 주파수로 같은 위성 라디오 방송을 들을 수 있다. 전파 도달 범위 한계를 벗어날 때마다 주파수를 새로 맞춰야 하는 번거로움 없이 CD 수준의 음질로 방송을 들을 수 있는 것은 위성 라디오가 지닌 매력이다. 특히 국토가 넓은 미국이야말로 위성 라디오의 장점을 발휘하기에 적합한 곳이다. 미국에서 제공되는 대표적인 위성 라디오 방송으로는 시리우스(Sirius)와 XM, 그리고 월드 스페이스(World space)가 있다. 뮤직 초이스(Music choice)나 무작(Muzak)처럼 위성을 통해 콘텐츠가 전파되지만 고정형 수상기와 접시 안테나가 필요한 것도 있다.

위성 방송의 기술적인 속성상 안테나는 위성을 지향해야 한다. 고층 건물이나 다리 등 전파에 장애가 되는 것이 있으면 재송신기를 설치해야 한다. 물론 위성으로 라디오 방송을 들을 수 있도록 암호를 해독할 수 있는 장치도 있어야 한다. 날씨, 뉴스, 스포츠, 음악 프로그램 등 방송 서비스 자체가 유료인 경우가 많기 때문에 음악 방송은 광고가 들어가지 않는 것이 많다.

이번에는 위성 라디오의 기술적인 속성을 알아보자. 북미 지역에서는 위성 라디오 방송용 주파수 대역으로 2.3GHz인 S Band를 사용한다. 기타 지역에서는 1.4GHz인 L Band를 DAB(Digital Audio Broadcasting) 와 함께 활용하는 경우가 많다. 이 밴드의 전파는 직진성이 강하고 강력하므로 구태여 접시 안테나를 달 필요가 없다. 하지만 지구가 곡면으로 이뤄져 있어서 제한된 지역에만 서비스가 가능하므로 정지 위성(XM의 경우)의 형태로 위성 두세 개를 띄워야 대륙 전체에 방송을 내보낼 수 있다. 전파 음영 지역, 즉 고층 건물의 아래 부분이나 터널 같은 곳은 재송신 장비를 설치해야 전파가 끊어지지 않는다. 위성 라디오는 각각 인증 번호를 가지고 있어서 차단된 채널을 받아볼 수 있도록 해준다.

대표적인 위성 라디오 방송인 미국의 XM은 새로운 위싱 라디오 서비스로 엄청난 주목을 받으며 20001년에, 시리우스는 그 뒤를 이어 2002년에 출범했다. XM은 122개 채널 중 68개를 광고 없이 운영하고 있으며, 나머지 33개는 뉴스, 스포츠, 토크쇼 등으로 구성하고 있다. 시리우스는 120개 채널 가운데 65개가 음악 채널로 광고를 하지 않고 있고, 나머지 55개는 오락, 토크쇼, 날씨 등의 다양한 정보를 제공하고 있다.

190

2005년 『연합뉴스』 기사를 보면 XM 라디오는 가입자가 수백만 명이 있는데도 매년 수억 달러의 적자를 보았다. 시리우스 역시 마찬가지다. 결국 이 두 회사는 2008년 7월에 합병해서 지주 회사 형태인 시리우스 XM 라디오로 탄생했다. 사업은 각각 별개 회사처럼 운영하고 있다.

시리우스와 XM 라디오는 모두 월 단위로 가입료를 받는 비즈니스 모델을 채택했다. 시리우스는 한 번에 500달러를 받고 평생 라디오를 들을 수 있는 방식도 도입했고 XM 라디오와 달리 음악 방송에 광고를 넣지 않고 있다. 이 두 위성 라디오는 자동차에 탑재된 수신 장치를 활용하고 있으므로 수신 장치 탑재에 관해 자동차 회사와 합의하는 것이 중요한 사업 과제로 남아 있다.

2007년 조사에 따르면 미국에서 위성 라디오를 청취하는 사람들은 1,400만 명이다. 그러나 이는 전체 라디오를 듣는 인구 가운데 극히 일부분에 지나지 않고 훨씬 더 많은 사람들이 라디오 방송을 듣고 있는 것으로 추정된다.

DMB 음성 서비스와 DAB

위성 라디오 방송은 현재 우리나라 위성 DMB의 음성 서비스와 기본적인 원리가 같다. 미국의 위성 라디오 서비스는 위성에서 나오는 특정 대역을 상대적으로 작은 대역폭을 써도 되는 라디오 채널에 할애하는 하고, 우리나라 위성 라디오는 DMB TV 채널과 DMB 오디오로 나눠서 쓰고 있다는 점만 다를 뿐이다.

2010년 상반기 우리나라에서 전국으로 방송되는 위성 DMB 음성 채널은 Play on, 오디오북 등 모두 13개다. 위성 DMB 출범 당시 오디오 채널은 22개였으나, 사업자인 TU미디어로부터 배분받는 금액이 적은 데다 낮은 청취율로 광고 수익이 부진하여 그 수가 줄었다.

위성 DMB의 음성 서비스 과정은 이렇다. 먼저 DMB 음성 채널에 프로그램을 공급하는 사업자가 디지털 형태로 라디오 방송 프로그램을 TU미디어가 운영하는 기지국에 보내면 기지국에서는 이를 위성으로 쏘아 보낸다. 그러면 위성은 이렇게 받은 신호를 지상으로 증폭해서 보내는데 위성 수신 단말기로 직접 DMB를 받아볼 수도 있지만 전파를 직접 받아볼 수 없는 음영지역은 중계기를 달아야 한다. 우리나라에서 DMB 용으로 사용하는 위성은 SKT가 2004년 일본의 도시바 계열사인 MBco와 공동으로 쏘아 올린 한별이다.

지상파 DMB에도 일부 오디오 서비스가 있는데 이 서비스 역시 TV 채널 서비스의 부수적인 역할을 한다. 국내에서는 아리랑 DMB 라디오 서비스 등이 운영되고 있다.

인구가 밀접된 도시에서는 위성 DMB보다는 디지털 라디오 방송을 활용하는 것이 비용 면에서 효과적이다. 그래서 개발된 것이 DAB이다.

DAB란 지상파를 이용하여 CD 수준의 고음질로 보내는 오디오 방송을 말한다.

일반 아날로그 방송을 디지털로 전환하는 이유는 고품질의 음질과 더 많은 채널 수를 확보하기 위해서다. 전통적인 라디오 방송은 라디오 수신기로 FM이나 AM 등에 주파수를 맞춰 청취하는 방식이었다. FM이나 AM을 통한 라디오 방송은 넓은 주파수 대역을 사용해야 하므로 방송 채널 수를 늘리는 데 제한이 있었다. 하지만 디지털 라디오 방송은 압축과 멀티플렉싱(multiplexing) 기술을 사용해서 좁은 주파수 대역에서도 상대적으로 많은 음성 정보를 실어 보낼 수 있다.

DAB는 1981년 독일의 한 연구소에서 개발됐다. 이후 1987년 유럽의 공동 프로젝트 가운데 하나로 본격적으로 활용되기 시작했으며 MP2 코덱을 사용했다. 1995년에 이르러서야 유럽에서 본격적인 시험 방송에 들어갔고 1997년 드디어 영국에서 방송을 시작했다. 1997년 런던을 중심으로 50개 채널과 BBC방송이 DAB를 통해 전파를 탔다. 2006년 기준으로 전 세계 약 5억 명이 DAB를 청취하고 있다. DAB는 특히 영국과 덴마크에서 활성화되었으며, 전 세계에 1,000개 정도의 방송국이 있다.

DAB 라디오가 가진 여러 가지 장점 중 하나는 원하는 채널을 돌려가면서 찾을 필요 없이 프로그램을 누르면 곧바로 찾을 수 있다는 것이다. 텍스트를 사용해 노래 제목, 음악 장르, 실시간 속보 등을 라디오로 보낼 수도 있다. 음악 방송을 듣다가 놓쳤을 때 자동으로 녹음했다가 시차를 두고 들을 수 있는 서비스도 제공한다.

DAB의 강점은 송신 장치 하나로 여러 개의 채널을 보낼 수 있어서 유지 및 관리 비용이 FM 방송에 비해 훨씬 적게 든다는 것이다. 노르웨이의 라디오 방송국인 NRK의 조사에 따르면 DAB를 활용하면 FM으로 전체 채널을 송출하는 것에 비해 90퍼센트나 적은 비용으로 같은 개수의 채널을 송출할 수 있다고 한다.

『전자신문』 2009년 11월 2일자에 의하면 영국은 2009년 10월 기준 DAB 이용자가 1,770만 명이나 된다. 1년 전보다 약 14퍼센트가 증가한 수치다. 이 가운데 적어도 1,650만 명은 집안에 DAB 수신기를 달고 있으며 휴대폰으로 DAB를 이용하는 사람도 최소 690만 명이라고 한다.

우리나라도 2010년 DAB 도입을 본격적으로 추진할 계획이다. 방송통신위원회는 약 17억 원을 들여 디지털 라디오의 규격을 시험하려 계획하고 있다. DAB와 비슷한 HD 라디오의 가능성도 본격적으로 테스트할 계획이다.

우리나라에도 DAB와 비슷한 라디오가 있는데 지상파 DMB이 음성 채널이 그것이다. SBS-uRadio, Kdmb, tbs-SBS(U), Satio Hits, Tbn, YTN-dmb, Arirang, MBC FM 등이 해당한다. 이들 지상파 DMB의 음성 채널은 DAB라 해도 무방하다. 우리나라에서 판매하는 일부 PMP는 지상파 DMB의 음성 서비스만 제공하고 있다.

인터넷 라디오

지금까지 우리는 전파를 통한 기존 라디오 방송의 진화로 라디오의 미래를 추적해 왔다. 그러나 기존 라디오 방성과는 달리 완전히 새로운 방식으로 음성 콘텐츠를 전달하는 방식이 인터넷과 함께 발전했으니 바로 '인터넷 라디오 방송'이다.

웹에서 검색해보면 수만 개의 인터넷 라디오 방송이 나온다. 한 명이 운영하는 라디오부터 다수의 인원이 동원되어 진행되는 방송까지 그 종류가 수도 없이 많다.

인터넷 라디오는 간단히 말해 오디오 스트리밍이라고 할 수 있다. 인터넷 패킷을 통해 컴퓨터로 오디오를 보내는 것이다. 스트리밍을 통해 오디오를 내보내는 방송은 수만 개가 넘는다.

인터넷 라디오 방송은 보통 광고료로 운영을 하지만 청취료를 받아 운영하는 경우도 있다. 두 가지 방식을 혼합하기도 하는데, 광고를 들으면 청취료가 무료이지만 광고를 듣지 않으면 유료인 경우도 있다. 미국에는 대표적 인터넷 라디오 방송으로 야후 뮤직, 랩소디(Rhapsody)가 있다.

우리나라에도 세이라디오를 비롯해 개인이 인터넷 방송을 할 수 있도록 인터넷상의 플랫폼을 제공해주는 서비스가 있다. 또 컴퓨터에 KBS의 콩이나 MBC의 미니, SBS의 고릴라 같은 프로그램을 깔아 놓으면 전파로 방송되는 것과 똑같은 라디오 방송을 들을 수 있다.

스마트폰의 도입으로 인터넷 라디오는 더욱 활성화될 전망이다. 스마트폰이 활성화되기 전에는 실시간으로 인터넷 라디오 방송을 듣기 위해 컴퓨터나 노트북을 써야만 했다. 그러나 스마트폰으로 인터넷에 접속하는 일이 수월해지자 장소에 구애받지 않고 라디오 방송을 듣는 것이 더욱 쉬워졌다.

예를 들어 2010년 7월에 나온 스마트폰용 라디오 애플리케이션인 R2를 이용하면 KBS 제1라디오를 비롯한 지상파 라디오 채널 17개를 들을 수 있다. 또 미국이든 남아프리카공화국이든 어디에서든 우리나라 라디오 방송을 실시간으로 들을 수 있다. 장기적으로 보면 라디오라는 단말기 자체가 스마트폰에 통합되면서 사라질 가능성도 크다. 인터넷 오디오 서비스와 라디오의 경계가 없어지면서 라디오는 영영 역사 속으로 사라지게 될지도 모른다.

6
출판의 르네상스는
다시 올 것인가

구조적 변화기에 요동하는 도서 시장

잡지의 황금기는 다시 올 것인가

책은 인류 역사의 보고이다. 인류 역사는 책을 통해 지식을 저장함으로써 책이 없던 시기와 차원이 달라졌다. 이전에는 돌이나 점토판에 간단한 것들을 기록했으나 그렇게 저장할 수 있는 데이터의 양은 한계가 있었고, 이후 죽간이나 파피루스를 사용했지만 마찬가지였다. 중국의 춘추전국 시대에 '남자는 모름지기 다섯 수레에 든 책'을 읽어야 한다는 말이 나왔는데 죽간에 쓴 책 다섯 수레라고 해봐야 요즘 책의 분량으로 따지면 몇 십 권에 지나지 않았을 것이다.

한편 종이의 등장과 인쇄술의 발명으로 인류의 지식은 폭발적으로 증가했다. 문화의 암흑시대라는 중세시대인 1400년경에는 유럽에 있던 책의 총 권수가 수천에서 수만 권 정도에 지나지 않았던 것으로 학자들은 추정한다. 하지만 1500년경에 이르러 인쇄술이 급격히 보급된 결과 유럽 내 책은 900만 권으로 늘어났고, 이후 책은 돈을 벌기 위한 비즈니스 대상으로 바꼈다. 예를 들면 출판의 초대박 상품인 『해리 포터』는 전 세계적으로 수천만 권이 팔렸고 저자인 J. K 롤링은 단숨에 영국의 억만장자 반열에 올랐다. 출판사인 스칼라스틱은 『해리포터』 시리즈만으로도 약 10년간 10억 달러를 번 것으로 알려졌다.

잡지의 기본 철학 역시 책과 마찬가지로 저장이다. 잡지를 뜻하는 '매거진(Magazine)'은 프랑스어에서 온 단어로 창고라는 뜻이다. 즉 이야기, 광고, 시 등 다양한 내용들에 관해 독자들이 관심을 가지고 있다고 보고 편집자들이 저장을 해놓은 창고라는 의미다. 이 장에서는 출판과 잡지를 종이에 지식을 저장하는 비즈니스 수단으로 보고 한 곳에 묶었다.

오늘날 출판은 구조적인 변혁기를 겪고 있다. 출판과 잡지의 유통을 담당하던 기존의 서점이 무너지고 있고 그 자리를 온라인 서점이 대신하고 있다. 아이패드, e북 등 다양한 단말기의 등장으로 종이를 이용하지 않는 전자출판이 폭발적으로 성장할 가능성을 보이고 있다. 심지어는 한 사람이 디지털 형태로 출판을 하는 사례도 나오고 있다. 출판 산업은 종이와 인쇄술의 보급으로 번영을 누렸던 것처럼 저장 형태가 디지털로 바뀌는 것을 계기로 다시 르네상스를 맞을 수 있을까?

구조적 변화기에 요동하는 도서 시장

2010년 6월 한국을 대표하는 섹시 가수 이효리는 "책을 비스킷으로 본다고? 곧 익숙해질 거예요"라며 인터파크 광고 모델로 등장했다. 이효리는 이 광고에서 비스킷의 장점에 관해 설명하기를 "비스킷은 인터파크가 만든 e북으로 책 3,000권 정도가 들어가고 1분이면 책 한 권을 다운로드하는 게 가능하다. 햇빛 속에서도 책이 잘 보인다"라고 했다.

책을 통해 인류는 다양한 사상과 기술을 후세에 전달하며 지식의 범위를 넓혀왔다. 책은 또 인류가 지식과 경험이라는 무형자산을 상업적으로 팔 수 있도록 했다. 로마시대에는 노예를 시켜서 본격적으로 책을 필사한 뒤 판매하는 출판 사업이 번성했던 것으로 알려져 있다. 로마 출판업자들은 노예들이 필사할 책의 원본을 만드는 저작자에게 선인세를 주고 출판을 위한 권리까지 확보했다.

현대에 들어 책의 보급은 명확한 시스템을 갖춘 방식으로 진행되고 있는데 저자의 저술과 출판사의 인쇄 및 제작, 그리고 유통망과 서점을 통한 보급이 그것이다. 이 방식은 과거 수백 년간 지속된 일반적인 서적 시장의 비즈니스 모델이다.

출판 시장, 특히 단행본 시장은 몇 가지 특징이 있다.

첫째, 일반적으로 인쇄와 저술, 제작이 분리되어 있다. 종이에 글자를 인쇄해 비즈니스를 하지만 신문과는 달리 저술자와 출판사들은 대부분 인쇄 시설을 갖고 있지 않다. 글을 쓰는 기자도 두고 인쇄에 필요한 윤전 시설도 내부에 보유하는 신문과는 달리 출판은 적은 자본으로도 사업에 뛰어드는 것이 가능하다. 기획자와 저자, 그리고 제작에 들어가는 경비, 이를테면 인쇄비와 종이 가격을 부담할 정도의 능력만 있으면 출판 사업에 진출할 수 있다. 더욱이 기술의 발전으로 출판사 없이 인터넷이나 e북을 통한 개인 출판도 가능하다.

둘째, 저작권 문제다. 잡지나 신문과는 달리 단행본은 저작권이 한층 중요하다. 훌륭한 저자를 어떻게 확보하느냐에 따라 출판의 성패가 결정되기 때문이다. 2009년 우리나라 한 출판사는 일본 소설가 무라카미 하루키의 소설 『1Q84』의 판권을 확보하려고 인세 10억 원을 미리 지급한 것으로 알려져 화제가 됐다.

셋째, 위험 부담이 크다. 출판업계에 종사하는 사람들이 하는 얘기로는 잘 나가는 책 한두 권만 있으면 몇 년을 먹고 살 수 있다고 한다. 출판 사업이 지닌 벤처 사업적 성격을 잘 보여주는 말이다.

세계 5대 출판사(2005년 말 기준)

피어슨 (Pearson)	전 세계에서 가장 큰 교재 출판사이다. 펭귄 그룹, 프렌티스 홀 등을 산하에 두고 있다. 세계적으로 유명한 권위지 『파이낸셜 타임스』의 모회사이다.
랜덤 하우스 (Random House)	세계적인 미디어 그룹인 베텔스만이 지분을 갖고 있는 회사이다.

하퍼 콜린스 (Harper Collins)	루퍼트 머독이 이끄는 글로벌 미디어 기업이며, 뉴스코퍼레이션의 자회사이다.
사이먼 앤 슈스터 (Simon and Schuster)	섬너 레드스톤이 이끄는 바이아컴과 CBS가 지분을 갖고 있다.
타임 워너 (Time Warner)	CNN 등을 갖고 있는 글로벌 미디어 기업에 속해 있다. 워너 출판, 타임-라이프 북스 등이 여기에 속한다.

현재 출판 시장을 둘러싼 가장 큰 변화, 즉 과거 종이나 인쇄술의 발명에 버금가는 변화는 책의 디지털화에서 비롯됐다. 디지털화가 가져온 가장 큰 변화를 눈으로 확인할 수 있는 것은 바로 전자사전이다. 10년 전만 해도 많은 사람들이 부피가 큰 국어사전이나 영어사전 또는 백과사전을 이용했다. 그러나 지금은 대부분 디지털화된 사전을 사용하고 있다.

사전을 종이 형태로 인쇄했던 대형 출판사들은 전자사전에 콘텐츠를 공급하는 형태로 비즈니스 모델을 바꿨다. 이런 상황을 잘 보여주는 회사가 YBM시사닷컴인데, 이 회사는 콘텐츠 매출만 수백억 원에 이른다. 이밖에 핸드폰 등에 들어가는 전자사전 솔루션을 제공하는 코스닥 기업인 디오텍은 출판의 디지털화로 생겨난 시장에 진입한 회사이다. 세계 시장을 풍미했던 MP3 아이리버 제조업체인 아이리버(레인콤에서 회사명을 변경함)도 딕플과 같은 전자사전을 내놓았다.

이렇게 디지털화는 책의 저술과 유통 구조도 바꿔놓았다. 대표적인 예가 저자들이 인터넷상에 자신들의 작품을 직접 공개하는 것이다. 국내 인기 작가인 황석영 씨는 2008년 상반기 인터넷 포털 사이트인 네이버에 『개밥바라기』를 약 4개월에 걸쳐 연재했다. 이 소설은 문학동네라는 출판사에서 종이책으로 출간됐다. 또 확석영 씨는 2010년에는 인터넷 서점인 인터파크에 『강남몽』이라는 소설을 연재했는데 이후 창비 출판사에서 책으로 출간됐다. 은희경, 박범신 등과 같은 유명 작가들도 앞다퉈 인터넷 출간을 하고 있다.

인터넷 출간으로 일어난 변화

인터넷 출간이 가져온 변화에는 어떤 것이 있을까?

인터넷 출간은 저자들이 작품을 발표하는 새로운 창구를 갖게 됨으로써 출판사와 협상시 상대적인 우위를 차지하게 되었음을 뜻한다. 이는 결국 인세 상승과 출판사의 영업 악화로 이어질 가능성이 크다.

출판 유통을 담당하는 오프라인 서점의 몰락과 인터넷 서점의 급증도 주목해야 할 변화이다. 서울의 서점 개수는 1996년 1,141개에서 2009년 380여 개로 대폭 줄었다. 대형 서점을 제외한 중소형 서점 대부분이 경영난을 겪고 있다. 오프라인 서점의 몰락 현상은 세계 최고 출판 대국인 일본에서도 그대로 벌어지고 있다. 『아사히 신문』이 2010년 1월에 게재한 기사를 보면 2000년에는 일본 전 지역에 2만 1,922개의 서점이 있었으나, 10년이 지난 2010년에는 약 29퍼센트가 줄어든 1만 5,519개만이 살아남아 있다. 심지어 와카야마 같은 곳은 서점이 절반 이하로 줄었다.

국내 조사자료에 의하면 오프라인 서점의 역할을 온라인 도서 유통이 이제 대세를 이루고 있다. 2008년 한국출판연감을 보면 인터넷을 통한 국내 도서 유통 비중이 2006년에는 24.1퍼센트였으나 2007년에는 29.2퍼센트로 증가했다. 2010년에는 전체 2조 7,000억 원 규모의 도서 유통 시장에서 32퍼센트가 넘는 8,900억 원 정도가 인터넷으로 거래될 전망이다. 이 가운데 5대 인터넷 서점이 전체 시장의 94퍼센트를 차지하고 있고, 상위업체인 예스24가 36퍼센트를 차지한다. 현재 교보문고, 리브로, 영풍문고, 반디앤루니스와 같은 기존 서점이 온·오프라인 시스템을 갖추고 있지만, 매출에서는 예스24, 인터파크 도서 등 온라인 서점의 선점 효과와 강력한 마케팅이 강세를 보이고 있다. 베스트셀러 랭킹을 따질 때도 1990년대까지 절대적인 권위를 가졌던 교보문고가 이제는 예스24에 밀리는 상황이다.

이러한 현상은 도서의 전자상거래로 미국 시장에서 일찌감치 확실한 입지를 굳힌 아마존에서도 드러난다. 1994년 제프 베조스(Jeffrey Bezos)가 설립한 아마존은 온라인 도서 유통 시장에 뛰어든 뒤 사업 영역을 지속적으로 확대했다. 아마존은 2007년 1분기에만 무려 28억 달러 어치의 책을 판매했다. 창업한 지 겨우 10년 남짓한 사이에 연간 100억 달러가 넘는 매출을 올리는 대형 온라인 서점이 된 것이다. 이에 미국의 서점인 반스앤노블도 아마존에 맞서기 위해 온라인 서점을 공격적으로 운용하고 있다.

출판 산업을 바꾼 아마존 창립자 제프 베조스

1999년 12월 27일자 『타임』지가 올해의 인물로 선정한 제프 베조스. 사진은 e북 리더기인 킨들을 들고 있는 모습이다.

아마존의 창립자이자 CEO인 제프 베조스만큼 출판 사업 부문에 영향을 준 사람이 있을까? 전 세계적으로 출판에 가장 큰 영향을 준 사람을 꼽으라면 단연 제프 베조스가 최상위일 것이다. 그가 이끈 두 번의 혁명은 기존 오프라인 출판사를 뛰어넘어 종이책을 전자상거래로 파는 아마존을 설립한 것, 그리고 종이와 서점을 뛰어넘는 e북 단말기인 킨들을 발매하여 e북 시장의 가능성을 연 것이다.

제프 베조스는 미국의 명문 프린스턴 대학교에서 컴퓨터와 엔지니어링을 전공한 뒤 월스트리트에 있는 투자 회사에서 일했다. 그는 졸업 후 얼마 지니지 않아 연봉으로 100만 달러 이상을 받았다고 한다. 그리고 1993년 어느 날 재무 분석을 하던 중 인터넷이 매년 2,300퍼센트씩 성장한다는 사실을 알게 되었다.

인터넷의 무한한 잠재력을 깨달은 제프 베조스는 곧바로 창업을 결심했다. 우편 대신 인터넷이 활성화될 것이라고 보고, 우편으로 주문을 내는 기존의 메일 오더 사업을 대체할 아이템이 무엇인지를 찾아 20개의 리스트를 만들었다. 그 아이템 가운데 하나가 바로 책이었다.

제프 베조스와 그의 친구, 가족들은 30만 달러를 투자한 뒤 시애틀로 본거지를 옮겼다. 친구들과 차고에서 창업한 제프 베조스는 웹 사이트를 만든 후 테스트에 들어갔다. 그리고 테스트가 만족할 만한 수준에 이르자 자신들의 웹 사이트를 일반인들에게 공개하고 이름을 세계에서 가장 파워풀하고 긴 강인 아마존으로 정했다.

회사는 급속히 성장했고 1996년에는 300명의 직원을 채용했다. 창업 10여 년이 지난 2004년에는 9,000명을 채용했다. 2005년을 기준으로 고객은 150개국에 2,000여만 명이나 된다. 2009년 매출은 290억 달러고, 순이익은 10억 달러가 넘는다. 시가총액도 2010년 5월 560억 달러를 기록하고 있다.

아마존은 전형적인 온라인 회사이다. 제프 베조스는 인터넷에 확신을 갖고 공격적으로 매출을 늘리는 데 관심을 쏟았다. 그 결과 2000년까지 무려 15억 달러라는 누적 적자를 기록했다. 2000년대 중반에 들어서야 회사는 본격적으로 돈을 벌기 시작했으며 책뿐 아니라 다른 상품의 전자상거래까지 사업 영역을 확장했다.

2007년에는 킨들이라는 단말기로 e북 서비스를 시작해 또 한 번 출판업계에 혁명적인 변화를 일으켰다. 아이패드도, 태블릿 PC도 킨들의 성공이 없었으면 시장에 제대로 진입할 수 없었을 것이다.

----

e북은 출판의 르네상스를 불러올까

인터넷 서점이 도서 유통에 큰 변화를 일으켰다면, 출판사는 물론 도서 유통 시장에도 큰 영향을 미칠 또 다른 변화가 진행되고 있다. 그것은 바로 전자종이 기술을 활용한 e북과 아이패드로 대표되는 태블릿 PC의 도입이다.

사실 전자종이 디스플레이 기술을 활용한 e북 단말기는 2000년대 중반부터 존재했다. 전자종이로 만든 단말기는 지속적으로 전기를 소모하

e북의 대표주자인 아이패드와 아마존의 킨들. 한 남자가 킨들로 여유롭게 글을 읽고 있다.

208

며 빛을 쏘아주는 기술이 필요한 LCD 모니터 등과 확연히 다르다.

전자종이는 전자적 성질을 가진 알갱이를 활용해 직접적인 발광체가 없어도 외부에서 오는 빛으로 글을 읽을 수 있도록 해준다. 따라서 전기 소모가 훨씬 적은데다 LCD 등과는 달리 빛의 굴절 같은 것도 없다. 화소가 빛나도록 역광을 이용하는 전통적인 평판 디스플레이와 달리 일반 종이처럼 반사광을 사용하여 글자와 그림을 전기 소모가 거의 없이 보여준다.

또 전자종이는 디스플레이와 달리 접을 수도 있다. 액정 디스플레이보다 시야각이 넓기 때문에 취약한 각도에서도 글자를 쉽게 읽을 수 있다. 내구성이 튼튼할 뿐 아니라 종이보다는 덜 하지만 현존하는 전자 디스플레이 가운데 가장 많이 휘어진다. 반면에 어두운 곳에서는 읽을 수 없고 반응 속도가 느린 단점이 있다.

미국의 e잉크(e-Ink)사가 대부분의 특허를 갖고 있는 전자종이는 2000년대 초반에는 월마트와 같은 대형 할인점의 광고 패널로 도입됐다. 앞에서도 언급했듯 밝은 곳이면 누구나 읽을 수 있으며 전기료가 다른 디스플레이 기기에 비해 훨씬 싸기 때문이다.

2000년대 중반 소니는 e북 단말기를 일본이 아닌 미국에 출시하면서 큰 시장을 노렸으나 결국 실패하고 말았다. 네덜란드의 아이렉스(I-Rex)도 2006년 말 일리아드라는 단말기를 유럽 시장에 내놓았지만 페이지 전환 속도가 느려 실패로 끝나고 말았다. 이런 단말기들은 전자 회사에서 만드는 관계로 e북에 제공할 콘텐츠 확보를 등한시했다. 300달러 이상이나 하는 단말기로 볼 수 있는 콘텐츠가 너무 적은 것도 실패 요인 중 하나였다.

이런 e북의 한계를 상당 부분 극복한 제품이 2007년 11월 19일 아마존이 내놓은 킨들이다. 킨들은 아마존을 통해 모든 e북을 한 권당 9.99달러에 구입할 수 있도록 했고, 이동통신사인 스프린트(Sprint)의 통신망을 활용해 각종 콘텐츠를 다운로드할 수 있도록 했다. 가격은 359달러였고 기기 성능도 초기에 나온 타사 제품에 비해 상당 부분 개선됐다. 2010년 기준으로 킨들의 가격은 200달러 미만까지 떨어졌다.

킨들의 성공은 수십만 권의 책을 디지털로 확보할 수 있는 능력, 그리고 출판사를 상대로 책 한 권당 9.99달러라는 정액제를 밀고 나갈 수 있는 협상력 등이 겸비됐기 때문에 가능했다. 여기에 더하여 공격적인 마케팅까지 긍정적으로 작용했다.

제품 시판이 얼마 지나지 않은 시점에서 유명 방송인 오프라 윈프리가 킨들의 장점을 〈오프라 윈프리쇼〉에서 호평한 것도 킨들의 성공에 한몫을 했다. 오프라 윈프리는 자신의 TV쇼를 통해 미국 출판 시장의 랭킹을 좌우할 정도로 영향력을 행사하는 인물이다.

킨들은 출시 후 5시간 반 만에 품절된 것으로 알려졌다. 회사 측이 공개하지 않아서 2010년 현재까지 킨들이 몇 대나 팔렸는지 정확히 알 수 없으나, 초기 버전이 20만~30만 대가 팔렸다는 말부터 100만 대가 판매

됐다는 얘기까지 나돌았다. 킨들 1세대 제품은 2007년에 출시됐지만 2008년 4월이 되어서야 시중에서 손쉽게 구할 수 있었다. 킨들은 2세대와 3세대를 거치면서 3G 이동통신망 네트워크 기능이 추가됐고 보다 진화된 형태로 발전했다. 2009년 하반기까지 150만 대에서 300만 대가 팔린 것으로 미국 출판업계는 추정하고 있다.

아마존은 단말기 판매 외에도 e북 다운로드로 수익을 얻고 있다. 2009년 9월에 출간된 댄 브라운(Dan Brown)의 소설 『로스트 심벌(The lost of symbol)』은 종이책과 e북으로 동시에 출간됐다. 이 책은 아마존의 킨들 스토어에서만 1주일 만에 10만 권 이상 다운로드됐으며 그 기간에는 e북이 종이책보다 더 많이 팔렸다.

아마존의 강점은 콘텐츠를 찾아서 출판사와 협상한 후 전자상거래로 판매하는 것이다. 아마존은 도서뿐 아니라 『뉴욕 타임스』 같은 신문은 물론 각종 잡지까지 킨들을 통해 팔 수 있는 전략적 제휴 시스템을 갖췄다. 현재 아마존의 미국 내 e북 시장 점유율은 70퍼센트에 이르는 것으로 밝혀졌다. 아마존에 자극을 받은 구글은 물론 대형 오프라인 서점인 반스앤노블 등도 e북 판매를 독자적으로 준비하고 있다.

e북 시장의 성장은 출판사들을 압박하는 요인으로 작용하고 있다. 종이책을 찍는 데 들어가는 비용을 더 많이 삭감하라는 압박을 유통업자와 소비자들에게 받고 있기 때문이다. 가격 책정에 대한 출판사의 자율성이 상당 부분 훼손되고 있는 현실이다.

e북의 보급으로 저자들은 출판사를 뛰어넘어 직접 유통업자와 협상한 뒤 책을 내는 것이 가능해졌다. 출판사로서는 매출 확보 기회를 박탈당하는 것이다. 이 때문에 일부 작가들은 e북이 출판 산업을 몰락시킬 것이라고 지적하면서 전자출판은 하지 않겠노라 말하고 있다. 대표적인 유명 작가를 꼽으면 범죄와 법률 관련 소설을 주로 쓰는 존 그리셤(John Grisham)이 있다. 그는 2009년 한 TV 프로그램 인터뷰에서 "e북과 대형(온라인) 서점에 의한 도서 가격 하락은 장기적으로 보면 출판 시장의 재앙이다"라고 주장했다.

그러나 존 그리셤은 2010년 자신이 쓴 모든 책을 디지털 형태로 읽을 수 있도록 하겠다며 입장을 바꿨다. 이런 결정을 내리게 된 이유는 명확히 알 수 없으나 애플의 아이패드 같은 e북 단말기 외에도 다양한 형태로 디지털 서적을 읽을 수 있는 기기가 급격하게 증가했기 때문으로 보인다. 그도 더 이상 이러한 시장을 놓칠 수 없었을 것이다.

아이패드는 미국의 애플사가 만든 태블릿 PC로 스마트폰과 노트북의 중간 위치에 있는 기기다. 9.7인치 화면으로 크기가 잡지와 비슷하며 한 손으로 잡을 수 있다. 이는 책상이나 거치대 등을 이용해야 하고 한 손으로는 사용할 수 없는 노트북과 가장 구별되는 특징이다. 한 손으로 잡을 수 있기 때문에 침대, 화장실 등 어디로든 옮겨 다니면서 볼 수 있다. 아이패드는 킨들과 같은 e북에 비해 전력 소모가 많지만 컬러 구현이 비교할 수 없을 정도로 뛰어나다. 애플의 CEO인 스티브 잡스는 아이패드가 책을 대신하는 기기로 훌륭하게 상용화될 것이라고 자신했다. 아이패드는 2010년 4월 출시 후 약 2개월 만에 200만 대나 팔렸다.

현재까지 아이패드를 통한 도서 판매 실험 결과는 긍정적이다. 일본 초대형 출판사인 고단샤는 신작 소설 『죽을 수만 있다면』을 아이패드가 일본에서 발매되기 시작한 2010년 5월 28일 아이패드용 e북으로 판매 했다. 그 결과 닷새 만에 1만 부가 팔리는 기염을 토했다.

앞으로 e북 시장이 얼마나 커질지는 정확하게 추정하기 힘들다. 출판 사업자들은 사람들이 서점에 가서 이 책 저 책 둘러보는 것을 좋아하기 때문에 e북 시장의 성장은 한계가 있을 것이라고 관측하고 있다. 한 컨 설팅 회사인 PWC는 e북이 2013년 북미 지역 전체 도서 판매율의 6퍼센 트를 차지할 것이라고 전망했다. 2009년 1.5퍼센트에 비해 크게 성장한 수치다. 주요 출판사인 사이먼 앤 슈스터는 2013년에서 2015년까지 이 비율이 25퍼센트까지 늘어날 것으로 보고 있다.

e북 시장은 우리나라에서도 크게 성장할 것이다. 한국전자출판협회 의 자료에 따르면 우리나라 e북 매출 규모는 2006년 825억 원에서 2010 년 1,975억 원, 2015년 5,838억 원까지 커질 전망이다. e북 판매 규모는 아이패드와 같은 태블릿 PC가 많이 보급되고 킨들과 같은 단말기 가격 이 더욱 떨어지면 급속히 성장할 가능성이 크다.

삼성전자는 2009년 e북 파피루스, 2010년 SNE-60K 등과 같은 e북 시리즈를 내놓았으며 아이리버 또한 『아이리버 스토리』라는 e북 시리즈를 판매하고 있다. 네오럭스는 누트(Nutt)라는 단말기를 만들어 팔고 있으며 도서유통업체인 인터파크 역시 비스킷이라는 단말기를 판매하고 있다. e북 단말기는 e잉크 기술을 제외하면 기술적인 어려운 점이 없어 앞으로 상당수 단말기업체들이 e북 시장에 뛰어들 것으로 보인다.

단말기 비즈니스와 함께 중요한 것은 e북을 전자상거래로 쉽게 구할 수 있는 콘텐츠 몰을 만드는 것이다. 아마존은 킨들을 위한 콘텐츠 몰인 킨들 스토어를 운영하고 있고, 애플은 아이패드 사용자를 위한 몰을 두고 있다. 우리나라에서는 교보문고, 인터파크 등이 콘텐츠 몰을 운영하고 있으며 『조선일보』도 신문 콘텐츠를 중심으로 판매하는 텍스토어라는 콘텐츠 몰을 운영하고 있다.

아이패드와 같은 태블릿 PC 시장도 활성화될 조짐을 보이고 있다. 2010년 미국의 컴퓨터업체인 휴렛패커드가 과거 PDA 제조업체로 명성을 날렸던 팜(Palm)을 인수한 것도 태블릿 PC 시장에 도전하기 위한 전략 중 하나이다. 삼성전자도 2010년 8월 태블릿 PC인 가칭 '갤럭시탭'을 내놓고 신문 10여 종, 잡지 30여 종, 책 7만여 권을 디지털 단말기로 서비스할 계획이다. LG전자, 팬택, NEC, 아수스 등 일본과 대만업체들도 태블릿 PC를 내놓을 계획이다.

잡지의 황금기는 다시 올 것인가

몰락 시대를 맞이한 잡지

2010년 5월, 한때 세계 잡지 시장을 호령했던 미국의 시사주간지 『뉴스 위크(News Week)』가 적자를 거듭한 끝에 매물로 나왔다. 『뉴스 위크』는 광고료 및 구독료 수입의 급감으로 2008년 1,540만 달러의 적자를 기록했고, 2009년에도 2,810만 달러의 손실을 냈다. 문제는 회생의 기미가 보이지 않는다는 점이었다. 『뉴스 위크』의 판매 수량은 2000년대 중반까지 매주 314만 부였으나 2009년 상반기에는 197만 부로 추락했다. 1961년 『뉴스 위크』를 인수한 『워싱턴 포스트』는 매각하기 싫지만 어쩔 수 없는 현실이라고 했다.

1933년 창간된 이래 『타임』과 함께 세계 시사주간지 시장을 주름잡았던 『뉴스 위크』는 잡지의 몰락을 대변하고 있다. 미국 전문가들은 "시사주간지는 오랫동안 모든 사람을 위한 모든 것을 다루려고 하는데, 요즘처럼 미디어가 분화되고 정치적으로 양극화된 환경에서는 그러한 시도가 적합하지 않다"고 주장했다.

미국의 대표적인 경제 잡지로 꼽혔던 『비즈니스 위크(Business week)』도 2009년 12월 온라인 경제 전문 통신사인 블룸버그에 매각됐다. 미국 대표 출판 그룹인 맥그로 힐(McGraw Hill)은 현금 500만 달러에다 3,000만 달러의 부채를 떠넘기는 조건으로 이 잡지의 매각을 단행했다. 전 세계 140개국에 470만 독자들을 확보하고 있는 잡지가, 그것도 지난 80년 동안 확고한 입지를 지켜왔던 전문지가 힘도 제대로 못 쓰고 넘어간 사실은 충격이 아닐 수 없다. 경제 뉴스 전문 단말기 시장을 통해 성장한 블룸버그 통신이 경제 전문 잡지인 『비즈니스 위크』를 완전히 눌러 버린 셈이다.

블룸버그는 1981년 마이클 블룸버그가 창립한 회사로 금융 자료와 분석 툴을 신속하게 제공하는 온라인 통신사이다. 맥그로 힐은 2009년 매출이 거의 40퍼센트 가까이 감소한 『비즈니스 위크』를 그 상태로 그냥 둘 수만은 없었다. 잡지 산업 전반 매출이 20.3퍼센트 감소한 것을 고려하면 위기의식을 느끼는 것은 어쩌면 당연했다. 그후 블룸버그는 직원 100명을 해고한 뒤 몇 가지 변화를 추진했다. 예를 들면 주식 시장에 직접적인 영향을 주지 못하는 기사는 낮은 평가를 받도록 하고, 잡지 이름도 『블룸버그 비즈니스 위크(Bloomberg Business Week)』로 바꿨다.

잡지의 몰락은 여기에서 그치지 않는다. 1990년대까지 미국의 3대 잡지로 꼽혔던 『US 뉴스 & 월드 리포트』는 2009년 늘어나는 발행 비용과 독자 수 감소로 간행 주기를 주간에서 월간으로 바꿨다. 또 정치 뉴스를 온라인으로 제공해 적자 폭을 축소해나가고 있다. 한때 미국 최대 발행 부수를 자랑했던 대중 잡지 『TV 가이드』는 2008년 단돈 1달러에 오픈게이트캐피털이라는 투자 회사로 넘어가는 굴욕을 당했다. 1922년 듀잇 월리스가 창간한 『리더스 다이제스트』는 1970년대까지만 해도 미국에서 1,700만 명의 구독자를 확보한 미국 최대 잡지로 성장했으나, 이후 구독자가 800만 명까지 줄어들고 22억 달러의 빚에 몰려 결국 파산 보호 신청을 냈다. 몰락 시대를 맞은 잡지들의 변신은 생존을 위해 절절하게 진행되고 있다.

우리나라도 사정은 크게 다르지 않다. 1990년대만 해도 10만 부선을 넘나들던 주요 시사주간지의 판매 부수가 절반 수준 이하로 떨어졌다. 당연히 수익성도 극도로 악화됐다. 2000년대 초반에 나온 『필름(Film) 2.0』과 『프리미에르(Premiere)』 같은 영화 잡지도 찾아보기 힘들게 됐다. 대표적인 영화 잡지인 『스크린(Screen)』과 『씨네(cine) 21』도 한창 때에 비하면 어렵기는 마찬가지다. 여성지도 판매 급감으로 고민을 하고 있으며, 한때 국내 랭크 1, 2위를 다투던 여성 잡지사가 매입 의사를 드러내는 경우까지 생기고 있다.

잡지가 어려움을 겪고 있는 이유는 다음과 같은 여러 가지 원인이 복합적으로 작용한 결과이다.

첫째는 인터넷의 등장이다. 과거에 잡지는 대부분 유료로 제공됐다. 그러나 최근에는 콘텐츠 대부분을 인터넷에 무료로 제공하자 돈을 주고 잡지를 사려는 분위기가 급격히 사라졌다.

둘째는 많은 기업들이 잡지를 마케팅 툴로 이용하면서 무료로 배포한 결과 무료 잡지가 범람하게 됐다. 이런 잡지가 얼마나 많은지는 커피숍에 가면 금방 확인해볼 수 있다. 전문성이 떨어지거나 꼭 필요하지 않은 잡지라면 언제든지 무료로 볼 수 있는 정도이다.

셋째는 신문의 잡지화이다. 속보에서 방송과 인터넷을 당해낼 수 없게 된 신문은 점점 콘텐츠를 잡지처럼 만들고 있다. 이른바 잡지 형태의 신문은 1980년대에는 거의 보기 힘들었으나, 최근에는 신문이 잡지 시장을 파고들고 있다. 그 결과 자본력과 배급 능력에서 밀리는 잡지는 약세를 보이지 않을 수 없게 되었다.

생존을 위한 몸부림

앞에서 살펴본 몰락 상황에 맞선 잡지의 생존 전략도 처절하다. 『리더스 다이제스트』의 사례를 보자. 『리더스 다이제스트』는 내용이 가볍다. 그런데 이런 가벼운 책의 대체재로 인터넷, 전자게임 등과 같은 것들이 무궁무진하게 생겼다. 결국 2009년 8월 적자가 늘면서 사실상 법정 관리 상태에 빠졌으나, 한 사모펀드가 인수하기로 하면서 위기를 간신히 넘겼다. 이후 『리더스 다이제스트』는 대변신을 시도했다. 심심풀이용 잡지가 아니라는 인식을 강화하고자 시사뉴스를 강화했다. 또한 모바일과 웹, 종이를 아우르는 멀티플랫폼 전략을 구사함으로써 모바일과 웹을 통해서도 매출을 올리겠다는 전술을 공격적으로 펼쳤다. 그리고 고위직 200명 가운데 4분의 1을 해고했다. 이런 경영 방침은 잡지 시장이 갖고 있는 비경쟁적인 분위기, 목가적이며 낭만적인 분위기가 사라지고 기업의 논리가 작용하고 있음을 의미한다.

218

기술을 보다 적극적으로 잡지 제작에 도입한 생존전략도 눈에 띈다. 대표적인 성인 잡지인『플레이보이』는 2010년 6월호 판매 시 3D 카메라로 찍은 화보와 3D 안경을 구독자에게 제공했다.『플레이보이』에 게재된 모델 사진이 컴퓨터 모니터로 보는 것보다 훨씬 더 실감이 날 것이라는 기대감을 반영한 것이다.『플레이보이』발행인인 휴 헤프너는 "사람들이 3D로 가장 보고 싶어 하는 것이 무엇이겠는가"라며 3D로 된 화보 제작 이유를 설명했다. 이는 2006년 315만 부에 달했던『플레이보이』판매 부수가 최근 150만 부까지 줄어든 어려운 상황을 이겨내려는 시도였다. 3D 기술을 잡지에 도입한 것은『플레이보이』만이 아니다. 남성 패션 잡지『에스콰이어(Esquire)』도 2010년 3월호에 20쪽이 넘는 3D

『플레이보이』는 2010년 6월호에 3D 카메라로 찍은 모델 화보와 3D 안경을 독자에게 제공했다.

화보를 실었다.

　최근 잡지사들은 2010년에 나온 아이패드로 대변되는 태블릿 PC를 적극적으로 사업에 수용하려 하고 있다. 미국의 대표적인 IT 잡지인 『와이어드(Wired)』는 2010년 상반기부터 본격적으로 아이패드 버전용이 나왔다. 애플의 아이패드용 디지털 잡지 『와이어드』 6월호는 4.99달러에 판매됐는데 출시 9일 만에 무려 7만 3,000건이 다운로드됐다. 종이로 만든 잡지는 8만 2,000부가 팔렸다.

　맥심 등도 아이패드 버전용 잡지를 내놓고 있다. 아이패드 등을 이용한 잡지 제공으로 애플과 함께 판매 수익을 나눌 수 있을 것이라고 생각했기 때문이다. 또한 책에 비해 화려한 그래픽이 중요한 잡지는 아이패드로 그 특성을 좀 더 잘 살릴 수 있기 때문이다.

　아이패드는 잡지뿐 아니라 신문에까지 영역을 넓혔다. 『월스트리트 저널』은 2010년 6월 아이패드용 신문을 월 17.29달러에 판매했는데 한 달도 채 되지 않은 기간에 1만 명이 넘는 가입자를 확보했다. 『유에스에이 투데이』는 2010년 6월 아이패드용 광고를 시도한 결과 인터넷 광고 단가에 비해 약 5배나 많은 광고료를 받을 수 있었다. 이는 산만하게 노출되는 웹 사이트 광고에 비해 훨씬 더 집중도가 높기 때문이다. 과거 콘텐츠를 공짜로 온라인상에 제공하면서 속수무책으로 콘텐츠 유통의 주도권을 빼앗겼던 일과 비교하면 크게 호전된 상황이다. 이밖에 아마존은 킨들 DX를 통해 『타임』, 『뉴스 위크』, 『뉴요커』 등 각종 잡지를 선보이고 있다.

그러나 이러한 잡지 시장의 몰락에도 선전하고 있는 잡지가 있다. 영국의 경제 전문 잡지인 『이코노미스트』가 그러하다. 『이코노미스트』는 '신문'임을 자처하면서 고급 독자를 대상으로 국제, 경제, 정치 등 각 분야에서 심층 분석적인 기사를 제공하며 성공 가도를 달리고 있다. 『이코노미스트』 독자 3명 중 2명은 연간 소득이 10만 달러를 넘는 등 구매력을 갖춘 고소득자가 많으므로 광고 단가가 높을 수밖에 없다. 최고 의사결정권자들이 보는 경제 잡지에 광고를 내고 싶지 않은 광고주들이 어디 있겠는가? 콘텐츠가 강력하고 세계적인 소비가 가능하다면 잡지도 생존 가능성이 있다는 사실을 이 잡지는 잘 보여준다.

7

영화·게임·음반 시장의
앞날은 어떻게 될까

음반 시장은 고통에서 벗어날 것인가

격전장 게임 산업

새로운 실험의 장 영화 산업

영화 · 게임 · 음악 산업은 콘텐츠 산업으로서 미디어와 밀접한 연관이 있다. 특히 창의성과 모험이 크게 작용하는 영역으로 흔히 대박과 쪽박이 갈리는 분야라고 한다.

영화 · 게임 · 음반 시장 역시 디지털화와 세계화에 영향을 크게 받는다. 영화의 경우 디지털 상영관 등이 늘어나면서 필름을 사용하는 일이 줄어들고 있다. 현재 전체 작업의 70~80퍼센트를 컴퓨터로 진행할 정도로 디지털화되어 있다. 3D 입체 영화를 비롯해 과거에는 사장되었던 기술을 활용한 영화들도 성행하고 있다.

게임 역시 인터넷의 세례를 받으면서 새롭게 변화하고 있다. 콘솔 게임의 온라인화가 2005년 이후 본격화되어 여러 사람들이 한꺼번에 게임을 즐길 수 있게 됐다. 2000년대 중 · 후반 닌텐도 DS와 닌텐도 Wii의 대두로, 하드웨어 성능보다는 게임 아이디어로 경쟁하는 상황이 되었다. 이에 따라 게임기 제작 회사들은 동작 인식 기술 등 다른 분야에서 활용하던 기술을 본격적으로 응용하기 시작했다.

음악 산업은 가장 큰 변화를 겪었다. 미디어 기술의 디지털화가 진행되면서 가장 급변한 산업이 바로 음악 산업이다. 음반 매출은 CD를 중심으로 유통되던 시장 규모의 5분의 1, 6분의 1 정도까지 추락했으며 과거 음반 회사를 중심으로 형성됐던 유통 시장도 인터넷 음악 파일 판매 사이트 중심으로 완전히 개편됐다.

음반 시장은 고통에서 벗어날 것인가

인터넷으로부터 직격탄을 맞은 음반 유통 사업

음악 산업, 특히 음반 유통 사업은 인터넷으로부터 직격탄을 맞았다. 신문, 방송, 잡지를 가리지 않고 모든 미디어가 '음반 산업'이 몰락한 전철을 밟지 말자고 다짐할 정도이다.

음반업계에서는 다음과 같은 이야기가 가슴 아프게 회자되고 있다. 2006년 세계 4대 음반업체 중 하나인 EMI가 런던 본사로 10대 청소년 몇 명을 초청했다. 최고 경영진들과 그들이 '10대들의 음악 소비 행태'에 대해 토론하는 것이 목적이었다. 워크숍이 끝나고 난 뒤 EMI 최고 경영진들은 초청받은 청소년들에게 감사의 표시로 테이블 위에 놓인 CD를 원하는 만큼 가져 가라고 했다. 하지만 CD를 들고 간 사람은 아무도 없었다. 인터넷의 발달로 CD가 없어도 음악을 편하게 들을 수 있기 때문이다.

인터넷을 통한 음악 유통은 다음과 같은 이유로 음반 산업의 위기를 가져왔다.

첫째, 과거 CD로 음악을 유통했을 때는 듣고 싶은 노래가 한 곡만 있어도 다른 노래가 가득한 CD를 사야 했다. 소비자들이 원하지 않는 곡까지 끼워 팔면서 음반 회사들은 추가로 수입을 얻었다. 그러나 인터넷으로 꼭 필요한 곡만 구입해서 다운로드할 수 있게 되면서 수입이 줄어들 수밖에 없게 되었다.

둘째, 인터넷으로 음악을 다운로드하게 되면서 유통 판매 시스템이 굳이 필요하지 않게 되었다. 기존에 음악을 담았던 CD라는 물리적 매체를 유통하려면 유통 판매 시스템이 있어야 한다. 그러나 인터넷으로 음악을 사게 되면서 그런 유통 시스템이 필요 없게 되었다.

CD 판매의 급감은 우리나라도 해외와 같은 실정이다. 과거 김건모와 신승훈이 음반을 내면 100만 장 이상씩 팔린다는 이야기는 이제 전설이 되었다. 이제는 10만 장 정도만 팔려도 엄청난 성공으로 기록될 정도이다. 2008년 영국 『이코노미스트』는 2007년 음반 판매량이 2006년 대비 17퍼센트 줄었다고 닐슨 사운드 스캔의 자료를 인용해 보도했다.

음반 시장 축소는 전 세계에 공통적으로 나타나는 현상이다. 2007년 한 해를 보면 영국은 6퍼센트, 일본은 9퍼센트, 스페인은 12퍼센트, 호주는 21퍼센트 등 2006년에 비해 판매량이 전체적으로 감소했다.

음반업체들은 전속 계약을 맺는 아티스트가 점점 사라지면서 어려움을 더욱더 많이 겪고 있다. 예를 들면 2007년 팝스타 마돈나는 미국 최대의 미디어 그룹인 타임 워너를 떠나 콘서트 프로모션 전문업체인 '라이브 네이션(Live Nation)'과 계약했다. 마돈나는 워너 뮤직과 결별한 이유를 이렇게 설명했다. "라이브 콘서트에 참가해서 음악을 느끼는 기분은 다른 방식으로는 경험할 수 없다."

이후 라이브 네이션은 2010년 1월 미국에서 각종 흥행 관련 티켓을 판매하는 '티켓 마스터 엔터테인먼트(Ticket Master Entertainment)'를 인수했다. 합병 후 매출액이 56억 달러나 돼 대형 음반업체와 매출 규모가 비슷한 수준까지 성장했다. 이글스(Eagles) 역시 인터넷으로 레코드를 직판하고 있다.

위기를 맞은 음반업체의 이런 변화는 주가에도 그대로 반영되고 있다. 워너 뮤직(Warner Music)의 경우 2005년 상장을 했을 때는 주가가 25달러였으나 2007년에는 4달러까지 폭락했다. 심지어 2009년에는 1달러 선까지 떨어졌다. 비방디가 소유한 세계 1위 음반 기업인 유니버설 뮤직(Universal Music)도 어려움을 겪기는 마찬가지다. 한때 독일의 미디어 그룹인 베텔스만(Bertelsman)과 수익 배분을 50 대 50으로 하기로 하고 제휴했던 소니 BMG도 소니 뮤직엔터테인먼트로 바뀌었지만 여전히 고전을 면치 못하고 있다.

일본에서는 더욱 파격적인 일이 일어났다. 일본의 음반 산업을 대표하는 기업인 콜럼비아 뮤직 엔터테인먼트(Columbia Music Entertainment)가 소셜 네트워크 서비스 기업인 페이스로부터 31퍼센트에 해당하는 출자를 받고 그 자회사가 되었다.

콜럼비아 뮤직 엔터테인먼트는 상호가 '콜럼비아 레코드'였던 시절 일제 시대 한국 최초의 직업 가수로 알려진 채규엽을 비롯한 많은 가수들이 음반을 냈던 유명 음반 회사이다. 1910년 설립된 콜럼비아 레코드는 축음기를 사용하던 시절부터 레코드를 제조, 판매했으며, 일본의 국민가수라는 미소라 히바리를 배출한 곳으로도 유명하다.

반면 콜럼비아 뮤직 엔터테인먼트를 인수한 페이스는 주로 핸드폰 착신 멜로디와 전자 화폐 등의 사업을 하는 곳으로 창립된 지 18년밖에 되지 않은 회사이다. 페이스의 히라사와 사장은 일본의 경제 주간지 『닛케이 신문』의 인터뷰에서 이렇게 말했다. "사람들은 콜럼비아 레코드가 가진 과거 작품들을 생각하지만 우리는 그 회사가 지닌 신인 발굴 능력에 주목했다. 100만 장 이상 팔리는 음반이 없어진 대신 1만 장을 팔아도 부가가치를 낼 수 있는 음악과 가수를 발굴하겠다."

음반 산업은 지금까지 몇 차례에 걸쳐 큰 변화를 맞았다. 1887년에는 그라모폰의 발명으로 음반 산업이 펼쳐지고, 1948년에는 LP레코드의 발명으로 음반의 대량 생산, 대량 소비 시대가 열렸다. 영국의 비틀즈, 미국의 엘비스 프레슬리, 일본의 미소라 히바리 등이 모두 LP 시대를 대표하는 스타들이다.

1982년에는 소니가 네덜란드 기업인 필립스와 공동으로 CD를 개발해 상품화하는 데 성공했다. 1982년에는 마이클 잭슨이 '스릴러'라는 앨범을 발표하면서 CD 앨범의 폭발적인 판매에 기여했다. 마이클 잭슨은 CD 음반 시대의 총아였다.

CD 발매 후 약 20년 뒤에는 MP3로 대표되는 기기들이 등장하면서 음반 시장에 커다란 변화가 일어났다. 2001년 애플은 1,000곡을 녹음해서 들을 수 있는 아이팟을 내놓았고, 아이튠즈라는 플랫폼을 통해 음악을 판매하는 구조를 만들었다. 이 시기를 전후로 핸드폰의 컬러링이 대

애플의 터치형 MP3인 아이팟. 음악을 파일로 담아서 들을 수 있는 휴대용 기기 MP3의 등장은 음반 판매 부진을 더욱 부채질했다.

중화되었다. 음반 대신 무형의 파일로 음악이 유통되는 시대가 본격적으로 도래한 것이다.

인터넷을 통해 음악이 유통되는 시대에는 유통망을 장악하는 곳이 승자가 된다. 이제 음악은 애플의 플랫폼인 아이튠즈나 구글의 유튜브로 유통되는 것이 일상적인 일이 됐다.

CD 음반 판매의 부진은 다음과 같은 모습으로 음반 산업을 위협하고 있다.

첫째, 월마트와 같은 대형 소매점이 음반 판매를 위해 할당하는 매장 크기를 점점 줄여나가고 있다. 그 결과 CD 판매량은 더욱 줄어들고 있다. 미국에서는 2008년 소매점의 음반 판매 공간이 약 30퍼센트 가량 줄었다는 보고도 있다.

둘째, 음반 회사의 구조 조정을 가속화하고 있다. 한 예로 펀드 회사인 테라 퍼마(Terra Firma)에 매각된 EMI나 워너 뮤직은 대폭적인 비용 삭감 전략을 구사하고 있다. 그 결과 음반사가 소속 아티스트들을 위해 지출하는 각종 투자가 감소하고 있다. 특히 중간 관리자급 인원을 대규모 삭감함으로써 음반을 판매할 핵심 인력 공급에 공백이 발생하고 있다.

셋째, 펀드 회사나 모회사들이 음반 산업에 투자를 꺼리게 됨으로써 음악 산업 가운데 그나마 성장성이 있는 음악투어(공연)나 상품 판매 부문에 공격적으로 진입하는 것이 제대로 이뤄지지 않고 있다.

미래의 성장 분야라고 할 수 있는 디지털음원(Digital downloading) 산업이 음반 회사들이 기대했던 만큼 성장하고 있지 않은 것도 문제다. 이 때문에 음반 회사들은 애플의 아이튠즈와 같은 음악 판매 플랫폼과 제휴해서 매출을 애플과 공유하는 전략을 펼쳤으나 이 역시 만족스럽지 못한 상태다.

판매에서 광고로 비즈니스 모델이 바뀐 음반 시장

앞에서 살펴본 어려움 속에서 음반 회사들은 새로운 비즈니스 모델을 발굴하려 애쓰고 있다. 음악 산업을 광고에 의존하는 비즈니스로 바꿔 보려는 시도가 대표적인 예다. 예를 들면 이밈(Imeem) 같은 소셜 네트워크 사이트와 제휴한 후 해당 사이트에서 제공하는 광고를 보면 무료로 음악을 들을 수 있다.

가장 파격적인 전략은 핸드폰 회사인 노키아와 유니버설 뮤직이 2007년 12월 시도한 제휴이다. '음악과 함께'라는 이름의 이 제휴는 노키아에서 만든 핸드폰을 구매하는 소비자들에게 유니버설 뮤직이 제공하는 파일을 핸드폰이나 인터넷을 이용해 무료로 다운로드할 수 있도록 허용했다. 대신 유니버설 뮤직은 노키아가 판매한 핸드폰마다 일정액의 수익금을 받기로 했다. 다른 대형 음반사도 이와 유사한 전략을 진행할 예정이다.

이제 음악도 인터넷상에서 무료로 공급받는 것이 점점 일상화되고 있다. 이는 곧 음반 산업의 기반이 판매에서 광고로 바뀌고 있다는 것을 뜻한다. 이러한 변화가 이미 큰 어려움을 겪고 있는 음반 산업을 어떻게 바꿀지 주목된다.

2009년 미국의 유니버설 뮤직, 소니 뮤직, EMI는 베보(Vevo)라는 음악 전문 사이트를 공동으로 구축했다. 이들은 이 사이트를 통해 무료로 음악을 제공하는 대신 광고 수익을 올리려는 목표를 갖고 있다.

음반 회사를 통한 수입이 시원치 않자 아티스트들이 스스로 활로를 찾아가는 사례도 있다. 2007년 유명 가수인 프린스는 재미있는 실험을 했다. 그는 영국의 『데일리 메일』 일요판 판촉품으로 '플래닛 어스(Planet earth)'라는 CD를 제공했다. 그 결과 이날 『데일리 메일』의 판매 부수는 무려 280만을 기록했다. 프린스는 2007년 8월부터 시작한 순회 콘서트에서도 판매 티켓에 CD를 공짜로 끼워 주었다. 음반업계와 소매 업체들은 강력하게 반발했지만 순회 콘서트는 21회 모두 매진됐다. 2009년 3월에는 더욱 파격적으로 직접 제작한 음반을 대형 음반 회사를 통하지 않고 대형 소매점인 '타깃(Target)'과 손을 잡고 유통했다.

음악에 종사하는 사람들은 새로운 음악 유통 통로가 가져다준 변화를 주시하고 있다. 일본에서 활동하고 있는 20대 후반의 마츠기 아유무라는 뮤지션의 이야기는 귀 기울여볼 할 만하다. 마츠기는 2005년부터 자신이 원하는 음악을 하겠다고 고집하며 CD를 4장까지 냈지만 음악만으로는 도저히 생활을 할 수가 없었다. 아르바이트를 하며 음악 활동에 필요한 돈을 충당했지만 미래는 불안하기만 했다. 그러던 2009년 10월 트위터로 일상을 공개하는 한편 동영상 중계 사이트인 유스트림을 활용해 자신의 음악 세계를 보여주었다.

2010년 1월 마츠기는 자신의 곡 28개를 파일로 모아 인터넷을 통해 판매했다. 구입을 희망하는 사람들이 이메일을 보내오면 은행 계좌 번호로 입금을 한 후에 음악 파일을 다운로드할 수 있도록 했다. 그는 일본 언론과의 인터뷰에서 이렇게 말했다. "1,500엔짜리 CD를 팔아봐야 인세로 떨어지는 것은 고작 15엔뿐이었지만 이제는 2,000엔어치를 팔면 2,000엔이 그대로 수입으로 남습니다."

내친 김에 마츠기는 음악 제작을 위한 펀드까지 직접 마련했다. 펀드에 입금된 돈은 자신의 일반 계좌와 별도로 관리하고, 제작을 하고 남는 돈은 투자자들과 배분한다. 이렇듯 음악 세계에도 근본적인 변화가 몰아치고 있다.

격전장 게임 산업

게임업계의 수많은 명멸 속에서도 강자로 군림한 닌텐도

2007년 전 세계적으로 가장 주목을 받은 기업 가운데 하나는 바로 일본의 게임 회사 닌텐도(任天堂)이다. 이 해 닌텐도는 게임기의 트렌드를 바꾼 닌텐도 DS와 모션 센싱(motion sensing) 즉 몸의 동작을 인식해 이를 게임에 반영한 닌텐도 위(Wii)로 게임업계를 평정했다.

닌텐도의 3대 사장인 야마우치 히로시 상담역은 닌텐도 보유 주식 가격이 급등하면서 일본 최고의 부자 대열에 들어갔다. 닌텐도의 시가총액은 2007년 12월 7일 기준 9조 5,909억 엔으로 일본에서 3위에 올랐는데, 당시 삼성전자와 맞먹는 수준이었다. 1위인 도요타 자동차는 22조 8,873억 엔, 2위는 일본 최대 은행인 미츠비시 UFJ 파이낸셜 그룹으로 13조 448억 엔이었다.

연이은 게임기의 성공으로 닌텐도의 매출은 2004년 5,000억 엔 수준에서 1조 5,000억 엔까지 올랐다. 2008년은 영업이익이 약 3,000억 엔을 넘었다. 직원 1인당 매출은 2006년 도요타의 7,999만 엔에 비해 세 배 이상 높은 2억 8,655만 엔이었다. 1인당 생산성으로 보면 최고 금융 기업인 골드만 삭스보다 높은 수준이다.

콘솔 게임기 시장의 규모는 상상 외로 거대하다. IBIS캐피털이라는 투자 회사의 자료를 보면 2009년 게임 시장 규모는 약 770억 달러이고, 이 가운데 콘솔 게임 시장은 약 300억 달러를 차지하고 있는 것으로 파악된다. 또 게임기 시장 판매 점유율을 보면 콘솔 게임 부문은 닌텐도 Wii가 강세를 보이며 시장의 47퍼센트를 차지했고, 마이크로소프트의 XBOX 360이 35퍼센트, 소니의 플레이스테이션 3가 18퍼센트를 차지했다.

일본의 『닛케이 비즈니스』가 집계한 자료를 보면 2007년 9월까지 전 세계 게임기 시장에서 휴대용 게임기는 소니의 플레이스테이션 포터블

(PSP) 3,000만 대, 닌텐도 DS가 5,364만 대 팔렸다. 콘솔 게임기는 XBOX 360이 1,340만 대, 닌텐도 Wii가 1,317만 대, 플레이스테이션 3가 559만 대 판매되었다. 이 집계가 2007년 9월 기준이고 XBOX 360에 비해 닌텐도 Wii가 1년 가량 뒤에 나왔다는 것을 감안하면 닌텐도 Wii의 판매 속도가 얼마나 빠른지 가늠해 볼 수 있다.

미국, 유럽, 일본 등 선진국의 게임 산업은 콘솔 게임 중심으로 성장했다. 이 시장을 놓고 지난 40년간 미국과 일본, 유럽 기업들이 피나는 쟁탈전을 벌인 가운데 많은 게임기업체와 게임 개발업체들이 명멸했다. 게임기 개발을 철수한 세가(Sega)와 초기 게임기 시장에서 맹활약했던 아타리(Atari)가 대표적인 곳이다. 2000년대 콘솔업계는 닌텐도 DS와 닌텐도 Wii로 2000년대 후반을 평정한 닌텐도, 플레이스테이션을 만들어낸 소니, 그리고 XBOX 360를 출시한 마이크로소프트 진영으로 형성되어 있다.

게임 산업은 게임기 생산업체와 게임 개발업체가 주도하는데, 게임기 생산업체로는 닌텐도와 소니, 그리고 마이크로소프트가 유명하고, 게임 개발업체로는 세가가 유명하다. 이 외에도 많은 게임 개발업체들이 게임기업체와 제휴를 맺고 해당 게임기에 필요한 소프트웨어를 개발하여 공급하고 있으며, 게임기업체들이 직접 자사용 소프트웨어를 개발하는 경우도 있다.

시장을 주도하고 있는 7세대 게임기들

여느 미디어 기기와 마찬가지로 게임기도 세대를 나눠 변화해 왔다. 현재 게임 시장을 주도하는 콘솔 게임기는 7세대로 불린다. 7세대 게임기는 2005년 이후 출시된 제품으로 시장의 대부분을 닌텐도와 마이크로소프트, 그리고 소니가 점유하고 있다.

7세대 게임기를 처음으로 선보인 회사는 2005년 12월 XBOX 360을 출시한 마이크로소프트이다. 이어 2006년 11월에 소니가 플레이스테이션 3를 출시했고 같은 해 11월 19일에 닌텐도가 닌텐도 Wii를 선보였다.

7세대 게임기들은 각각 특징적인 기술을 구사했다. XBOX 360과 플레이스테이션 3는 고해상도의 HD급 화질을 구사했다. 2000년대 들어 콘솔 게임이 화려한 그래픽을 무기로 경쟁했다는 점을 감안하면 충분히 이해가 가는 부분이다. 나아가 플레이스테이션 3와 닌텐도 Wii는 모션 센싱 기술을 사용했고 플레이스테이션 3는 무선통신 기능도 추가했다.

이동형 게임기 7세대는 2004년 11월 21일 닌텐도 DS가 게임보이 어드밴스를 병행하면서 시작됐다. 닌텐도 DS 게임기는 와이파이(Wi-Fi) 기능을 장착했고, 2004년 12월에 등장한 플레이스테이션 포터블은 멀티미디어 기능을 대폭 강화했다.

7세대 게임기들이 벌인 전쟁에서 최고 강자는 바로 닌텐도였다. 닌텐도가 내놓은 7세대 게임기의 목표 고객층은 기존 게임기를 구매하지 않은 사람들이다. 기존 게임기들이 최첨단 그래픽으로 고도의 기술 경쟁을 하는 동안 닌텐도는 그때까지 게임을 적극적으로 하지 않았던 40대 이상 중장년층 남자와 여자들을 공략했다. 닌텐도 두뇌 게임이나 닌텐도 위핏(Wii-Fit)의 각종 스포츠 게임은 기존 게임의 틀을 완전히 탈피하여 성공한 모델들이다. 쉽고 단순한 게임을 만들겠다는 이러한 닌텐도의 전략은 게임 개발 비용을 큰 폭으로 감소시켰고 단기간에 개발 비용을 뽑을 수 있도록 해주었다.

닌텐도는 자사 개발 게임인 마리오와 젤다의 전설, 포케몬, 메트로이드 같은 게임을 닌텐도 Wii가 지원하도록 하는 동시에 모션 센싱 기술을 이용한 각종 게임을 제공했다. 이러한 기능은 닌텐도 Wii가 성공하는 가장 큰 비결이 됐다. 유비소프트(Ubisoft), EA 등과 같은 유력 게임업체들이 닌텐도 Wii 전용 게임을 계속 개발하고 있지만, 현재 큰 성공을 거둔 게임은 대부분 닌텐도가 자체적으로 개발한 것들이다.

마이크로소프트의 XBOX 360은 다른 7세대 게임기보다 1년 정도 먼

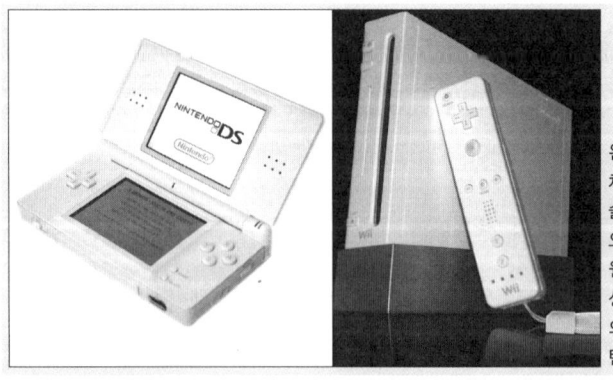

왼쪽은 2000년대 게임업체를 평정한 대표적인 콘솔 게임기 닌텐도 DS. 오른쪽은 많은 게임을 지원할 뿐 아니라 모션 센싱 기술을 사용한 닌텐도의 대표적인 게임기인 닌텐도 Wii

저 나온 덕분에 큰 인기를 끌었다. 이 콘솔 게임기는 특히 인터넷 기능을 추가한 XBOX Live 기능이 장점이며, 우수한 게임 개발 협력업체를 둠으로써 지속적으로 경쟁력을 확보했다. 미국과 유럽에서는 성공했지만 일본에서 큰 성과를 거두지 못한 것이 흠이다.

게임기의 세대별 특징

세대	주요 게임기	특징
1세대	마그나복스 오디세이, 퐁, 닌텐도 컬러TV 게임	내장형 롬(ROM) 중심 게임기
2세대	아타리 2600, 페어차일드 채널 F 세가 SG-1000	카트리지를 사용한 첫 게임기
3세대	닌텐도 패미콤, 세가 마스터 시스템	게임기 소형화 및 용량 증가
4세대	NEC PC 엔진, 슈퍼 패미컴, 필립스 CD-i 아타리 재규어	CD-i 등 새로운 매체 도입
5세대	NEC PC FX, 세가 사탄, 닌텐토 64 플레이스테이션	CD를 활용한 게임기 보급
6세대	세가 드림캐스트, 플레이스테이션 2, XBOX 닌텐도 게임큐브	DVD, 온라인 기능 추가
7세대	닌텐도 위, XBOX 360, 플레이스테이션 3	온라인 게임, 모션 센싱 기능 추가

소니의 플레이스테이션 3는 다른 게임기에 비해 월등한 기술을 사용했다. 블루 레이(Blue Ray)를 활용함으로써 XBOX 360가 제공하는 DVD 수준의 화질과는 차원이 다른 고화질 화면을 구현하고 있으며 모션 센

싱 기술도 일부 도입했다. 가장 뛰어난 성능을 갖추고 시장에서 가장 성공을 거두지 못한 것은 소니가 게임업계의 과거 성공 체계에 집착했기 때문으로 보인다.

1990년대 말 게임업체의 경쟁 요소는 그래픽 성능이었다. 당시는 화려고 정밀한 그래픽을 사용해야 게임 장사가 되는 분위기였다. 그러나 2000년대 들어 일반인들까지 게임을 즐기게 하는 트렌드로 변하면서 소니는 게임기 시장에서 밀리게 되었다.

닌텐도를 위협하는 애플의 게임 유통 플랫폼

콘솔 게임업계를 평정한 것으로 보였던 닌텐도에도 고민거리는 있다. 애플이 제공하는 각종 모바일 게임이 안방인 닌텐도 DS 시장을 위협하고 있기 때문이다.

2008년 9월 9일 애플의 스티브 잡스는 미국 캘리포니아에서 신형 애플 아이팟 터치를 발표하면서 '아이팟 터치야말로 최고의 모바일 게임 기기'라고 강조했다. 그리고 터치 스크린 등을 이용한 각종 모바일 게임을 소개했다. 애플은 자동차 경주, 축구, 기타 연주 등 본체를 기울이거나 흔드는 것만으로도 게임이 가능한 다양한 상품을 선보였다. 예를 들어 기타를 연주하는 것은 화면에 보이는 키보드로만도 즐기는 것이 가능해졌다.

애플은 최근 게임 사업에 본격적으로 뛰어들었다. 이미 애플용 게임 타이틀 800개를 확보했고, 앱스토어를 이용해서 계속 다른 게임을 선보이고 있다. 애플의 아이폰도 MP3인 아이폰 터치와 같은 기능을 가지고 있으므로 게임기업체들의 기대감이 커지고 있다.

게임 타이틀 개발업체들에게는 애플의 애플리케이션 유통 플랫폼을 이용하는 것이 비용 면에서 훨씬 유리하다. 온라인 유통을 하는 관계로 재고에 대한 부담이 없기 때문이다.

기존의 게임 유통업체들을 거칠 경우 재고를 늘 생각하지 않을 수 없다. DVD로 제작한 게임 타이틀을 소매업체에 전시할 수 있는 기간이 공간의 한계로 2~3주밖에 되지 않기 때문이다. 크게 히트한 게임이 아니라면 재고가 되기 마련이다.

애플은 잘 알려져 있듯 판매가의 30퍼센트를 수수료로 받고 나머지는 소프트웨어 제공업체에게 돌려준다. 이 수수료는 게임기 판매업체에 내야 하는 라이센스 비용과 도매점과 소매점에 지불 해야하는 돈을 계산하면 결코 비싼 편이 아니므로 게임 개발업체들은 애플의 유통 플랫폼을 애용할 수밖에 없다.

이러한 이유로 소니, 마이크로소프트, 닌텐도 3자 구도로 형성된 게임 시장은 위축되고 있다. 반면 새롭게 유통 채널을 장악한 애플과 구글 그리고 뛰어난 아이디어로 수준 높은 게임을 개발하는 업체들이 게임 시장을 파고들 여지가 점점 확대되고 있다.

새로운 실험의 장 영화 산업

비즈니스로서 영화 제작 과정

영화는 19세기 중반부터 제작되기 시작한 이후 매스 미디어 산업 가운데 독특한 위치를 차지하고 있다. 콘텐츠 한 편을 제작하는 데 들어가는 비용도 다른 어떤 미디어보다 많다. 할리우드 대작의 경우 한 편당 1억 달러가 투자되는 사례도 종종 있다. 요즘은 영화 제작에 들어가는 큰 위험 부담을 줄이기 위해 펀드 등 각종 금융기법을 다양하게 동원하고 있다.

영화는 매스 미디어 가운데 예술과 가장 가까이 끈이 닿아 있는 분야이다. 많은 독립영화 제작자들이 이윤 추구 때문만이 아니라 자신들의 심미적인 욕구를 충족하고자 영화를 만든다.

영화 산업은 이러한 심미적 특성 때문에 국가별로 독특한 문화를 형성하고 있다. 여기에서는 전 세계 영화 산업을 지배하고 있는 미국 영화를 중심으로 분석해보고자 한다.

영화는 예술의 한 분야이지만, 영화 산업은 돈을 벌기 위한 비즈니스로 '영화 제작 → 배급 → 유통' 이라는 단계로 진행된다. 제작은 주요 스튜디오 중심으로 진행되는데, 할리우드의 메이저 스튜디오는 시나리오 개발, 캐스팅, 미술, 분장 등 사실상 영화 제작에 필요한 모든 것을 다루고 있다.

현재 전 세계를 지배하고 있는 영화사는 여섯 개다. 그 선두주자는 주로 성인 영화를 만드는 터치 스톤(Touch Stone)과 가족 영화를 제작하는 부에나비스타(Buena Vista)를 산하에 두고 있는 디즈니다. 둘째는 타임 워너(Time Warner) 그룹의 자회사인 워너 브라더스(Warner Brothers)이며, 셋째는 MTV를 자회사로 두고 있는 바이아컴 소속의 파라마운트(Paramount)이다. 나머지 세 개는 일본의 소니가 2004년에 인수한 MGM(Sony MGM), 프랑스 미디어 기업인 비방디가 인수한 NBC유니버설, 그리고 루퍼트 머독이 소유한 20세기 폭스이다.

영화 제작 과정은 아이디어 발굴에서 시작되며, 프리프로덕션(preproduction), 프로덕션(production), 포스트 프로덕션(post production)의 3단계로 이뤄진다. 소설, 연극 등을 바탕으로 한두 문장의 짧은 글로 아이디어를 구성한 후 개요 정리, 원고 초벌 작업, 원고 수정, 원고 재교정 등과 같은 단계를 거친다.

그동안 제작자는 연기자를 물색한다. 연기자들은 정해진 금액을 출연료로 받는데, 미국 역시 우리나라와 마찬가지로 연기자들의 출연료가 높아서 제작비 압박 요인이 되고 있다. 짐 캐리는 영화 한 편당 약 2,000만 달러를 출연료로 받는다고 알려져 있다. 영화사는 무명 배우에게도 연기자조합에서 정한 최소 출연료를 꼭 지불해야 한다.

제작자는 재무 부분도 관리해야 한다. 특히 영화 제작 전에 투자 재원을 안정적으로 확보해야 한다. 투자 재원은 배급사에 영화 독점 배급권을 주는 대가로 마련하는 경우가 많다. 최근에는 100퍼센트 투자 이익을 볼 목적으로 영화에 투자하는 회사들도 있다. 제작자들은 영화를 만든 뒤 청산하는 '특수 목적 회사'를 세우기도 한다.

영화 감독을 비롯한 제작진과 배우진이 구성되면 본격적인 영화 촬영이 시작된다. 영화 촬영은 막대한 경비가 들어가므로 일정 관리가 중요하다. 미국의 경우 하루에 적어도 40만~50만 달러가 영화 제작 비용으로 들어가는 것으로 알려져 있다.

촬영을 마치면 영화 감독과 편집자들은 필요한 필름만 골라서 영화로 엮어낸다. 최종적으로 사운드 트랙과 특수 효과를 덧붙이면 영화 제작이 끝난다.

디지털 영화 환경과 3D 영화의 확산

영화가 제작되면 배급사가 본격적으로 유통 과정에 참여한다. 영화 배급사는 세계 각국의 스크린을 확보한 뒤 영화 필름을 수송하는 동시에 마케팅과 홍보도 담당한다. 전 세계 수많은 극장을 상대해야 하므로 규모가 작은 배급사들보다는 이미 세계적인 네트워크를 구축하고 있는 대형 스튜디오가 배급사로서 더 많이 활약하고 있다. 극장주들은 이들 배급사들이 계속해서 극장에 영화를 공급하고 있기 때문에 결코 무시 못한다.

1990년대 후반에는 전 세계가 극장에 집중적으로 투자했는데 이런 흐름에 편승하여 등장한 것이 멀티플렉스이다. 멀티플렉스는 극장, 식당, 쇼핑 시설 따위를 합쳐 놓은 복합 건물로서 12~18개 스크린으로 구성된 복합영화관을 갖고 있는 경우가 많다. 미국은 2000년 영화관 수가 3만 7,400개였으나 이후 여러 영화관들이 파산하여 2007년에는 3만 7,000개로 줄었다.

현재 영화계에서 가장 많이 이야기되고 있는 이슈는 세 가지 정도이다.

첫 번째는 영화의 디지털화이다. 영화의 디지털화는 제작 과정, 배급, 그리고 보안 등을 주제로 살펴볼 수 있다. 아직까지 여전히 많은 회사가 필름으로 영화를 찍고 있지만 디지털 카메라로 찍는 경우가 점차 늘고 있다. 〈배트맨 리턴스(Batman returns)〉나 〈마이애미 바이스(Miami vice)〉 같은 영화가 그러하다. 또 〈300〉은 대부분 영상을 컴퓨터 그래픽으로 구현했다. 이 영화에 출연한 배우들은 예외적인 경우만 제외하고 대부분 장면을 블루 스크린 앞에서 찍었다고 한다. 영화 전문가들은 최근 대부분 영화들이 전체 장면의 20~30퍼센트만 순수하게 카메라로 찍은 그대로이고 나머지는 어떤 형태로든 컴퓨터 작업을 수반한다고 한다.

필름 영화 한 편을 복사하는 데 들어가는 비용은 수백만 원대라고 한다. 수백 개 영화관에 필름을 복제해서 보내려면 그 비용도 만만치 않게 많이 들어간다.

그러나 광통신망을 이용하든, 인터넷이나 위성으로 보내든 디지털을 이용하면 비용도 훨씬 적게 들고 화질의 열화 현상도 줄어든다. 이러한 장점에도 디지털 배급이 활성화되지 않는 이유는 디지털 상영 시스템을 갖추는 데 들어가는 비용이 막대하기 때문이다. 현재 많은 영화관들이 필름 영화를 상영하고 있는데 이미 투자한 시설비를 회수해야 디지털 전환에 박차를 가할 수 있기 때문이기도 하다.

미국에서는 디지털 상영 시스템을 갖추는 데 한 스크린당 약 1억 5,000만 원 정도를 투자해야 한다고 한다. 미국은 2007년 약 3만 7,000개 스크린 가운데 2,200개 정도가 디지털 상영 시스템으로 되어 있다.

디지털 영화의 배급은 복제 문제와 직결된다. 영화의 디지털 파일은 복제되면 순식간에 전 세계로 퍼질 수 있으므로 불법 복제를 차단하는

2009년 우리나라에서 가장 흥행을 하고도 불법 파일 유출로 수백억 원의 피해를 입은 영화 〈해운대〉

246

강력한 시스템과 방법이 필요하다. 2009년 우리나라에서 가장 흥행했던 영화 〈해운대〉는 불법적으로 파일이 유출되는 바람에 수백억 원대의 피해를 입었다고 한다.

영화업계를 뜨겁게 달구고 있는 또 다른 이슈는 3D 영화의 보급이다. 우수한 화질과 현장감을 제공해야 하는 특성상 3D 영화는 앞으로 계속 확산될 것이다. 3차원 공간에서 살면서 2차원으로 된 영화를 보는 것은 부자연스러운 면이 없지 않으므로 3D 영화에 대한 도전은 계속 될 수밖에 없다. 제임스 카메론 감독이 〈아바타〉를 통해 3D 입체 영화의 가능성을 보여준 이후 3D 영화는 이제 막을 수 없는 흐름이 되었다.

3D 입체 영화의 가능성을 보여준 영화 〈아바타〉

이제 많은 영화들이 3D로 재탄생하거나 아예 처음부터 3D로 제작될 것이다. 과거 많은 흑백 영화를 컬러 영화로 부활시켰던 것처럼 말이다.

이러한 흐름에 따라 2D 영화를 3D 영화로 변환하는 비즈니스, 3D 촬영 장비 개발업체 등이 주목받을 가능성이 크다. 3D 기술 외에도 냄새나 진동을 영화에 접목하려는 시도도 계속 나타날 것이다.

이러한 제작 환경을 뒷받침하려면 무엇보다 중요한 문제가 자금 조달이다. 〈아바타〉는 5억 달러, 〈해리포터〉는 한 편당 2억 5,000만 달러, 〈타이탄〉은 2억 달러가 제작 비용으로 들어갔다.

막대한 영화 제작비를 마련하는 방법은 보통 아래 네 가지가 사용된다.

첫째, 배급권을 약속하는 대가로 대형 영화 스튜디오로부터 제작비를 빌린다. 영화 스튜디오가 제작 시설을 갖고 있으면 빌려서 사용하기도 한다.

둘째, 대형 스튜디오로부터 정해진 가격에 영화를 사겠다는 약정을 받은 후 이것을 근거로 금융권으로부터 대출을 받는다.

셋째, 자신이 투자한 만큼만 위험을 부담하는 투자조합을 만들어 자금을 마련한다. 수익은 조합이 청산된 후 배분한다.

넷째, 합작 투자(조인트 벤처)를 한다. 영화 제작에 참가하는 회사나 개인이 자본금뿐 아니라 필요한 물품도 투자한다. 영화 〈타이타닉〉이 합작 투자로 만들어진 대표적인 영화이다.

우리나라에도 이미 영화 제작부터 상영까지 모든 과정을 통합해서 관리하는 기업이 생겨났다. 대표적인 곳은 영화를 제작, 유통하는 CJ엔터테인먼트와 멀티플렉스 상영관인 CGV들 두고 있는 CJ 그룹이다. CJ 그룹은 영화 사업의 일관성을 유지하며 시너지 효과를 거두기 위해 주로 콘텐츠에 투자하는 CJ창업투자(투자 및 펀딩) 회사, 영화의 2차 배급 창구인 케이블 TV 영화 채널인 CGV 등을 가지고 있다. 이러한 사업 구도는 CJ 그룹이 영화 부문에 강력한 경쟁력을 갖췄다는 사실을 보여준다. 롯데 그룹도 CJ 그룹에 버금가는 구도를 마련했는데, 롯데 엔터테인먼트가 제작과 배급을 담당하고 롯데 시네마가 멀티플렉스 극장 체인으로서 배급에 주력하고 있다.

8

광고 없이
미디어 없다

격변하는 광고 시장

그냥은 따라오지 않는 광고

소비자들의 눈과 귀를 잡아라

글로벌 광고 산업

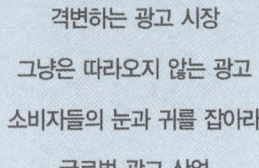

  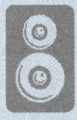 

19세기 말 미국 백화점업계의 제왕으로 불렸던 존 워너메이커는 광고를 통해 사업을 확장한 인물로도 유명하다. 미국에서는 그를 현대 광고의 효시라고 부른다. 다음은 그가 광고 효과에 대해 한 재미있는 말이다.

"내가 광고에 쓴 돈은 절반이 낭비다. 문제는 그 절반의 돈이 어디로 갔는지 모른다는 것이다."

만약 워너메이커가 오늘날 환생한다면 이렇게 말할지 모른다. "광고 예산이 10분의 1도 제대로 사용되지 않고 있다."

그럼에도 광고는 여전히 미디어를 돌아가게 하는 힘이 되고 있다. 단적인 예로 지상파 TV는 거의 모든 수입을 광고로 얻는다. 자유로운 정보 공간이라는 인터넷 역시 광고 없이는 존립하기가 힘들다. 세계 최대의 검색 기업인 구글은 사실 세계 최대의 인터넷 광고 기업이다. 우리나라를 대표하는 인터넷 포털 사이트 회사 네이버도 대부분 수입을 광고로 확보하고 있다. 심지어 우리나라의 신문은 전체 매출의 80퍼센트를 광고에 의존하고 있다.

간단하게 광고는 다음과 같이 정의할 수 있다. '광고주들이 계약을 토대로 미디어 공간이나 시간대를 사서 원하는 광고 메시지를 내보내는 것'. 즉 광고주들이 자신들이 원하는 제품이나 서비스에 소비자들의 우호적인 반응을 이끌어냄으로써 더 많은 매출을 만들어내려 하는 것이다.

광고 회사에서는 광고 지면이나 공간, 그리고 시간대를 사는 행위를 미디어 플래닝(media planning)이라 하고, 광고 제작 업무 영역은 크리에이티브(creative)라고 한다. 이 둘 중 어떻게 광고해야 최대 효과를 얻을 수 있는지 고려해서 매체를 선택하고 광고 예산을 확보하는 미디어 플래닝 영역이 미디어와 같은 관련이 있다.

격변하는 광고 시장

미디어 시장의 거울인 광고 시장도 미디어 시장과 마찬가지로 격변기를 맞고 있다. 1997년과 2009년 우리나라 광고 시장에서 주요 미디어에 나타난 변화를 살펴보자.

1997년 우리나라 전체 광고 시장의 왕좌는 신문이 차지했다. 광고 수익을 놓고 볼 때 신문이 국내 광고 수입의 39.5퍼센트를 차지해 지상파 TV(28.8퍼센트)를 압도했다. 라디오는 4.3퍼센트, 잡지는 4퍼센트, 케이블 TV는 2.4퍼센트, 인터넷은 0.7퍼센트였다.

그로부터 약 12년 뒤인 2009년에는 이 비율이 큰 폭으로 바뀌었다. 우선 신문은 광고 비중이 20.7퍼센트로 떨어졌다. 절반 가까이 하락한 셈이다. 지상파 방송은 2002년을 전후로 37.7퍼센트까지 늘어나는 파격적인 성장세를 보이다가 신문보다 더 급속하게 줄어들기 시작해 2009년에는 23.3퍼센트까지 감소했다. 라디오는 3.1퍼센트, 잡지는 6퍼센트로 줄어들었다. 반면 케이블 TV는 10.7퍼센트로 늘어났고, 인터넷은 광고 수입이 없다시피 하던 상황에서 17.1퍼센트나 성장했다.

이런 현상은 국가별로 약간씩 차이가 있을 뿐 공통되게 나타나고 있다. 예를 들면 미국의 경우 전체 광고 수입 가운데 신문은 1997년과 2009년 사이에 22.2퍼센트에서 12.4퍼센트로 줄었고 지상파 방송은 19.7퍼센트에서 15.6퍼센트로 감소했다. 반면 케이블 TV는 4.1퍼센트에서 9.6퍼센트로, 인터넷은 0퍼센트에서 8.4퍼센트로 늘었다.

이런 변화의 근본 원인을 이해할 수 있도록 광고 시장의 구조를 알아보자. 광고 회사는 광고주가 의뢰를 해오면 어느 미디어에 어떤 방법으로 광고를 하는 것이 최적인지를 제안한다. 중요한 정보가 많이 담긴 내용을 한 번에 전달하려고 할 때는 인쇄 매체를 주로 선택하고, 상품의 이미지를 강조하거나 소비자의 감성에 호소하려고 할 때는 영상 매체를 이용하는 경향이 강하다. 그리고 짧은 시간, 예를 들면 TV의 경우 15초 동안 메시지를 강력하게 전달하기 위해 최대한 노력하며 가장 창의적이고 효율적인 전달법을 사용한다.

이렇게 광고 준비가 끝나면 광고주는 대행사를 통해 광고를 집행한다. 이때 광고를 위해 공간을 제공해주거나 시간을 할애한 매체는 그 대가로 돈을 받는데 이것은 미디어의 주요한 수입원이 된다.

미디어를 보유한 회사는 이렇게 들어온 수입 일부를 광고 대행사에 수수료로 지불한다. 대행사가 받는 수수료는 광고를 게재한 미디어의 협상력 등 다양한 요인에 따라 좌우되지만 일상적으로는 업계에 정해진 효율을 그대로 적용한다. 우리나라에서는 신문은 15퍼센트 정도를, TV는 14~15퍼센트를 지불하는 것이 관행이다. 이런 수수료 지불 관행은 국가별로 약간씩 차이가 있다.

인터넷 광고 수수료 지불 구조는 조금 더 복잡하다. 배너 광고는 다른 매체에서 진행하는 광고와 지불 구조가 비슷하다. 광고를 특정 사이트에 노출하면 광고주들은 그 특정 사이트를 운영하는 매체에 대행사를 통해 대금을 지불한다.

인터넷은 상대적으로 광고 효과 측정이 다른 매체보다 쉽지만 손이 많이 가고 정보를 가공하기 위한 시스템을 갖춰야 하는 관계로 광고 판매 대행사인 미디어렙(media rep)이 중간에 개입하기도 한다. 미디어렙은 광고가 게재된 인터넷 페이지를 몇 명이 보았는지를 계산하여 광고료를 산출하는 방식 등으로 광고 집행 과정에 개입한다. 또 효율적으로 인터넷 상에 광고할 수 있는 방안을 광고 대행사나 광고주에게 제시한다.

인터넷 광고는 광고주, 광고 대행사, 미디어렙, 광고 매체가 모두 개입하여 집행한다. 통상 광고 예산 100퍼센트 가운데 대행사에 20퍼센트, 미디어렙에 20퍼센트 정도를 배분한 후 남은 60퍼센트 정도가 광고 매체가 거두는 실질적인 수입이 된다. 우리나라에는 KT의 자회사인 나스미디어 등 미디어렙 수십 개가 영업을 하고 있다.

광고 영역 가운데 가장 파격적인 성장세를 보이고 있는 인터넷 검색 광고는 기존 매체와 확연히 다른 방식으로 이루어지고 있다. 검색 광고를 이용하는 기업은 자신의 회사는 물론 꽃집, 성형수술과 같은 특정 단어가 한 번 클릭될 때마다 얼마를 지불하겠다는 식으로 단어를 매입한다. 그러면 검색 광고 회사는 이미 제휴를 맺어둔 인터넷 사이트에서 특정 단어로 검색이 이뤄질 경우 해당 검색 결과로 나타난 웹 페이지 옆이나 아래쪽에 한두 줄로 된 검색 광고를 노출해준다. 이렇게 노출한 광고를 인터넷 이용자들이 클릭하면 클릭당 정해진 가격을 곱하여 광고료를 산정한다. 인터넷 검색 광고 회사는 광고주에게 받은 광고료의 일부를 광고를 노출해준 특정 사이트에 지불한다.

현재 검색 광고는 광고 분야에서 가장 빠르게 성장하고 있는 영역으로 2009년 전체 광고 수입의 11.4퍼센트에 해당하는 매출을 올렸다. 또

거의 모든 광고가 위축되고 있는 상황에서도 유일하게 성장하고 있다.

그냥은 따라오지 않는 광고

적은 비용으로 최대 효과를 거둬야 한다

미디어나 광고 분야에 처음으로 진입하는 사람들은 매체가 생기면 당연히 광고가 따라 붙을 것이라고 생각한다. 그러나 그 생각은 엄청난 착각이다. 광고주에게도 예산상의 한계가 있기 때문에 광고를 따내려면 효과가 입증된 다른 미디어와 경쟁해서 이겨야 한다.

2008년 필자가 아는 한 사업자는 일본 야구구단인 요미우리 자이언츠가 경기할 때 도쿄돔에 애드벌룬을 띄우는 광고 사업을 추진했다. 그는 요미우리 자이언츠는 일본에서 인기가 높은 구단이므로 일본에서 사업을 하고 싶은 우리나라 광고주들에게 자신의 아이디어가 매력적으로 보일 것이라고 생각했다. 그래서 일정액을 요미우리 자이언츠 구단에 지불하고 7회 말이 끝나면 애드벌룬 광고를 하기로 계약했다.

그러나 우리나라 어느 기업도 그가 제시한 광고를 이용하지 않았다. 광고 효과가 전혀 검증되지 않았기 때문이다. 요미우리 자이언츠가 경기하는 7회말 광고를 누가 집중적으로 보는지도 분석하지 않았을 뿐 아니라 그 광고가 TV, 인터넷 등 다른 매체보다 더 효과가 있는지 여부도

가려지지 않았기 때문이다.

사실 가장 창의적인 사업 분야라고 할 수 있는 광고 산업은 가장 보수적인 비즈니스이기도 하다. 창의적인 부분은 광고 제작 과정에 국한될 뿐이고, 광고 매체를 고를 때 적은 비용으로 최대 효과를 거둘 수 있는 검증된 미디어야 한다는 점을 항상 감안해야 하므로 보수적일 수밖에 없다.

거의 모든 국가의 광고 수입 총액은 국내총생산(GDP)의 1~2퍼센트 전후로 수렴된다. 우리나라 광고 수입의 총액 규모는 1998년에는 0.72퍼센트였다가 2000년에는 1.01퍼센트를 기록했고, 이후 0.8퍼센트선에 머물다가 2009년에 0.74퍼센트로 떨어졌다. 선진국은 발표 자료에 따라 다소 차이가 있으나 광고 수입 총액 규모가 GDP 대비 1퍼센트 전후에서 형성되고 있다. 광고연감 자료에 따르면 우리나라의 광고 총액은 2008년 기준 7조 7,971억 원으로 GDP 대비 0.7퍼센트선이었다. 미국은 352조 4,094억 원으로 GDP 대비 2.0퍼센트, 일본은 83조 6,575억 원으로 1.5퍼센트, 영국은 59조 927억 원으로 1.8퍼센트선이다.

우리나라 광고 시장이 규모가 가장 작은 이유는 국내 산업 속성상 수출이 많은데다 소비재 산업보다는 부품 산업이나 중화학, 전자 등 광고의 필요성이 덜 느껴지는 산업 비중이 높기 때문이다. 내수 시장이 큰 곳은 광고 예산이 클 수밖에 없는데, 우리나라는 선진국에 비해 내수 규모가 작은 편이다. 더욱이 수출을 많이 하는 산업 구조다 보니 해외를 상대로 하는 광고가 훨씬 빨리 성장하고 있다.

제한된 광고 예산을 놓고 새로운 미디어가 지속적으로 생기면서 광고 경쟁 역시 더욱 치열해지고 있다. 예를 들면 1990년 이전에는 『조선일보』, 『중앙일보』, 『동아일보』, 『한국일보』와 같은 주요 일간지, 그리고 KBS, MBC 등과 같은 지상파 TV에 광고하면 그 효과가 순식간에 온 국민들에게 전파됐다. 그러나 다양한 미디어가 범람하는 오늘날은 특정 매체가 지닌 영향력과 특정 매체에 대한 소비자들의 관심도가 떨어졌기 때문에 웬만큼 광고해서는 효과를 보기가 어려워졌다. 미국의 성인 80퍼센트에게 메시지를 전달하려고 할 경우 1965년에는 60초짜리 TV 광고 3개면 충분했는데 2002년에는 117개가 필요하다고 세계적인 소비재 기업인 피앤지(P & G)의 짐 스텐겔 마케팅 담당 임원은 주장했다.

측정 없이는 광고도 없다

광고의 효율성이 떨어지자 광고주들은 제한된 예산으로 최대 효과를 얻는 광고 방법을 찾고 있다. 그 결과 "측정 없이는 광고도 없다"라는 이야기가 광고업계에 화두가 되고 있다.

광고업계에서 두루 사용하고 있는 측정지표는 CPM(Cost Per Mille)으로, 동일한 광고가 1,000명에게 노출될 때 들어가는 비용을 수치화한 것이다. 예를 들어 100만 원을 『뉴욕 타임스』 광고비로 사용했는데 그 광고가 100만 명에게 노출됐다고 가정해보자. 이 경우 CPM은 1,000원이 된다. 한국투자증권이 2009년에 발표한 자료에 따르면 네이버 초기 화면에 광고가 30초 노출되는 경우는 CPM가 4,102원, KBS 주말 드라마는 7,106원, 『조선일보』 1면 4단은 17,097원이었다.

CPM는 측정에 대한 비판이 적지 않다. 광고를 본 사람이 해당 상품이나 서비스를 이용할지 여부가 불확실하기 때문이다. 가령 대학생 1,000명에게 고급 외제 승용차를 열심히 광고해도 단기적으로는 효과를 기대하기가 힘들다. 그러나 단 두 명이라도 재력가에게 광고를 노출하면 매출로 연결될 가능성이 훨씬 높다. 이 경우 광고주들은 자산가 두 명을 대상으로 하는 광고를 훨씬 더 많이 집행할 것이다. 이처럼 CPM은 특정 대상을 목표로 하는 광고 효과 측정에는 부적합하다.

또한 CPM은 측정의 정확성이 떨어진다는 지적이 있다. 인터넷에 비하면 방송이, 방송에 비하면 신문이 그러하다. 신문의 CPM을 측정하려면 신문의 열독률(특정 기간, 예컨대 오늘 아침 읽은 신문이 무엇인가를 묻는다)과 구독률(지금 구독하는 신문이 무엇인가를 묻는다)을 조사해야 하는데 이에 관한 자료가 그다지 정확하지 않다. 우리나라에서는 구독률 산정에 기초가 되는 발행 부수 공시 제도(ABC : Audit Bureau of Circulation)가 완전하게 뿌리내리지 못했기 때문에 더욱 정확성이 떨어진다. 설령 조사를 한다고 하더라도 무슨 지면을 읽었는지, 그 지면에 실린 광고를 읽었는지 파악하는 것은 신문이 특히 어렵다. 이 때문에 광고주들은 신문 광고 후에는 문의전화가 몇 통이나 걸려왔는지를 세는 방식으로 효과를 검증하기도 한다. 또 일정 수의 집단을 상대로 설문조사를 하기도 하지만 광고 효과를 정확하게 측정하는 것은 역시나 쉽지 않다.

방송은 광고 효과 측정 결과가 신문보다는 정확하다. 시청률 조사 회사는 대표성을 띠는 패널을 구성한 뒤 패널로 선정된 가정의 TV 수상기에 피플 미터(people meter)를 장치한다. 그리고 피플 미터를 활용해서 가족 구성원 가운데 누가 어느 시간대에 무슨 프로그램을 시청했는지 파악한다. 이 장치는 1초 단위 광고도 효과를 측정할 수 있으며 개개 프로그램과 관련된 광고 시청률도 조사할 수 있다. 전 세계적으로는 AGB 닐슨 미디어 리서치와 테일러 넬슨 소프레스라는 두 회사가 시청률 측정에 권위가 있다.

그날그날 발표되는 시청률은 '시청률 전쟁'이라는 얘기가 나올 정도로 프로그램 제작자들을 압박하곤 한다. 통상 시청률이 높은 프로그램 전후에 방송하는 광고는 시청률이 높고, 광고 시청률에 따라 광고 매출이 결정되기 때문이다.

TV 광고는 신문이나 잡지 등과 같은 인쇄 매체에 비해 광고 효과를 측정하기가 쉽지만 여전히 정확성에 의문을 제기하는 목소리가 존재한다. TV를 켜놓기만 하고 실제로는 TV를 보지 않는 사람들도 종종 있기 때문이다.

인터넷 광고는 TV나 인쇄 매체에 비해 더욱 과학적으로 효과를 측정할 수 있는데 기본적인 조사 방법은 TV와 비슷하다. 일단 인터넷 이용자 가운데 수만 명을 패널로 구성한 다음 이들이 사용하는 컴퓨터에 미터기를 설치해서 무슨 웹 사이트를 방문했고, 무슨 웹페이지를 열어 보았는지를 집계하여 조사 회사의 서버로 보낸다. 그러면 서버는 연령별, 성별, 지역별로 무슨 종류의 사이트가 시간대별로 어느 정도 노출됐는지, 특정 기간에 해당 사이트를 방문한 사람은 몇 명인지(UV), 그들이 본 웹페이지는 몇 개(PV)인지 등을 조사한다. 또 해당 웹 페이지에 삽입한 광고는 몇 번 노출됐는지, 노출된 광고를 웹 사이트 방문자들이 몇 번이나 클릭했는지를 측정한다. 이렇게 수집한 자료는 웹 사이트 관리자와 광고주들에게 제공된다.

검색 광고는 배너와 같은 노출형 광고와 달리 클릭 횟수에 따라 광고비를 지불하는 CPC(Cost Per Click)에 근거하여 광고 효과를 측정한다. 예를 들면 구글 검색창에 꽃 배달을 입력한 뒤 검색된 광고를 클릭하면 해당 꽃 배달 회사 사이트로 연결되는데, 이렇게 클릭된 횟수를 기준으로 광고비를 지불하기 때문에 광고 효과를 측정하는 것이 정확하다는 평가를 받고 있다.

최근에는 인터넷 사이트를 통해 거래가 발생했을 때만 광고 대금을 지불하는 CPT(Cost per Transaction)도 적극적인 광고 효과 측정법으로 사용되고 있다. 이 방식을 사용하면 광고 효과를 훨씬 높일 수 있다.

그러나 새롭게 등장하는 모바일 광고나 DMB 등 이동형 기기를 이용한 광고는 기술적인 한계와 패널 구성의 어려움 등으로 아직까지 제대로 된 효과 측정이 이뤄지지 않고 있다.

소비자들의 눈과 귀를 잡아라

현대인들은 하루 평균 수천 개에서 수만 개에 이르는 광고를 접하며 살고 있다. 광고의 홍수 시대에 고만고만한 광고로는 소비자들의 시선을 붙잡아두기가 쉽지 않다. 최근에는 보다 확실한 광고 효과를 거두기 위해 다양한 방식의 신개념 광고가 등장하고 있다.

인쇄 매체의 경우 변형 광고를 도입하고 있다. 영국의 『파이낸셜 타임스』 같은 권위지도 때로는 신문 1면에 광고물을 부착해서 그것을 떼어야 1면을 읽을 수 있도록 하고 있다. 지면 하단에 광고를 배치하는 일반적인 방식에서 떠나 한가운데 광고를 넣어서 주목도를 높이는 곳도 있다. 미국의 잡지 『에스콰이어』는 전자종이로 광고 지면을 만들기도 했다.

TV를 비롯한 영상 광고 시장에서도 새로운 유형의 광고가 지속적으로 등장하고 있다. 방송의 경우 VOD나 광고를 시청하지 않을 수 있는 DVR 기기 등이 도입되면서 프로그램 전후 광고가 점점 시청률이 떨어지고 있는 상황이다.

이렇게 떨어지는 광고 시청률을 만회하기 위해 최근에는 프로그램 자체에 광고를 집어넣는 일이 많아지고 있다. 간접광고(PPL : Product

264

Placement)와 가상광고(Virtual Advertisement)가 그것에 해당한다.

간접광고는 예전에 영화에 많이 사용되었지만 이제는 드라마, 인터넷 게임 등에도 영역이 넓어졌다. TV 속 간접광고의 전형적인 예를 들어본다. 2006년 오지호와 한예슬이 주연한 드라마 〈환상의 커플〉에는 일본 닛산 자동차의 고급 브랜드인 인피티니가 소품으로 나왔다. 인피니티는 2009년 이승기, 한효주가 주연을 맡은 〈찬란한 유산〉에도 간접광로로 나왔다. 한편 〈부자의 탄생〉에는 특정 라면이 집중적으로 노출됐다.

이처럼 간접광고를 통한 상품 노출은 점점 더 일상적인 광고 기법이 되고 있다. 심지어는 〈꽃보다 남자〉의 본죽이나 〈커피 하우스〉의 카페 베네처럼 특정 장소가 간접광고로 사용될 정도이다. 2009년에 히트한 〈꽃보다 남자〉는 마카오 베네시안 호텔과 뉴칼레도니아 관광청으로부터 협찬을 받아 '꽃보다 PPL'이라는 얘기도 나왔다.

그동안은 간접광고가 제도화된 형태로 허용되지 않았지만 2010년 방송법시행령이 개정되면서 오락·드라마·교양 프로그램에 한해 가능해졌다. 협찬사 상품명을 바꾸거나 라벨을 종이로 가리지 않고 노출해도 상관이 없어졌다. 단, 노출 시간이 방송 프로그램 시간의 5퍼센트, 전체 화면 크기의 4분의 1을 넘으면 안 된다는 규정은 지켜야 한다. 상품을 언급하거나 구매를 권유하는 행위가 금물이기는 해도 간접광고 자체가 '불법'이었던 과거와 비교하면 엄청난 변화이다.

TV 드라마 즉 연속극을 부르는 말 '솝 오페라(Soap Opera)'는 1930년

2010년 5월에 방송된 드라마 〈커피 하우스〉에는 카페 베네라는 특정 장소가 간접광고로 등장했다. 이제 간접광고를 통한 상품 노출은 일상적인 일이 되었다.

대 미국의 비누 회사가 아예 자사 상품을 직접 광고하기 위해 TV 드라마를 만든 데서 생긴 단어다. 미국에서는 TV 광고에 대한 규제가 그만큼 적었기에 가능한 일이었다.

일본 역시 미국처럼 TV 간접광고에 대한 규제가 심하지 않은 편이다. 공공성, 공익성을 강조하는 우리나라가 특히 TV 드라마 속 간접광고에 대한 규제가 심한 편이다.

266

게임에도 간접광고가 사용되는 경우는 얼마든 있다. 한 예로 레이싱 게임 막판 결승선에 특정 제품을 광고로 삽입하는 것을 들 수 있다.

간접광고는 판매에 긍정적으로 작용한다. 허시 초콜릿은 1982년 〈ET〉에 소품으로 나온 후 3개월 만에 매출이 무려 66퍼센트나 올랐고, 레이벤(Ray Ban)이라는 브랜드의 선글래스는 1987년 영화 〈탑건(Top Gun)〉에 나온 후 단기간에 매출이 2~3배 늘었다.

미국의 PQ 미디어의 분석에 따르면 전 세계 미디어의 간접광고 규모는 2005년 22억 달러였다. PQ 미디어는 이 금액이 2010년에는 75억 달러까지 성장할 것이라고 예상하고 있다.

가상광고는 주로 스포츠 경기 중에 삽입된다. 축구 경기 시작 전에 센터서클에 아이스크림 이미지를 넣어 광고하는 것이 전형적인 예다. 광고주는 새로운 광고 기회를 확보하고, 방송사는 추가 광고 수익을 얻는 좋은 기회다. 또한 스포츠업계는 스포츠 마케팅을 강화할 수 있는 좋은 방법이다. 우리나라에서는 에이알 비전(AR Vision) 등 가상광고에 필요한 자체적인 기술을 확보하면서 가상광고의 영역 확대를 추진하고 있다.

최근에는 크로스미디어(Cross Media) 광고도 적극적으로 활용되고 있다. 크로스미디어 광고란 인터넷과 TV, 인터넷과 신문처럼 다양한 매체를 결합해 광고 효과를 최대한 끌어올리기 위해 만들어졌다. 강력한 관심을 불러일으켜야 하는 부분은 영상으로, 자세한 설명이 들어가야 하는 부분은 인터넷이나 지면으로 광고하는 방식이다. 예를 들어 TV 광고를 내보내면서 '자세한 내용은 네이버를 검색하세요' 라는 문구를 삽입하는 것이 크로스광고의 초기 형태였다. 여러 가지 매체에 동시 광고를 하는 경우 광고 회사와 해당 매체가 협상해서 광고주에게 적은 예산으로 최대 효과를 거둘 수 있도록 제안하기도 한다.

인터액티브(Interactive) 광고 역시 쌍방향 소통이 가능한 IPTV와 디지털 케이블 TV 등이 등장하면서 새롭게 떠오르고 있다. 예를 들면 TV 패션쇼 프로그램을 보다가 리모콘으로 해당 화면을 누르면 관련 상품 정보를 담은 화면이 나오는 것이다. 이를 통해 구매가 일어나면 해당 프로그램을 제공한 회사와 방송 사업자가 광고주로부터 일정한 수수료를 받는다. 진화된 형태의 홈쇼핑 광고라고 불러도 무방하다.

인터액티브 광고는 가능성은 입증되었으나 장비와 기술 미비, 개별 사업자들의 수익 배분 방법론의 문제, 상대적으로 적은 매출 규모로 활성화되지 못하고 있다. 하지만 점점 더 활발해지면서 미래 주요 광고 기법으로 활용될 가능성이 크다.

인터넷 광고나 모바일 광고는 개별화된 광고로 진화될 것이다. 모바일이나 인터넷을 이용하면 광고를 보거나 듣는 사람이 어느 시점에 어느 장소에 있는지를 상대적으로 쉽게 파악할 수 있기 때문이다. 특히 위치 정보는 스마트폰의 도입으로 더욱 손쉽게 얻을 수 있게 되었다. 시간과 위치, 광고할 대상이 누구인지를 알 수 있으면 광고 효과를 최대한 끌어올릴 수 있다. 인터넷 사용으로 쌓인 데이터를 보면 특정인의 취향을 파악하는 것이 가능하다. 이런 데이터를 결합해서 특정 장소에 있는 특정인을 대상으로 선택적인 광고를 내보내는 위치 기반 광고(LBA : Location Based Advertisement)는 앞으로 더욱 위력을 발휘할 전망이다.

글로벌 광고 산업

경제가 세계화되자 광고 역시 세계화되고 있다. 지금 광고 회사는 대형화, 세계화 과정을 밟고 있다.

우리나라의 광고 시장 규모는 세계 8~9위로 결코 가볍게 보지 못할 수준이 되었다. 기업의 해외 진출이 활발해지면서 제일기획을 비롯한 광고 회사들도 세계로 진출하여 활약하고 있다.

그러나 전 세계를 놓고 보면 우리나라 광고업계의 역량은 아직 부족한 점이 적지 않다. 광고 집행 기준만 보더라도 일본의 덴츠, 미국과 영국에 기반을 둔 맥캔 에릭슨, BBDO 월드와이드, DDB, 오길리비앤 마더, 영앤 루비캠 등과 같은 글로벌 광고 회사에 비해 많이 뒤처져 있다. 이런 대형 광고 회사들은 정해진 예산안에서 최대 효과를 거둘 수 있도록 시장 조사, 광고 제작은 물론 토털 미디어 서비스를 광고주가 제공한다. 우리나라 광고 회사들은 글로벌 광고 회사에 비해 영세하기도 하고 글로벌 차원의 조사 능력이 부족한 편이다.

특히 우리나라 광고 대행사들은 재벌 그룹의 계열사가 많아서 절대적인 규모로 성장하기가 힘들다. 재벌 그룹에 의존해서 재벌 그룹이 주는 물량에만 안주한 결과 자체 능력을 키우지 않고 있다. 삼성은 제일기획, 현대차는 이노션, SK는 SK마케팅컴퍼니, LG는 엠베스트를 계열사로 두고 있다.

우리나라 광고 대행사들은 특정 재벌 그룹의 사업 분야 광고만 다루다 보니 다양한 업종에 대한 이해가 떨어지는 문제점도 있다. 광고 기법도 시장 지배력이 약해 크로스미디어 광고 등을 본격적으로 시도하기 힘들다. 우리나라 광고 시장이 성장하려면 광고 회사의 대형화가 시급하다.

9
기술이
미디어를 바꾼다

돈과 사업 기회로 연결되는 압축 기술

언제 어디서나 정보를 이용할 수 있는 클라우드 컴퓨팅

전송 기술의 미래

디스플레이 기술의 미래, 증강현실과 3D

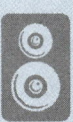

미디어 산업은 얼마 전까지만 해도 기술과 동떨어진 분야였다. 신문은 편집과 취재, 방송은 취재와 제작이 모든 것을 주도했지만 기술은 미디어 전체 사업 영역에서 영향력이 미미했다.

그러나 미디어가 도입해야 하는 기술이 다양해지고 영역이 복잡해지면서 점점 그 중요성을 더해가고 있다. 이제 미디어 기업에서 IT 관련 엔지니어를 찾아보는 것은 그리 어려운 일이 아니다. 기술에 대한 이해 없이 미디어 사업을 한다는 것이 불가능해졌다.

과연 앞으로는 무슨 기술이 미디어 산업에 결정적인 역할을 할까? 미디어와 관련된 핵심 기술은 콘텐츠 압축, 저장, 전송, 디스플레이와 연관이 있다. 우리는 이 책을 통해 미디어의 개인화, 디지털화, 세계화라는 큰 흐름이 인터넷 방송 · 신문 · 잡지 · 영화 · 게임 · 음반 · 광고 시장에 어떤 영향을 주는지 살펴보았다. 이제 미디어의 변화를 이해하려면 이런 변화를 가능케 한 기술을 이해해야 한다.

돈과 사업 기회로 연결되는 압축 기술

파일 크기를 줄여라

디지털 시대에 파일 크기는 곧 비용을 말한다. 동영상 서비스를 생각해보자. 파일이 크면 더 큰 저장 공간을 사용해야 하는데 저장 공간이 클수록 가격이 높아지는 것은 당연하다. 파일을 전송할 때도 통신선을 제공해주는 회사에 더 많은 비용을 지불해야 한다. 파일 크기를 줄이는 것은 모든 사업자들이 고민해야 할 문제다.

효율적으로 파일을 압축하여 크기를 줄일 수 있다면 똑같은 서비스를 제공하는 경쟁자를 이길 수 있다. IPTV 사업을 하는 통신사들 역시 파일을 많이 압축할수록 투자 비용을 큰 폭으로 줄일 수 있다. 파일 압축 기술은 거의 모든 미디어 산업 분야에서 비용 절감과 직결된다.

그렇다면 압축이란 무엇일까? 압축을 할 때 원본 파일은 절대적인 기준인 레퍼런스(reference)가 된다.

사진을 예로 들어보자. 필름에 감광된 원본 사진은 자연의 빛을 이용하기 때문에 미묘한 빛의 변화를 그대로 반영한다.

274

그러나 자연의 빛을 컴퓨터에 그대로 옮기는 것은 불가능하므로 적정한 수준에서 타협해야 한다. 대강 어림을 잡은 뒤 유사한 범위 안에 들어가는 것은 '다 똑같다'고 간주해야 한다. '그냥 비슷하다'고 여기는 것, 원본과 비교해서 어느 정도 비슷하면 참아줄 만하다고 보는 것이 바로 '디지털화'이고 압축이다. 이는 대량 생산과 비용 절감을 위해 원본을 포기하는 것이다. 약속에 따라 키가 155cm인 사람은 160cm로 간주하고, 154.9cm인 사람은 150cm라고 본 뒤 키는 150cm와 160cm 두 가지만 있다고 여기는 것과 같다.

압축은 파일 크기가 그리 크지 않은 텍스트보다는 영상이나 음성 신호에 유용하게 사용된다. 1024×768픽셀의 모니터 화면을 흑백 사진으로 꽉 채워야 한다고 생각해보자. 사진의 흑색을 1, 백색을 0이라고 하고, 파일을 압축하지 않는 비트맵이라 가정할 경우 196Kbyte가 필요하다. 그런데 흑과 백, 단 두 가지 색만 들어가는 이 용량으로는 사진을 자연스럽게 표현할 수 없다. 흑백 사진도 짙은 흑색, 회색 등이 다양하게 들어가야 자연스럽게 표현할 수 있기 때문이다.

컬러 사진을 디지털화하는 경우는 어느 정도 용량이 필요할까? 우리 사람들이 구별할 수 있는 색상은 수만 가지나 된다. 모니터상에서 한 개의 점에 수만 가지 색깔을 표현하려면 적어도 흑과 백의 2bit가 아닌 16bit는 사용해야 한다.

이런 방식으로 모니터에 컬러 사진 한 장을 제대로 표현하려면

1.5Mbyte 정도 되는 용량이 필요하다. 200자 원고지 3,900장의 글이 들어가는 분량이다. 이런 크기의 사진을 1초당 30장씩 보여주려면 1초당 45Mbyte가 필요하다. 압축하지 않은 동영상이 1분짜리라면 2.7Gbyte가, 100분짜리라면 270Gbyte가 있어야 한다.

HDTV 화면으로 사진 한 장을 보려면 6.25Mbyte가 필요한데 이런 사진이 1초에 24장 지나가려면 156Mbyte의 데이터를 처리할 수 있어야 한다. 그러나 우리가 인터넷으로 다운해서 보는 영화 파일은 대체로 1시간 기준 1~2Gbyte짜리가 많다. 그만큼 파일의 압축 정도가 크다는 의미다.

다양한 압축 기술의 종류

파일을 압축하는 방법은 손실 압축과 비손실 압축이 있다.

비손실 압축은 파일을 압축한 후에도 원래 정보와 하나도 다르지 않게 완벽하게 복원하는 방식을 말한다. 이 기술은 의료용, 군사용, 산업용 등 정확성을 생명으로 하는 분야에 사용한다.

비손실 압축은 일반적인 사진이나 동영상 파일 압축 등에 사용한다. 가정용 동영상 카메라로 찍은 파일은 일부분이 제대로 복원되지 않더라도 화질에는 큰 차이가 없기 때문이다. JPEG와 GIF 등으로 만들어진 파일이 대표적인 손실 압축 파일이다. 손실 압축을 할 경우 파일 크기를 10분의 1에서 수백분의 1까지 줄일 수 있다.

한 차원 더 높은 기술이 필요한 동영상 압축 방식을 살펴보자. 디지털 비디오 카메라의 동영상 압축 방식은 MPEG, AVI, MOV 등이 있다.

동영상 압축 방식은 세부적인 기술 차이가 여러 가지 있을 수 있으나 기본 원리는 비교적 다음과 같이 간단하다. 첫 화면을 사진과 비슷한 방식으로 압축한 뒤 다음 화면에 나오는 장면과 첫 장면을 비교하여 달라진 부분만 보여주고 나머지 화면은 앞에 나온 기본 화면을 그대로 활용하여 압축한다. 이 방식은 움직임이 없는 장면을 찍은 파일은 압축률을 크게 높이고 비교적 안정된 영상을 보여주는 반면 축구처럼 움직임이 심한 장면을 담은 파일은 압축을 제대로 하지 못한다. 그러나 주위에 비슷한 사물이 있으면 압축 효율이 높다. 예를 들어 방안을 찍은 동영상을 압축한다고 할 때 방안 벽지 옆은 같은 벽지이기 때문에 효율적으로 압축할 수 있다. 동영상 압축은 이런 다양한 방법들을 사용해 파일 크기를 획기적으로 줄여준다.

MPEG(Motion Picture Experts Group)는 현재 가장 널리 사용되고 있는 압축 방식으로 시간에 따라 연속적으로 변화하는 동영상 파일을 압축하고 코드 표현으로 전송할 때 사용한다. 1991년에는 디지털 저장 매체용 압축 규격 MPEG 1이, 1994년에는 디지털 방송용 압축 규격 MPEG 2가 나왔으며, 그후로 MPEG 4, MPEG 7도 등장했다. 이러한 압축 방식은 미디어 분야에서 다양하게 사용되므로 보다 자세히 살펴보자.

MPEG 1은 1991년 ISO(국제 표준화기구) 11,172로 규격화된 영상 압축 기술으로 CD-ROM과 같은 디지털 저장 매체에 가정용 비디오 테이프 수준의 동영상과 음향을 최대 1.5Mbps(Mbps는 1초당 비트 수)로 압축·저장할 수 있도록 했다. 이 규격으로 상품화된 것이 비디오 CD와 CD-i 등이며 파일 확장자는 MPG이다. MPG는 별도로 MPGE 보드가 설치된 컴퓨터에서만 운용되는 파일 형식으로 비디오 CD 등에 담긴 파일을 볼 때 많이 활용된다.

디지털 방송에 가장 중요한 기술은 바로 MPEG 2이다. 이는 1994년 ISO 13,818로 규격화된 영상 압축 기술로 디지털 TV, DVD 등과 같이 높은 화질과 음질이 필요한 부문에 사용한다. 영상 및 음향을 압축하기 위해 MPEG 1을 개선한 것으로, 기본적인 구조는 MPEG 1과 거의 같지만 데이터 전송 비율이 획기적으로 높은 것이 특징이다. 해상도 조절이 가능하고 비디오의 질도 눈에 띌 정도로 MPEG 1보다 개선됐다. DVD 등의 컴퓨터 멀티미디어 서비스, 위성 방송, 유선 방송, 고화질 TV 등과 같은 방송 서비스, 영화나 광고 편집 등에 다양하게 사용한다. MPEG 3는 MPEG 2에 흡수·통합되어 규격으로는 존재하지 않고 있다.

멀티미디어 통신에서 가장 중요한 역할을 하고 있는 MPEG 4는 1998년에 완성된 기술로 낮은 전송률로 동영상을 보내기 위해 개발된 데이터의 압축과 복원에 대한 새로운 표준을 말한다. 데이터를 조금 전송해도 이미지 훼손이 최소화되도록 한 것으로 1초당 64Kb, 19.2Kb의 저속 전송으로 무리 없이 동영상을 구현할 수 있도록 해준다. 인터넷 유선망과 이동통신망 같은 무선망을 통해 멀티미디어 통신, 화상 회의 시스템, 컴퓨터, 방송, 영화, 교육, 오락, 원격 감시 등 같은 분야에 널리 쓰인다.

MPEG 4의 특징은 화질은 조금 떨어지지만 파일 크기가 적어서 장시간 촬영이 가능하다는 점이다. 특히 소니는 최근 1초당 8프레임을 압축할 수 있는 MPEG-EX을 개발하여 여러 제품에 이용하고 있는데 MPEG-EX 역시 화질은 떨어져도 장시간 촬영에 유리하다. 디지털 케이블 TV 등에 사용하는 압축 기술인 H.264도 MPEG 4의 하나이다. MPEG-7은 가장 최근에 나온 압축 기술로 아직까지 보편화되어 있지 않다.

AVI(Audio Visual Interleaved)는 마이크로소프트사가 개발한 윈도우의 RIFF 규격을 따르는 사운드와 동영상 파일이다. 즉 디지털 카메라나 캠코더 등으로 촬영한 영상에서 화상 파일과 음성 파일, 또 그것을 묶어서 동기화한 파일을 말한다.

AVI는 윈도우 3.1 시대에 마이크로소프트사가 독점한 'Video for Windows'라는 응용 프로그램에 사용되었다. 파일 확장자 이름이 AVI이고 동영상을 웹상에서 실행하려면 브라우저에 포함될 수 있는 특수한 플레이어가 필요하다. AVI가 동영상 저장 방식으로 사용된 것은 그다지 오래되지 않았다. AVI는 MPEG에 비해 용량이 큰 단점이 있기는 하지만 가장 뛰어난 화질을 보여준다.

MOV는 압축률이 뛰어난 동영상의 표준적인 포맷으로 원래는 애플에서 매킨토시용으로 개발했다. 최근 디지털 카메라에 많이 사용되고 있으며, 편집이 쉽고 동영상을 캡처할 수 있으므로 순간 포착에 유리하다.

압축이라는 기술을 사용할 때 파악해야 할 것은 데이터 전송률이다. HD 원본 동영상의 전송률을 1,190Mbps라고 할 때 프레임 단위의 변화량을 이용한 무손실 압축 영상은 전송률이 원본의 1/10 정도인 119Mbps이다. 현재까지 화질이 우수한 블루레이는 전송률이 31Mbps이며 원본에 비해 1/3.8로 손실 압축된다. 일본의 화질 좋은 HDTV는 전송률 25Mbps로, 미국은 19Mbps로 방송한다.

MMS(Multi Mode Service)는 손실 압축을 좀 더 많이 해서 전송률을 떨어뜨리고 그 채널에 여러 개의 방송을 보내도록 하는 것이다. 우리나라 방송 채널 한 개는 6MHz 크기의 주파수 대역을 이용한다. 현재 변조 기술을 이용하여 HD급으로 화면을 보내면 약 27Mbps의 전송률을 보이는데 압축에 압축을 거듭하여 HD 대신 SD급으로 데이터를 보내면 6MHz 대역 안에서 3~4개 채널을 운영할 수 있다. 결국 동영상의 압축 기술은 돈과 사업 기회로 연결된다는 것을 알 수 있다.

언제 어디서나 정보를 이용할 수 있는
클라우드 컴퓨팅

2008년 5월 1일 미국의 『뉴욕 타임스』는 타임스 머신 프로젝트를 공식적으로 시작했다. 타임스 머신 프로젝트는 저작권이 사라진 1851년부터 1922년까지 『뉴욕 타임스』 지면을 PDF로 서비스하는 것이다. 사전 검토 결과 이 프로젝트를 진행하려면 1,100만 개 기사와 이미지를 PDF 파일로 변환해야 하고, 적어도 4Mbyte 이상의 저장 공간, 수백 대의 서버가 필요했다. 작업을 진행하는 데는 적어도 7주 이상이 걸리고, 추정 예산은 약 8만 달러나 됐다. IT 담당 부서는 한 달 넘게 고민을 하던 중 인터넷 전자상거래업체인 아마존으로부터 저장 매체와 각종 서버 이용료, 파일 전환 비용 견적을 받아보았다. 마침내 아마존이 갖고 있는 컴퓨터 용량을 최대한 활용함으로써 단 하루 만에 파일 전환 등 필요한 절차를 마칠 수 있었다. 연간 지불해야 하는 비용은 840달러. 엄청난 비용 절감이 이루어졌다.

『워싱턴 포스트』도 2009년 미국 힐러리 클린턴 국무장관의 8년간 공식 일정이 적혀 있는 문서 1만 7,481쪽을 웹을 이용하여 독자들에게 공개하는 데 딱 9시간이 걸렸다. 총 비용은 150달러 미만이었다고 한다. 이때 『워싱턴 포스트』도 아마존의 서비스를 통해 짧은 시간 동안 저렴한 비용으로 독자가 정보를 이용할 수 있는 형태로 파일을 변환했다.

각종 미디어들이 보유하고 있는 콘텐츠는 실로 방대하다. 텍스트, 이미지, 동영상 등 콘텐츠의 종류도 다양하다. 미디어 기업은 콘텐츠가 핵심 자산이므로 어떤 형태로든 이용할 수 있도록 해야 한다. 이제 디지털화와 함께 미디어가 가지고 있는 콘텐츠가 언제 어디서 얼마나 팔릴지 모르는 상황이 됐다.

바로 여기에서 미디어 기업의 고민이 시작된다. 막대한 과거의 콘텐츠 자산을 디지털로 변환해놓는다고 해도 제대로 팔린다는 보장이 없으니 무작정 손을 대기가 망설여진다. 미국과 같은 영어권 국가는 아날로그로 인쇄된 자료를 디지털로 변환하는 것이 수월하다. 그러나 우리나라처럼 신문 중간에 한자가 나오고, 맞춤법에 큰 변화가 있었거나 글꼴에 변화가 생긴 경우 디지털화가 힘들다.

우리나라의 경우 1990년대 초반을 기점으로 그전에 나온 신문의 콘텐츠는 아날로그로로만 남아 있다. 그래서 네이버가 『동아일보』와 『경향신문』을 비롯한 일부 신문을 그때로부터 거슬러 올라가 특정 시기까지 디지털화했는데 수백억 원대의 자금이 들어갔다. 특히 1970년대 이전 신문은 컴퓨터의 한자 인식률의 한계 등으로 이후 시기에 비해 디지털화에 들어가는 비용이 기하급수적으로 증가한다.

만약 동영상 파일을 디지털화하여 보관까지 한다면 자금이 훨씬 많이 들어갈 것이다. 디지털화할 자료와 아날로그로 보관할 자료, 버려할 자료를 결정하는 기준에 따라 콘텐츠 관리 비용은 엄청나게 차이가 날 것이다. 막대한 양의 콘텐츠를 변환, 저장, 서비스하는 데 적지 않은 비용이 들어가기 때문에 미디어 기업들의 고민은 커질 수밖에 없다. 현재까지 이 문제를 해결하는 데 가장 많이 사용되는 서비스는 CDN(Contents Delivery Networks) 서비스와 PtoP 서비스이다.

CDN 서비스의 기본 원리는 다음과 같다. 예를 들어 어떤 동영상 사이트 사업자가 있다고 가정하자. 평소 하루 방문자 수가 2만 명 정도여서 이 회사는 약 3만 명이 방문할 수 있는 수준에서 인터넷 트래픽을 정하고 서버를 구축했다. 그런데 사이트에 올라온 동영상이 인기를 끌면서 하루 50만 명이 방문을 시도하게 되었다. 3만 명만 수용할 수 있는 이 사이트는 방문객 폭주로 서버에 과부하가 걸려 접속 자체가 불가능해졌다. 결국 사이트는 다운되어버렸다.

그러면 이 동영상 사이트는 50만 명을 수용할 수 있는 수준으로 인터넷 트래픽을 바꾸고, 서버도 거기에 맞춰야 할까? 그렇게 한다면 하루 평균 2만 명이라는 방문자 수에 비해 지나친 투자가 될 수밖에 없다. 항상 피크타임을 기준으로 시스템을 구축할 필요는 없다.

그 대안으로 인터넷 트래픽을 대량으로 구매하고 그에 맞게 서버를 사놓은 뒤 동영상 사이트를 운영하는 회사들끼리 분산하여 사용하게 하면 불필요한 투자를 줄일 수 있다. 이는 피크타임에 맞춰 시설을 마련해놓고 수요가 없을 때 그 시설을 다른 사람에게 임대하는 것과 비슷하다.

CDN 서비스는 적절한 기술과 트래픽의 분산 처리 등으로 고용량의 파일을 안정적으로 보낼 수 있도록 해준다. CDN 서비스 시장은 각종 인터넷 서비스가 멀티미디어화되고, 동영상을 활용한 각종 콘텐츠가 확산되면서 커지고 있다. 우리나라의 씨디네트웍스가 CDN 서비스로 아시아에서 1위 자리를 지키고 있으며, GS네오텍과 같은 기업들이 이 시장에서 경쟁하고 있다.

PtoP는 서비스 이용자들이 자신이 가진 컴퓨터의 용량을 공유함으로써 서버 구축 및 트래픽에 들어가는 비용을 줄이는 방식이다. 과학 연구 등과 같이 엄청난 규모의 계산이 필요할 경우 PtoP로 작업하기도 한다.

그러면 클라우드 컴퓨팅(Cloud Computing)이란 무엇인가? 클라우드 컴퓨팅은 엄청난 컴퓨터의 연산 능력과 저장 매체를 활용해 언제 어디서나 필요한 정보를 찾아내고 저장할 수 있도록 하는 컴퓨터의 망을 말한다.

클라우드 컴퓨팅을 이용하면 컴퓨터 하드웨어를 마련하고 연산 능력을 높이기 위해 막대한 투자를 할 필요가 없으며, 그냥 언제 어디서든 구름과 같은 컴퓨터망에 데이터를 저장해놓았다가 필요할 때 찾아서 쓰면 된다. 마치 전기를 직접 생산하지 않더라도 플러그만 꽂으면 전기를 쓸 수 있는 것과 비슷한 원리다.

클라우드 컴퓨팅의 대표주자는 구글이다. 구글을 이용하면 문서 작성, 동영상 저장 등과 같은 업무를 고성능 컴퓨터를 이용하지 않아도 언제 어디서든 할 수 있다. 가령 구글의 프로그램으로 작성한 문서를 구글

서버에 저장해 놓으면 다른 장소, 다른 컴퓨터에서 언제든지 구글로 불러내어 작업할 수 있다.

유튜브도 마찬가지다. 유튜브를 이용하면 동영상 파일을 올려두었다가 필요할 때 언제든지 보면 되므로 따로 저장 매체를 구입하지 않아도 된다. 기업의 데이터나 애플리케이션 등도 은행에 돈을 맡겨두는 것처럼 클라우드 컴퓨팅 서비스를 제공하는 회사에 맡겨 놓았다가 언제든지 사용하면 된다. 일부 투자은행은 2011년 클라우드 컴퓨팅 시장이 1,600억 달러에 이를 것이라 전망하고 있다.

구글이나 아마존은 어떻게 클라우드 컴퓨팅을 구축하고 있을까? 구글의 경우를 살펴보자. 구글은 컴퓨터 수십만 대로 네트워크를 만들었다. 사용한 컴퓨터들은 비교적 성능이 좋지 않은 값싼 것들이지만 네트워크로 엮여져서 많은 연산을 순식간에 해내고 있다.

기존 대형 컴퓨터들은 수명을 다하면 사용하지 못하지만, 구글의 시스템은 그렇지 않다. 전체 시스템 가운데 오래된 컴퓨터만 교체해서 성능을 더 강화한다. 마치 생명체가 세포를 교체하면서 성장하는 것처럼 말이다.

혹자는 클라우드 컴퓨팅 서비스가 마치 100년 전 미국에서 대형 발전소를 통해 전기를 급격하게 보급하던 것과 비슷하다고 한다. 당시 많은 농장과 공장들이 개별적으로 전기를 생산하다가 대형 발전소가 생긴 후 전기를 끌어 쓰고 있다. 웹상에서는 구글, 아마존, 야후 등이 발전소와 같은 역할을 하고 있다. 이제 사용자들은 전기료를 내고 전기를 사용하는 것처럼 컴퓨터 파워를 켜고 다양한 서비스를 이용하면 된다.

2009년 우리나라에서는 '미디어 클라우드'라는 이름으로 케이블 방송 사업자들이 연합하여 콘텐츠 저장 및 서비스 운영을 위해 서버를 구축하고 저장 매체로 이용할 수 있는 기초 시설을 마련했다. 그들은 미디어 클라우드의 IT 자원을 공동 활용함으로써 개개인이 대규모 서버와 저장 매체를 구축하는 데 드는 비용을 절감할 수 있었다.

클라우드 컴퓨팅은 기업의 주요 정보에 대한 보안 문제 등이 해결 과제로 남아 있어서 아직까지는 본격적으로 확산되지 못하고 있다. 그러나 비용 절감 차원에서 미디어업계에도 본격적으로 확산될 것이다.

전송 기술의 미래

광랜과 와이파이

콘텐츠를 저장하고 관련 서비스를 제공하려면 대용량 정보를 순식간에 보낼 수 있는 통신망이 있어야 한다. 통신망을 이용하는 기술은 유선 통신과 무선 통신 두 가지가 있다.

유선 통신은 광통신 섬유(Optical Fiber)를 사용한다. 광통신 섬유 한 가닥으로 보낼 수 있는 전송량은 1초에 무려 25.6Tb나 되는데 이는

DVD 600장에 담긴 데이터를 보낼 수 있는 분량이다. 하지만 이런 고성능의 광통신망을 개별 사용자에게까지 보내는 것은 경제성이 없다. 광섬유의 기술적인 특성상 클라이언트 장비(최종 연결점에서 사용되는 장비)가 매우 비싸고, 이런 장치를 설치하거나 제거하기가 힘들기 때문이다.

광섬유는 휘거나 꺾기 곤란하다는 단점이 있다. 주원료인 유리의 특성상 일정 수준 이상 구부리거나 꺾으면 정보가 손실되거나 신호가 끊어지므로 광섬유를 이용해서 최종 사용자까지 전화선으로 데이터를 보내는 일은 없다. 대신 광섬유에서 분계기를 거쳐 최종 사용자까지 보낸다. 이때 최대 전송 속도는 100Mbps를 보장한다.

FTTH(Fiber to the Home)는 '가정 내 광통신망으로 불리고 있지만 실제로는 광망을 가정이 아닌 집과 가까운 곳까지만 끌어온다. 흔히 얘기하는 광랜이라는 것도 이런 수준의 서비스라고 보면 된다.

XDSL은 광랜보다 전송 속도는 낮지만 기존 전화선을 그대로 사용할 수 있어서 비용 면에서 상당히 유리하다. 현재 선진국들은 인터넷 속도를 기본 100Mbps가 되도록 노력하고 있다.

통신사들이 깔아 놓은 망 외에도 케이블 TV 사업을 위해 깔아놓은 케이블망도 통신과 방송에 사용된다. 케이블망(동축 케이블)은 기존 전화선에 비해 전송량이 많다. 실제로 케이블선과 전화선을 뜯어보면 굵기부터가 확연하게 차이 난다. 그래서 케이블 사업체들은 케이블 방송 서비스와 함께 유선 인터넷 통신 서비스는 물론 인터넷 전화를 통한 음성

전화 서비스에까지 사업 영역을 넓히고 있다. 전화, 인터넷, 방송을 함께 이용할 수 있는 서비스를 트리플 플레이 서비스(Triple Play Service)라고 한다.

최근에는 스마트폰의 보급 등으로 각종 데이터를 이동통신으로 주고받는 경우가 급증하면서 어떤 형태로든 인터넷망을 활용해 이동성을 확보하려는 움직임이 강하게 일어나고 있다. 이때 필요한 것이 무선 데이터 전송 시스템인 와이파이(Wi-Fi)다. 무선랜이라고도 불리는 와이파이는 사실 그리 뛰어난 기술도 아니고 최신 기술도 아니다. 스마트폰, 노트북 등 무선으로 인터넷에 접속할 수 있는 기기들이 급증하면서 필요성이 더욱 커졌을 뿐이다.

와이파이를 사용하면 무선 접속 장치인 AP(Access Point)가 설치된 곳을 기준으로 일정 거리 안에서 스마트폰, PDA, 노트북 등으로 초고속 인터넷에 접속할 수 있다. 전파로 네크워크를 구축하기에 전화선이나 전용선이 필요 없다.

컴퓨터로 와이파이를 이용하려면 무선 랜카드가 장착되어 있어야 한다. 와이파이는 1980년대 말 미국의 프록심(Proxim)사와 심볼(Symbol)사 같은 무전기기 회사에서 처음으로 사업화하였으나 일반화되지는 않았다. 1999년 9월 미국무선랜협회가 와이파이를 IEEE 802.11b이라는 표준 규격으로 정한 후 급속하게 성장했다. 와이파이는 무선랜의 표준 규격인 IEEE 802.11b의 별칭으로, 무선랜을 하이파이 오디오처럼 편리하게 쓸 수 있다는 뜻에서 와이파이란 이름으로 불리게 됐다.

2000년대 후반까지 와이파이가 우리나라에 적극적으로 보급되지 못한 이유는 통신사들이 와이파이존을 적극적으로 만들지 않았기 때문이다. KT가 운영하는 넷스팟존이 있었으나 별도 이용료를 내야 해서 많이 보급되지 않았고, 와이브로, HSDPA 등이 와이파이를 대체할 것이라고 전망했다. 당시 와이파이는 기업이나 가정에서 개별적으로 무선 인터넷을 사용하려고 설치하는 정도였다. 우리나라 통신사들이 무선 인터넷에 과감한 투자를 꺼리는 동안 미국 등에서는 각종 무선 인터넷 서비스가 급격하게 성장했다.

2010년 초 스마트폰의 보급과 함께 우리나라에서도 뒤늦게 와이파이 서비스 지역을 늘리려는 움직임이 본격화됐다. 2010년 상반기 우리나라의 와이파이존은 1만 3,800곳 정도인데 정부에서는 2012년까지 공항, 도서관, 쇼핑몰, 관공서 등 유동 인구가 많은 공공장소를 중심으로 10만 곳을 와이파이존으로 만들 예정이다. 그 계획대로 되면 스마트폰, 노트북 등으로 무선 인터넷을 지금보다 훨씬 자유롭게 활용할 수 있으며 미국의 와이파이존 7만 개를 뛰어넘는 와이파이 1위국이 될 수 있다. 『매일경제』 2010년 5월 12일 기사에 따르면 2010년 구축할 와이파이존은 KT가 2만 7300여 개, LG텔레콤이 2만 개, SK텔레콤이 1만 개로 모두 5만 7,300여 개다.

유선과 통신 속도 격차가 없는 4세대 이동통신

광랜과 와이파이가 아닌 4세대 이동통신을 통해 초고속 통신 서비스를 무선으로 하겠다는 야심찬 계획도 진행되고 있다. 우선 세대별 이동통신의 변화를 살펴보자.

이동통신 1세대는 음성 전화를, 2세대는 핸드폰으로 간단한 데이터 전송 및 인터넷 사용을 가능하게 해주었고, 3세대는 영상과 인터넷 등 이동통신 단말기를 통한 멀티미디어를 즐길 수 있게 해주었다.

2009년 말 아이폰이 국내에 들어오기 전에는 3세대 이동통신의 기술인 3G에 큰 불편을 느끼는 사람이 없었다. 그러나 스마트폰이 등장한 후 3세대 이동통신으로 주고받을 수 있는 데이터에 한계가 있음을 명확하게 깨닫게 되면서 4세대 기술에 대한 관심이 급증했다.

그렇다면 3세대와 4세대 이동통신은 무슨 차이가 있을까? 전문가들은 가장 큰 차이를 데이터 전송량에서 찾는다. 초기 3세대 기술이라고 할 수 있는 WCMDA와 CDMA EV-DO(Evolution-Data Only)는 데이터 전송 속도가 2Mbps 정도였던 것에 비해 4세대 이동통신은 100Mbps로 20배나 향상됐다.

앞으로 4G 서비스가 활성화될 경우 유·무선 기술이 하나로 합쳐진 각종 서비스가 본격적으로 제공될 것이다. 이를테면 증강현실(Augmented Reality)이나 3D 동영상 보기 등도 이동통신 단말기로 즐기는 것이 가능해진다. 증강현실이란 사용자가 눈으로 보는 현실 세계에 가상의 물체를 겹쳐 보여주는 것을 말한다. 그때가 되면 현재 유선 환경과 같은 수준, 또는 그 이상의 서비스도 무선망을 통해서 이용할 수 있으며 IPTV도 핸드폰으로 볼 수 있다.

전문가에 따라 의견이 다르지만 4세대 이동통신의 핵심 기술은 와이맥스(Wi Max : Worldwide Interoperability for Microwave Access)와 LTE(Long Term Evolution), 두 종류로 본다. 혹자는 진정한 4세대인 IMT Advanced 앞에 오는 고도화된 기술이라는 이유로 이 두 기술을 3.9G라고 부르기도 한다.

와이맥스는 삼성이 세계 표준으로 밀고 있는 기술로 국내에서는 와이브로(Wi-Bro)로 불리며 본격 상용화되었고 LTE는 스웨덴의 텔리아소네리아(Telia Soneria)가 개발했다. 현재 전 세계 통신사들과 장비업체들이 이 두 기술을 놓고 서로 전략적 제휴를 맺는 경쟁 관계를 이루고 있다. 와이맥스 진영에는 스프린트, 타임 워너 케이블 등이 합류했고, LTE 진영에는 AT & T, 버라이즌 보다폰 등이 합류했다.

다운로드 속도는 LTE가 362Mbps, 와이맥스가 70Mbps이며 업로드 속도는 LTE가 86Mbps, 와이맥스가 70Mbps이다. 음성 서비스는 큰 차이가 없다.

와이맥스는 2007년쯤부터 사용하기 시작해서 서비스가 안정적이지만, LTE는 아직 전반적인 서비스 단계까지는 접어들지 못했다. 현재로서는 기지국을 전면적으로 건설해야 하는 와이맥스보다는 기존 장비를 일부 수정하여 사용할 수 있는 LTE를 통신사들이 선호하는 분위기다.

앞에서도 말했듯이 유선 통신은 전송 속도가 현재 FTTH 또는 광랜을 중심으로 100Mbps까지 도달했다. 아직까지 무선 통신이 유선통신의 속도를 따라가지 못하고 있는 상태다. 유선 통신망과 무선 통신망에 불균형이 존재하고 있는 것이다.

그러나 이런 불균형은 4세대 무선 통신망의 도입과 함께 거의 해결될 전망이다. 우리나라 이동통신사들은 2013년 이후 4세대 이동통신 서비스를 본격적으로 제공할 예정이고 미국은 2010년을 전후로 4세대, 또는 3.9세대 이동통신 서비스를 본격화하려고 한다. 이제 우리는 유선 통신과 무선 통신이 구별 없이 매끄럽게 연결되는 문턱에 들어섰다.

디스플레이 기술의 미래, 증강현실과 3D

증강현실, 과연 어느 수준까지 구현해야 하나

지금까지 우리는 파일을 압축하고 저장하고 보내는 기술을 살펴보았다. 이런 기술들은 모두 적은 돈을 들여 더 많은 데이터를 처리하는 것, 즉 경제성과 관련되어 있다.

하지만 미디어 소비의 마지막 단계에 있는 소비자들에게 콘텐츠를 보여주는 기술은 더 현실감 있고 생생해야 한다는 질적인 면과 관련이 깊다. 소비자들이 더 풍성한 경험을 할 수 있도록 도와주는 것이야말로 미디어 산업이 추구하는 진정한 목표이다.

이런 목표를 달성하기 위해 TV 수상기나 컴퓨터 단말기는 계속해서 화면 해상도를 높여왔다. 흑백에서 컬러로, 컬러에서 HDTV로, HDTV에서 해상도를 더욱 높인 풀(Full) HD로, Full HD에서 다시 울트라(Ultra) HD로 변화를 추구해왔다. 그러나 이렇게 해상도를 높이는 것도 이제 한계에 이르렀다. 사람의 눈으로 화질의 차이를 구별할 수 없는 수준까지 기술이 도달했기 때문이다.

증강현실이야말로 이런 현실 가운데서 주목해야 할 기술이다. 증강현실의 예를 들어보자. 길을 가다가 핸드폰 카메라로 어떤 건물에 초점을 맞췄다고 가정하자. 핸드폰은 카메라에 잡힌 건물과 관련된 각종 자료를 화면에 쏟아낸다. 건물에 입주해 있는 회사 이름, 건축 연도, 건축가 등등 관련 자료가 인터넷에서 수집돼 핸드폰 화면으로 표시된다. 이런 증강현실도 있다. 길을 가다가 어떤 여자가 입고 있는 옷에 핸드폰 카메라의 초점을 맞추었더니 상표, 가격 등 각종 정보가 화면으로 나온다.

원시적인 형태의 증강현실은 박물관에 가서 MP3를 빌린 후 특정 작품 앞에 서면 MP3가 그 작품에 대해 자세하게 설명해주는 것이 좋은 예이다. 이보다 발전된 형태의 증강현실도 있다. 2D 바코드를 핸드폰으로 읽어 들이면 원고지 5장에 해당하는 정보를 가볍게 볼 수 있다. 2D 바코드는 교통 정보 표시, 포도주의 원산지 표시 및 유래 안내 등 다양한 방면에 활용되고 있다.

그러나 이런 기술은 진정한 증강현실이라고 보기 힘들다. 제공되는 데이터 양이 적기 때문이다. 증강현실을 제대로 구현하려면 현실에 있는 특정 사물과 그에 관한 막대한 분량의 정보가 결합해야 한다.

현재 증강현실을 가장 잘 구현한 스마트폰의 애플리케이션을 꼽으면 레이어(Layar)이다. 유럽에서 개발된 레이어는 2009년 말 미국 『비즈니스 위크』에서 증강현실을 가장 잘 보여주는 애플리케이션이라고 호평받았다.

증강현실 구현을 위해 동원되는 기술은 GPS(Global Positioning System) 와 컴파스(Compass)이다. 위치 정보를 찾아주는 GPS는 정확성에 조금 문제가 있지만 누구나 다 알고 있을 만큼 상용화되어 있으며, 이미 대부분 스마트폰에 내장되어 있다. GPS는 위에서 아래로 내려다보고 위치를 파악하는 기술인 반면, 컴파스는 전후좌우에 있는 사물을 입체적으로 파악하는 기술이다. 컴파스를 핸드폰 카메라에 접목하는 것은 현재로서는 상당히 어렵다.

핸드폰 화면에 무슨 정보를 띄워야 할 것인가도 증강현실을 실현하기 위해 해결해야 할 과제이다. 가령 핸드폰으로 어떤 건물을 비췄을 때 그 건물의 역사를 보여줄 것인지, 내부 상점을 보여줄 것인지, 아니면 건물에 사용된 벽돌 재질을 인터넷에서 끌어와 보여줄 것인지를 결정하는 것은 쉽지 않은 문제다. 이런 문제가 해결되지 않는다면 핸드폰 화면에는 여러 가지 정보가 뒤죽박죽되어 나타날 것이다.

현재 수준에서 증강현실을 실현하려면 기술적으로 해결해야 할 과제가 적지 않다. 정보 기기와 사람을 연결해주는 인터페이스 즉 키보드나 디스플레이를 어떻게 가져가야 할지도 지속적으로 연구해야 한다.

증강현실에서는 프라이버시 문제가 심각하게 제기될 수도 있다. 지나가는 사람에 대한 정보가 인터넷으로 검색된다면 범죄에 악용되는 등 수많은 부작용을 일으킬 수 있다. 이미 개개인의 수많은 사진들이 인터넷에 등록되어 있는 상태이므로 핸드폰 카메라로 찍은 사람이 누군지 알아내는 것이 얼마든지 가능하기 때문이다. 핸드폰 카메라에 포착된 특정인이 누구인지 알아냈다면 그 사람에 대한 정보를 인터넷 검색으로 훨씬 더 자세하게 얻는 것은 그리 어려운 일이 아니다. 이러한 문제로 증강현실은 기술적으로는 구현이 가능하더라도 적용 범위 등에서 상당한 논란이 발생할 수 있다.

3D로 입체 영상을 즐긴다

증강현실이 주변 현실에 관한 데이터를 다양하게 제공하는 것이라면 3D는 'Three Dimensions'의 약자로 3차원을 말한다. 3차원 영상은 과거에도 있었고 3차원 영화도 계속 만들어졌으나 지금까지는 영상 산업의 주류에 속하지 못했다.

그러나 2010년 제임스 카메론 감독의 영화 〈아바타〉가 상영되면서 3D는 거부할 수 없는 흐름이 되었다. 3D 영상의 장점을 잘 드러낸 〈아바타〉는 우리나라에서만 관객동원 1,300만 명이 넘는 역대 최고 흥행기록을 세우면서 관심을 끌었다. 세계적으로는 2010년 5월 기준 무려 26억 달러가 넘는 매출을 거뒀다. 〈아바타〉의 성공 이후 수많은 영화들이 3D로 제작될 예정이다. 과거에 2D 즉 2차원 평면으로 제작됐던 영화나 드라마들를 3D로 변환하는 작업도 진행되고 있다. 한 예로 〈나니아 연대기〉는 우리나라 기업인 스테레오 픽처스(Stero Pictures)가 3D로 변환하여 개봉할 예정이다.

가전업체들 또한 3D가 TV의 미래라고 판단해 관련 제품을 내놓고 있다. 삼성전자와 LG전자가 3D 시장에 적극적으로 뛰어들었고, 일본의 소니와 파나소닉은 이 시장을 통해 LED 모니터로 우리나라에 빼앗긴 TV 시장의 주도권을 되찾으려 노력하고 있다. 이밖에 영상 촬영 장비 시장에 뛰어든 소니와 쓰리얼리티(3Ality) 같은 제작업체, 우리나라의 스테레오 픽처스와 같이 2D로 촬영된 영상을 3D로 바꾸는 기업들이 주목을 받고 있다.

그럼 3D 디스플레이를 구현하는 원리는 무엇인가? 우리 사람의 두 눈동자는 평균 6.5cm 정도 간격을 두고 떨어져 있는데, 같은 사물을 보더라도 오른쪽 눈과 왼쪽 눈에 맺히는 상이 다르다. 이렇게 맺히는 상을 뇌가 판단하여 입체감을 느끼고 사물까지 거리를 정확하게 파악한다.

3D 디스플레이 역시 오른쪽 눈으로 들어갈 시각 정보와 왼쪽 눈으로 들어갈 시각 정보를 구분해서 보낸 뒤 사람의 뇌 속에서 이를 입체로 인식하도록 한다. 3D용 안경을 끼지 않고 맨눈으로 3D 영화나 3D TV를 볼 때 화면이 겹쳐 보이는 것은 오른쪽 눈으로 들어갈 시각 정보와 왼쪽 눈으로 들어갈 시각 정보가 중복되기 때문이다.

입체 영상을 즐기기 위해 3D 안경을 쓰는 방법은 편광 필터 방식과 셔터글래스 방식이 대표적이다. 편광 필터 방식의 작동 원리는 다음과 같다. 먼저 사람의 눈을 본떠서 만든 양안 카메라로 영상을 찍는다. 이 때 오른쪽 눈으로 들어갈 영상과 왼쪽 눈으로 들어갈 영상은 각각의 카메라에 별도로 저장된다. 이렇게 저장된 영상을 모니터와 같은 디스플레이 장치가 섞어서 시청자에게 보내는데, 오른쪽 눈으로 들어갈 영상은 안경을 거쳐 오른쪽 눈으로만, 왼쪽으로 들어갈 영상은 안경을 거쳐 왼쪽 눈으로만 들어간다. 이런 방식은 입체감 형성에는 좋지만 화면을 오른쪽 눈용과 왼쪽 눈용으로 나눠 동시에 내보내기 때문에 화질이 떨어지는 단점이 있다.

셔터글래스 방식은 오른쪽 안경으로 들어갈 화면과 왼쪽 안경으로 들어갈 화면, 즉 오른쪽 카메라로 찍은 화면과 왼쪽 카메라로 찍은 화면을 고속으로 교차해서 보고, 안경도 오른쪽과 왼쪽으로 고속으로 교차해서 보는 방식이다. 편광 필터 방식에 비해 화면 질은 떨어지지 않으나 안경 제작에 들어가는 비용이 더 비싸다.

이 외에 렌티큘라(Lenticular) 방식, 패럴랙스 배리어(Parallax barrier) 방식 등 안경을 쓰지 않고도 3D 영상을 즐길 수 있는 방법이 있다. 거리가 30cm 안이라면 안경을 쓰지 않아도 입체를 구현할 수 있으므로 TV보다 핸드폰 단말기로 3D를 보여주는 것이 훨씬 수월하다.

3D 영상을 구현하는 또 다른 방법으로 처음부터 3D 카메라로 제작해서 3D 영상 장비로 보여주는 것이 있다. 속보성과 시간이 중요한 스포츠 같은 방송 콘텐츠는 직접 3D 카메라로 촬영해서 보여주는 것이 효과적이다.

이 외에 2D카메라로 촬영한 영상을 소프트웨어를 이용해 3D로 변환할 수도 있다. 이 경우 고가의 카메라를 사용할 필요가 상대적으로 줄어든다. 대부분 장면에 컴퓨터 그래픽이 들어가는 영화 작업에 효율적일 뿐 아니라 경제적이기도 하다.

아예 TV 수상기 자체에서 소프트웨어를 사용해 2D 영상을 3D로 바꿀 수도 있다. 그러나 TV 수상기에서 자동으로 2D영상을 3D로 바꾸는 기술은 아직까지 완성도가 그다지 높지 않다.

3D 영상의 활용은 영화와 방송 외에도 다방면에서 큰 변화를 가져올 것이다. 각종 전자 게임도 3D 영상을 활용하면 현실감이 커질 것이고, 연극과 공연 역시 3D로 중계하면 훨씬 생생할 것이다. 이런 점에 착안해 미국의 ESPN은 수십 대의 3D 카메라를 활용해 2010년 월드컵을 중계했으며, 우리나라는 SBS가 3D로 중계했다. 미국의 대표적인 성인잡

지 『플레이보이』는 여성 모델의 화보를 3D로 촬영하여 3D 안경과 함께 제공했다.

아직까지는 오랫동안 3D 화면을 보면 어지러움 등을 느끼는 등 3D 환경에 익숙하지 못한 사람들이 많다. 하지만 3D 화면에 점점 익숙해지면 이런 문제도 곧 해결될 것이다. 현재 3D 영상은 인터넷 전송에 여러 가지 어려움이 있지만 이 역시 장기적으로는 압축 기술의 발전 등으로 해결될 전망이다.

10
글로벌 미디어 전략과
한국형 글로벌 미디어

월트 디즈니 – 콘텐츠로 최대 수익을 끌어낸다

뉴스코퍼레이션 – 콘텐츠를 공격적으로 확산한다

구글 – 웹에서 모든 디지털 활동이 가능하게 한다

상하이 미디어 그룹 – 경제 규모에 걸맞는 글로벌 미디어 기업을 만든다

후지 TV 그룹 – 각 미디어별 제작 능력을 강화한다

한국형 글로벌 미디어 기업의 탄생을 위한 과제

기술의 발전으로 미디어 시장은 급속하게 세계화되고 있다. 글로벌 경쟁에서 탈락하는 기업과 인수합병 등으로 덩치를 지속적으로 키워나가는 기업도 속출하고 있다.

세계 미디어 시장은 디즈니, 뉴스코퍼레이션, 베텔스만, 바이아컴, 타임 워너, 그리고 NBC 유니버설(2010년 컴캐스트 산하로 들어갔다), CBS 등 이른바 '세븐 시스터즈'라 불리는 기존 거대 미디어 기업과 새롭게 이 시장에 뛰어든 구글과 같은 신흥강자의 격전장으로 변하고 있다.

미국을 대표하는 경제 신문인 『월스트리트 저널』은 호주 출신 미디어 기업가인 루퍼트 머독이 인수했다. 마이크로소프트는 인터넷에서 미디어의 역량을 강화하기 위해 포털 사이트 기업인 야후을 인수하려고 했으나 실패로 끝났다. 한편, 뉴스코퍼레이션은 미국의 대표적인 소셜 네트워크인 마이스페이스를, 구글은 인터넷 동영상 사이트인 유튜브를 인수해 자신들의 미디어 사업 목록에 추가했다. 이런 인수 쟁탈전은 19세기 제국주의 시대의 영토 확장 전쟁과 흡사하다.

우리나라에도 글로벌 미디어 기업에 대한 논의가 막 시작됐다. 중국과 일본은 서구 중심의 미디어에서 벗어나 자국의 글로벌 미디어 기업을 육성하기 위해 2000년대 중반부터 인수합병 규제를 완화하는 등 정책적인 배려를 하고 있다.

우리나라에서 글로벌 미디어 기업이 나오려면 아직 가야 할 길이 멀다. 인터넷 AOL, 워너 브라더스 등을 소유한 타임 워너 그룹의 매출은 연간 500억 달러에 육박한다. 일본의 대표적인 미디어 그룹인 후지 TV의 연간 매출은 이런 글로벌 미디어 기업의 10분의 1 수준인 50억 달러 전후이다. 우리나라 미디어 기업의 연간 매출은 1조 원도 되지 않는다. 세계 시장에서 활약하기에는 턱없이 작은 규모이다. 다윗과 골리앗의 싸움에 비할 정도도 되지 않는다. 회사의 가치를 나타내는 시가총액만 보더라도 구글은 200조 원 가까이 되는데 우리나라를 대표하는 인터넷 기업인 네이버는 8조 원 전후밖에 되지 않는다.

이 장에서는 글로벌 미디어 기업을 대표하는 디즈니, 공격적인 인수합병으로 한 세대 만에 호주 지역 신문사에서 글로벌 미디어 기업으로 성장한 뉴스코퍼레이션, 그리고 새로운 유형의 IT 및 미디어 기업이라고 할 수 있는 구글의 글로벌 전략을 살펴보고자 한다. 이어 중국과 일본의 대표적 미디어 기업을 분석해 보고 끝으로 한국형 글로벌 미디어 기업이 탄생하기 위한 과제는 무엇인지 알아보기로 한다.

월트 디즈니 – 콘텐츠로 최대 수익을 끌어낸다

디즈니를 단순히 〈미키마우스〉 같은 만화 영화만 만드는 회사라고 착각해서는 안 된다. 디즈니는 영화, 방송은 물론 케이블 TV, 라디오, 음악, 잡지, 리조트 소매업 등 신문을 제외한 미디어 엔터테인먼트 기업으로서 거의 모든 분야에 진출해 있다.

분야	주요 회사명
영화	월트 디즈니 픽처스, 터치스톤 픽처스, 헐리우드 픽처스, 미라맥스 필름, 부에나비스타 홈 엔터테인먼트, 픽사
네트워크 및 지상파	ABC 및 ABC 산하 10여 개 회사
케이블 TV	ESPN, ABC 패밀리, 디즈니 채널, 툰 디즈니, 소프넷 등. 일부 지분 보유한 케이블 TV가 더 있음
라디오	지역 라디오 약 40개
음악	부에나비스타 뮤직 그룹, 월트 디즈니 레코드 등
출판	하이페리온, 미라맥스 북스 등 20개
잡지	디스커버, ESPN 매거진 등 10여 개
테마 파크	디즈니랜드 리조트, 도쿄 디즈니랜드 리조트 등
기타	디즈니 토이즈, 베이비 아인슈타인 컴퍼니 등

디즈니는 우수한 콘텐츠를 만든 뒤 다양한 유통 경로로 팔아서 최대의 수익을 끌어내는 전략을 구사한다. 예를 들면 디즈니랜드에서 〈캐리비안의 해적〉을 영화로 만들고 이를 다시 디즈니 산하 리조트에 도입해 수익을 올리는 등 한 번 생산한 콘텐츠를 철저하게 활용한다. 또 다양한 상품으로 만들어낸 다음 프랜차이즈를 적극적으로 이용해 판매한다.

미국 증시 분석가들은 디즈니처럼 강력한 브랜드를 가진 업체는 소비자들을 한평생 따라 다니는 방식으로 제품과 서비스를 판매한다고 말하고 있다. 평생 동반자 관계를 형성하는 것이다.

많은 사람들이 어릴 때는 유아용 디즈니 장난감을 가지고 놀고, 조금 더 나이가 들면 디즈니 채널에서 나오는 만화를 본다. 좀 더 나이를 먹으면 디즈니가 만든 리조트에서 놀면서 디즈니가 만든 각종 티셔츠를 구매한다. 성인이 되어서 사회적으로 성공하면 디즈니가 운영하는 크루즈를 탄다. 미국 플로리다 주의 디즈니 리조트에서 멀지 않은 곳에 디즈니가 개발해놓은 주거지에서 생활할 수도 있다.

디즈니는 지구상에 가장 잘 알려진 미디어 기업이지만 2000년 이전까지는 미국 이외 지역에서는 그리 큰 수입을 올리지 못했다. 1999년 당시 디즈니 CEO였던 마이클 아이즈너는 "미국은 전 세계 인구의 5퍼센트를 차지하고 있지만 디즈니 매출의 80퍼센트를 발생시키고 있다"고 진단하고 디즈니 콘텐츠를 세계에 유통해야 한다고 강조했다.

디즈니는 2000년 글로벌 전략의 하나로 국제 사업을 담당하는 디즈니 인터내셔널이라는 회사를 세웠다. 그리고 글로벌 차원의 핵심 사업으로 파리와 홍콩, 도쿄에 있는 리조트를 꼽았다. 이 리조트들은 높은 수입을 올리지 못하지만 디즈니 콘텐츠를 다양하게 노출하는 유용한 수단으로 활용하고 있다.

디즈니는 지역색을 물씬 풍기는 콘텐츠 개발에도 심혈을 기울이고 있다. 2007년에는 인도 볼리우드(Bollywood)의 제작사들과 본격적으로 제휴를 했다. 중국에서 나온 이야기를 토대로 하는 〈마술 표주박(Magic Gouard)〉이라는 영화를 중국어로 제작했고, 남미 지역을 대상으로 〈위기의 주부들(Desperate Housewives)〉를 스페인어 버전으로 만들었다. 이처럼 디즈니는 미국의 콘텐츠를 국제적으로 뿌리는 것 외에도 국제적인 콘텐츠를 국제적으로 유통하는 것에 관심을 보이고 있다.

디즈니 역시 다른 글로벌 미디어 기업처럼 새로운 콘텐츠 유통 기술을 적극적으로 찾고 있다. 당초 디즈니는 공격적으로 디지털 사업에 진입하는 것에 부정적이었다. 디지털 자료는 무단 복제가 성행하고 저작권이 보호되지 않는다는 이유 때문이었다. 하지만 최근에는 전략을 바꾸고 애플의 아이튠즈 사이트를 통해 자신들의 콘텐츠가 재활용되도록 하고 있다. 심지어는 산하에 있는 ESPN을 통해 'ESPN 휴대전화기'를 만들기도 했다. 통신망을 빌려서 전화 서비스를 하는 MVNO(Mobile Virtual Network Operator) 방식으로 진행한 이 실험은 성공하지 못했지만 디즈니가 본격적으로 디지털 기술을 받아들이기 시작했다는 증표이다. 또한 자신들의 브랜드를 활용한 디즈니 핸드폰을 만들어 부모들이 자녀들의 위치를 파악할 수 있도록 했으나 성공을 거두지 못했다.

디즈니는 현재 자사의 강력한 콘텐츠 브랜드를 활용한 웹 사이트 (http://www.abc.com 혹은 http://www.disney.com)를 활용하는 전략을 수립하고 있다. 디즈니가 디지털 시대의 콘텐츠 유통에 어떤 형태로 참여할지 기대된다.

뉴스코퍼레이션 – 콘텐츠를 공격적으로 확산한다

뉴스코퍼레이션은 진정한 의미의 글로벌 미디어 플레이어라고 할 수 있다. 방송, 신문은 물론 잡지, 책, 스포츠 구단, 인터넷 소셜 네트워크 등 모든 미디어 분야에 진출해 있기 때문이다.

뉴스코퍼레이션은 특히 공격적인 사업 확장으로 유명하다. 루퍼트 머독은 공격적인 인수와 합병, 파격적인 조직 관리로 호주 애들레이드 지역의 작은 신문사를 한 세대 만에 글로벌 미디어로 성장시켰다. 이 회사는 파격적인 행보로 늘 세간의 주목을 받아왔다.

루퍼트 머독은 1980년대가 되자 호주를 벗어나 영국의 대표적인 신문인 『더 타임즈』를 인수했다. 그리고 영국의 프로축구 중계권을 독점하면서 영국의 위성 방송인 B Sky B 사업을 성공적으로 안착시켰다. 이후에는 미국 시장에 뛰어들어 폭스 채널을 출시하는 등 지상파 방송을 공략했다. 폭스 채널은 케이블 채널인 폭스 뉴스, 내셔널 지오그래픽 등으로 방송 사업 영역을 계속 확장되었다. 루퍼트 머독은 이러한 공격적 확장으로 일시적인 자금난을 겪은 적이 있지만 끝내는 모든 사업을 성공으로 이끌었다.

분야	주요 회사명
영화	20세기 폭스, 폭스 서치라이트 픽처스, 폭스 TV 스튜디오, 블루스카이 스튜디오
네트워크 및 지상파	폭스 산하의 20여 개 지상파
케이블 및 기타 방송	B Sky B, Star, Sky Italia, Fox News Channel, Fox Movie Channel, FX, Fox Sports Net, National Geographics 등 20여 개
신문	- 미국 : 뉴욕 포스트, 월스트리트 저널 - 영국 : 뉴스 인터내셔널, 더 선, 더 타임스, 더 선데이 타임스 - 호주 : 데일리 텔레그라프 등 10여 개
출판	하퍼 앤 콜린스, 액세스를 비롯하여 영국, 미국 등지에 있는 30여 개
잡지	인사이드 아웃, 도나 헤이, 위클리 스탠다드, TV 가이드(지분 보유)
기타	로스앤젤레스 킹스(하키), 로스앤젤레스 레이커스(농구), 스테이플 센터(운동 시설), 라디오 방송국 등을 포함한 20여 개

머독이 이끄는 뉴스 코퍼레이션의 전략은 인터넷과 디지털 영역의 공격적 확장, 글로벌 유통 채널의 확장과 성장, 그리고 엔터테인먼트, 뉴스, 스포츠를 3대 축으로 성장하는 것이다.

머독의 공격적인 인수 및 시장 진입 전략은 다음과 같다.

첫 번째 전략은 인터넷 분야 사업에도 공격적으로 진입하는 것이다. 2005년 뉴스코퍼레이션은 7억 달러를 주고 마이스페이스를 인수했다. 일설에 의하면 루퍼트 머독은 인터넷 담당 전문가에게 뉴스코퍼레이션의 인터넷 미래 전략에 대한 보고서를 받은 지 3개월 만에 전격적으로 마이스페이스를 인수했다고 한다.

당시 뉴스코퍼레이션은 마이스페이스뿐만 아니라 게임 사이트인 IGN와 영화 사이트인 로튼 토마토스(Rotten Tomatoes)도 한 번에 인수했다. 이후 머독은 이런 사업 분야를 폭스 인터액티브 미디어(FIM) 아래 두었다. 이를 통해 뉴스코퍼레이션은 단번에 구글이나 야후에 버금가는 인터넷 엘리트 기업 반열에 올랐다.

머독은 마이스페이스를 인수한 뒤 4년 약정으로 9억 달러를 받고 마이스페이스의 광고 영업권을 구글에 넘겼다. 획기적인 이 전략은 2010년 현재 시점에서는 성공적이지 못하다는 평가를 받고 있다. 인수 당시 소셜 네트워크 사이트 부문에서 랭킹 1위였던 마이스페이스가 페이스북에 일방적으로 밀렸고, 트위터 같은 새로운 사이트에도 위협을 받고 있기 때문이다. 많은 전문가들은 자율과 창의성을 중시하는 인터넷 사업의 속성상 마이스페이스가 뉴스코퍼레이션 아래로 들어가면서 성장 동력을 잃었다고 분석하고 있다.

현재 뉴스코퍼레이션은 마이스페이스를 통해 본격적으로 디지털 시장에 발을 들여놓은 이후 인터넷 이외 분야까지 공격적으로 콘텐츠를 확산하려고 전력을 쏟고 있다. 특히 모바일 분야에 관심을 기울이고 있으며, 애플과 협력해서 각종 방송용 콘텐츠를 아이팟으로 다운로드할 수 있도록 하고 있다. 또한 기존 방송 프로그램을 모바일용으로 전환한 프로그램인 모비소드(Mobisode)를 인기 방송 프로그램인 〈프리즌 브레이크(Prison Break)〉 등을 활용하여 만들고 있다.

머독은 여전히 자신의 회사가 가진 콘텐츠에 자신감을 표시하고 있다. 그는 "어떤 회사는 콘텐츠는 없고 트래픽만 많은 반면 어떤 회사는 콘텐츠만 많고 트래픽이 없다."고 했다. 머독은 뉴스코퍼레이션이 이 둘을 모두 갖춘 회사라고 자부한다.

두 번째 전략은 콘텐츠의 글로벌 유통 채널을 확보하여 활용하는 것이다. 예를 들어 뉴스코퍼레이션 산하에 있는 자회사들의 로고를 보면 영화 제작사인 20세기 폭스를 시작으로 『더 타임스』에 이르기까지 다양한 콘텐츠 배급 채널을 망라해서 보여주고 있다. 콘텐츠 배급 채널은 탄생과 성장, 성숙, 쇠퇴를 겪기에 각 단계에 있는 모든 배급 채널, 즉 플랫폼을 확보하는 것이 중요하다고 생각하기 때문이다. 2006년 뉴스코퍼레이션의 연차보고서에서는 그 전략을 다음과 같이 설명하고 있다.

"우리는 지금까지 다양한 성장 단계에 있는 사업들을 성공적으로 관리함으로써 발전해왔다. 성숙기에 접어든 사업은 성장률은 높지 않으나 훌륭한 수익 창출원으로서 역할을 하고, 성장 단계에 있는 사업들은 회사 성장의 동력원으로서 역할을 한다. 그리고 초기 진입 단계에 있는 사

업은 성숙기 사업으로부터 자금을 지원받아 장기적인 성장을 추구한
다."

세 번째 전략은 엔터테인먼트, 뉴스, 스포츠라는 3대 분야의 역량을
강화하는 것이다. 머독은 이미 수차례에 걸쳐 미디어 산업의 핵심 역량
이 콘텐츠에 있다는 것을 명확하게 인식하고 뉴스코퍼레이션의 엔터테
인먼트 분야를 영화에 집중했다. 뉴스코퍼레이션은 영화 〈판타스틱 포〉,
〈스타워즈 3〉 등에 성공적으로 투자했으며, 제임스 카메론 감독이 만든
대작 〈아바타〉에도 과감하게 투자했다.

또한 뉴스코퍼레이션은 TV를 통한 스포츠 중계에도 역량을 쏟고 있
다. 예를 들면 NFL(미식축구리그)나 MLB(메이저리그 야구) 등의 중계권을
공격적으로 확보한 다음 소속 네트워크 방송사인 폭스 TV를 통해 내보
내고 있다. 폭스 스포츠를 통해서는 대학축구리그 중계권을 확보했다.
뉴스코퍼레이션이 스포츠 중계에 관심을 가지는 이유는 스포츠는 실시
간으로 소비하는 콘텐츠이기 때문이다. 머독은 영국에서 위성 방송을
시작하면서 킬러 콘텐츠로 영국의 프로축구를 꼽았다. 그리고 영국 프
로축구를 독점 중계하면서 영국에서 시작한 위성 방송 사업을 성공적으
로 시작했다.

뉴스도 뉴스코퍼레이션이 집중하고 있는 영역 가운데 하나이다. 뉴스
는 지역 신문사 대표 출신인 머독이 가장 잘 아는 분야이기도 하다. 그
는 이미 1980년대에 영국의 『더 타임스』와 『선데이 타임스(Sunday

Times)』를 인수했고, 미국의 뉴스 전문 방송 채널인 폭스 뉴스(Fox News)를 만들어 CNN을 누르는 기염을 토한 바 있다.

뉴스코퍼레이션 소속 신문사들은 머독의 강력한 리더십 아래 선전을 하고 있다. 머독은 뉴스코퍼레이션 연차보고서에서 말하기를 "젊은 독자들은 온라인상에서 공짜로 신문을 읽는 데 익숙해져 있다"라고 지적하며 "뉴스와 정보에 대한 갈증은 점점 강해지고 있다. 콘텐츠 공급자에게는 이런 갈증을 어떻게 활용할 것인가가 중요한 사실이다"라고 했다.

뉴스 콘텐츠의 강력한 신봉자인 머독은 신문 산업이 사양기에 접어들었다고 모두가 말하던 2007년 5월에 세계적인 경제지인 『월스트리트 저널』의 모회사인 다우존스를 인수했다. 이후 일부 전략적인 혼선이 있었지만 온라인 콘텐츠의 유료화를 꾸준하게 추진하고 있다. 『월스트리트 저널』은 경제 콘텐츠를 중심으로 유료화를 이미 실행했고, 영국의 『더 타임스』와 『선데이 타임스』는 2010년 들어 유료화를 추진하고 있는 중이다. 뉴스코퍼레이션은 뉴스 콘텐츠의 유료화로 대표적인 인터넷 기업인 구글과 대립각을 날카롭게 세우고 있다.

구글 – 웹에서 모든 디지털 활동이 가능하게 한다

자체 생산한 콘텐츠가 없는 구글을 진정한 미디어 기업으로 봐도 되는지는 논란이 될 수도 있다. 그러나 미디어 기업과의 연관성, 막대한 광고 수입, 미디어 기업이 지닌 속성인 집객 능력 등을 감안하면 '미래형' 미디어 기업으로 보는 것이 타당할 것이다.

현재 수많은 미디어 기업들은 온라인상에서 구글에 의존하고 있다. 사람들은 드라마 주인공을 맡은 배우의 이름을 찾을 때도 해당 미디어의 사이트를 방문하지 않고 구글로 검색하곤 한다. 해당 드라마 사이트가 화면에 뜨면 구글은 리디렉션(Redirection)을 통해 미디어 사이트의 트래픽을 크게 늘려준다.

구글은 또한 미국 내 수백 개의 신문, 방송, 소셜 네트워크 사이트와 광고 대행 계약을 하고 광고 영업을 해준다. 이런 의미에서 보면 지구상에서 가장 큰 광고 대행사이다.

미국의 각종 조사 회사인 닐슨은 2006년 미국 사람들의 인터넷 검색 가운데 55퍼센트가 구글을 통해 이뤄진다고 밝혔다. 야후, 알타비스타, 라이코스 등 많은 검색 엔진이 있지만 구글이 압도하고 있다. 구글이 힘을 쓰지 못하는 나라는 한국, 중국, 일본, 러시아 정도뿐이다.

구글은 시가총액도 다른 미디어를 압도한다. 2006년 구글의 매출은 110억 달러, 시가총액은 1,600억 달러였다. 250억 달러를 매출로 올린 뉴스코퍼레이션의 시가총액이 700억 달러였다는 점을 감안하면 수많은 투자자들이 구글의 성장 가능성을 더 크게 보고 있음을 알 수 있다.

1998년에 설립된 구글은 겨우 10여 년 만에 인터넷과 미디어를 지배하는 회사가 됐다. 주요 전략은 검색 엔진의 지속적인 강화, 다양한 미디어 플랫폼으로 광고 영업 확대, 비검색 분야에서 사업 기회 발굴이다.

구글은 철저하게 검색 엔진 회사로서 출발했다. 창업자인 세르게이 브린과 래리 페이지가 구글을 만든 이유도 더 우수한 검색 결과를 보여주기 위해서였다. 구글이 초일류 기업이 될 수 있었던 것은 우수한 검색 결과와 함께 상관관계가 높은 광고를 보여주었기 때문이다.

구글은 텍스트 외에도 음성, 영상 등에 걸쳐 다양한 검색 결과를 보여주는 데 관심을 기울이고 있다. 예를 들면 동영상 부문은 유튜브를 검색 대상에 넣음으로써, 지역 정보나 지도 검색은 구글 어스를 활용함으로써 결과물을 더욱 많이 내놓고 있다.

2010년에는 음성 검색에 심혈을 기울이고 있다. 스마트폰의 보급으로 좀 더 우수한 모바일 환경이 구축되면서 자판보다는 음성으로 검색어를 입력하는 것이 훨씬 편리해졌기 때문이다. 실제 2010년 6월 16일 우리나라에서는 한국어 음성 검색 서비스를 시작한 지 2주 만에 모바일 검색 부문에 음성 검색이 차지하는 비중이 20퍼센트까지 올라갔다.

구글 창업주들은 검색 엔진에 대한 자신들의 열정과 사명감을 다음과 같이 표현하고 있다. "어떤 사람에게는 검색이 단순한 흥미거리겠지만 어떤 사람에게는 삶과 죽음을 가르는 것이 될 수도 있다. 그러므로 우리는 어떤 검색 질문에도 최고의 결과를 내놓으려고 노력한다." 구글은 글로벌 검색 엔진이 되기 위해 110개가 넘는 언어로 검색 기능을 제공하고 있다.

구글은 수입의 98퍼센트를 광고에서 얻는다. 구글의 두 가지 광고 수입원은 애드 워즈(Ad Words)와 애드 센스(Ad Sense)이다. 애드 워즈는 자체 사이트에 검색 결과를 보여주는 동시에 광고를 노출하는 것이고, 애드 센스는 구글과 계약한 사이트에 광고를 보여주고 광고주와 매출을 나누는 것이다. 앞에 나온 뉴스코퍼레이션의 마이스페이스에 광고를 대행해주고 수익을 나누는 것이 애드 센스의 대표적인 예다.

과거 구글의 광고는 텍스트 중심으로 이루어졌다. 그러나 2007년 말 인터넷 디스플레이 광고 전문 회사인 더블 클릭(Double Click)을 31억 달러에 인수한 후로는 배너 광고와 같은 디스플레이 광고에도 입지를 확고하게 다졌다.

구글은 인터넷 사용자들로 하여금 검색이 목적이 아니더라도 계속해서 자신들의 사이트를 찾도록 하는 데 엄청난 노력을 기울이고 있다. 이를 위해 대표적으로 내놓은 것이 이메일 서비스인 지메일(gmail)이다. 아직까지 완성도가 높지는 않지만 문서 작성과 계산은 물론 각종 일정 관리까지 할 수 있는 프로그램도 자사 사이트에서 무료로 제공하고 있다. 이 때문에 오피스(office) 프로그램을 유료로 판매하는 마이크로소프트사와 사이가 좋지 않다.

구글이 꿈꾸는 인터넷 세계는 웹(궁극적으로는 구글 사이트)에서 모든 디지털 활동이 해결되는 것이다. 그리하여 구글이 만든 세상, 즉 구

316

글 스피어(google sphere)에서 사람들이 더 이상 빠져나갈 수 없게 되는 것이다.

상하이 미디어 그룹
– 경제 규모에 걸맞는 글로벌 미디어 기업을 만든다

현재까지 대부분의 글로벌 미디어 기업들은 미국과 유럽을 기반으로 성장했다. 그러나 아시아권의 경제 성장과 함께 아시아 국가들의 미디어 기업들도 세계화를 목표로 변신을 시도하고 있다. 아시아권에서 글로벌 미디어 기업에 가장 근접해 있는 기업은 중국의 상하이 미디어 그룹(SMG)과 일본의 후지 TV 그룹을 꼽을 수 있다.

상하이 미디어 그룹의 세계화를 논하려면 중국 미디어 시장의 변화를 먼저 살펴보아야 한다. 2009년 9월 중국 정부는 '문화산업 진흥계획'을 발표했는데, 그 계획의 주요한 테마 가운데 하나가 바로 미디어 산업의 글로벌화이다. 거대해진 중국의 경제 규모에 걸맞는 글로벌 미디어 기업을 만들겠다는 취지다.

넓은 땅 중국의 미디어 시장은 규모도 확실히 크다. 4세 이상 TV를 볼 수 있는 인구는 11억 9,000만 명이고, 이들의 하루 평균 TV 시청 시간은 176분이나 된다. 케이블 TV 가입자 수는 1억 5,100만 명으로 전 세계 케이블 TV 가입자의 3분의 1이나 된다. 중국은 당국의 통제로 위성 방송을 직접 볼 수 없기 때문에 대개는 각 성(省)에 있는 케이블 방송 업체들이 재중계하는 방송을 본다.

중국은 TV 시장의 매출이 전체 미디어가 올리는 수익의 약 60퍼센트를 차지하고 있으며 나머지 매체의 매출은 미약한 상태다. 신문 시장의 전체적인 규모는 커지고는 있으나, 미디어 시장에서 올리고 있는 수익률은 하락하고 있는 추세다. 신문 2,000여 종, 잡지 9,500종이 발행되고 있다.

중국의 인터넷 인구는 2억 5,000만 명으로 추정된다. 인터넷은 중국에서도 계속 성장하면서 주력 매체로 자리 잡을 것이다.

중국 미디어의 매출 규모   (단위 : 백만 달러)

년도	TV	라디오	신문	잡지	인터넷	합계
2005	11,247	301	2,764	282	527	15,123
2007	14,173	501	2,979	357	783	18,793
2007	16,765	664	3,230	431	1,395	22,485
2008	19,977	1,000	3,451	518	2,305	27,251

삼정 KPMG, 노무라 연구소

중국 정부가 자국의 미디어업체를 세계적인 기업으로 키우려고 노력하는 가운데 후난 TV를 비롯해 충칭·광둥 TV가 맹위를 떨치고 있다.

CCTV도 국영 미디어로서 베이징을 거점으로 삼고 성이라는 행정구역을 뛰어넘어 전국적으로 방송을 내보내고 있다.

특히 중국 경제의 수도인 상하이를 배후로 한 상하이 미디어 그룹이 글로벌 미디어 기업으로서 성장 가능성을 보이고 있다. 상하이 미디어 그룹은 지상파 TV, 케이블 TV, 위성 방송에 약 30여 개 채널을 확보하고 있는 것은 물론 라디오 방송국도 가지고 있다. 농구 구단, IPTV, 『재경일보』도 운영하며 홈쇼핑 사업도 하고 있다. 매출 역시 꾸준한 증가세를 보이고 있다. 그 규모는 2001년 19억 8,000만 위안에서 2007년 51억 위안까지 커졌으며, 조만간 10억 달러까지 늘어날 전망이다.

하지만 상하이 미디어 그룹은 많은 과제를 안고 있다. TV는 여전히 공산당의 선전과 선동 매체로 간주되고 있으므로 외부 자본의 참여나 외국과의 제휴가 어려운 상황이다. 이 때문에 상하이 미디어 그룹은 2009년 말부터 회사 분할 작업을 추진하고 있는 중이다. 공산당이 지배하고 있는 방송 부문은 기존처럼 상하이 정부가 주관하는 구조로 남겨 놓고, TV 프로그램 제작, 잡지 발행, 유통, 해외 제휴와 투자 부문은 별도의 지주 회사를 두어 담당하게 하려는 움직임을 보이고 있다.

중국은 경제 규모가 놀라운 속도로 커지고 있어서 글로벌 미디어 시장에서 존재감이 더욱 커질 전망이다. 미디어 기업은 특성상 창의력과 혁신이 중요한데 공산당의 지배 아래 있는 중국의 미디어 기업들이 어느 정도 성장할 수 있을지 두고 볼 일이다.

후지 TV 그룹 – 각 미디어별 제작 능력을 강화한다

아시아에서 규모가 가장 큰 미디어 기업은 일본의 후지 TV다. '전 세계에서 통하는 거대 종합 미디어 기업이 되는 것'을 목표로 하는 후지 TV는 일본의 민영 방송 가운데 시청률이 가장 높은 방송사이다.

후지 TV를 움직이는 힘은 미래에 대한 위기의식이다. 후지 TV는 TV 광고 시장의 침체와 새로운 미디어의 등장에 따라 지상파 중심의 비즈니스만으로는 현상 유지조차 어려울 것이라 예상하고 각 미디어별로 제작 능력을 향상시켜 글로벌 미디어 기업으로 성장하겠다는 전략을 구사하고 있다.

2005년 경영권을 놓고 크게 홍역을 치른 후지 TV는 2008년 말 대대적인 구조 개편에 들어갔다. 지주 회사인 후지 홀딩스를 만들고 그 아래 후지 TV, 포니캐넌, 니폰호소, 후쇼사, 산케이 신문 등 20여 개의 대형 회사를 두었다. 그후 후지 홀딩스는 방송 부문에서 약 5,000~6,000억 엔, 신문 부문에서 약 2,000억 엔의 매출을 올리고 있다.

후지 TV의 이러한 움직임에 탄력을 더한 것은 2008년 방송법 개정이다. 종래의 방송법은 특정 회사가 여러 방송사의 지분을 가지지 못하게 금했지만, 개정방송법은 지상파 방송사 한 곳이 최대 12개의 방송사를 소유할 수 있도록 했다.

이미 해외에는 머독의 뉴스코퍼레이션처럼 여러 개의 방송국과 신문사, 인터넷 회사를 소유하고 있는 미디어 기업이 적지 않다. 국경을 뛰어넘는 미디어의 재편이 활발하게 진행될 경우 결국에는 규모가 크고 튼튼한 미디어 기업만이 살아남게 될 것이다.

한국형 글로벌 미디어 기업의 탄생을 위한 과제

2009년 5월 최시중 방송통신위원장은 정부가 달성해야 할 미디어 정책의 목표로 글로벌 미디어 기업 육성을 내세웠다. 그리고 공영 방송은 BBC를, 민간 부문의 미디어 기업은 폭스 미디어를 따라야 한다고 말했다. BBC는 영국 공영 방송이고, 폭스 미디어는 루퍼트 머독이 이끄는 뉴스코퍼레이션 산하의 기업이다.

디즈니, 뉴스코퍼레이션 등 현재 국제 사회에서 '세븐 시스터즈'로 불리는 글로벌 미디어 기업에는 다음과 같은 공통된 특징이 있다.

첫째, 매출 규모가 수백억 달러에 이른다.

둘째, 사업 영역이 영화, 방송, 신문, 출판, 인터넷 등 거의 모든 미디어 분야에 걸쳐 있다.

셋째, 전 세계적인 사업을 한다.

넷째, 사업을 뒷받침할 강력한 경영 팀이 있다.

대표적인 글로벌 미디어 기업인 세븐 시스터즈(2007년 기준)

회사명	매출액(달러)	영화	방송	신문·출판	인터넷	테마파크
타임 워너	464억	워너 브라더스	CNN	타임, 피플 등	AOL	
월트디즈니	355억	월트디즈니 픽처스	ABC	하이페리온		디즈니파크
뉴스코프	286억	20세기 폭스	FOX	뉴욕포스트	다우존스	마이스페이스
베텔스만	247억	–	RTL	랜덤하우스		
NBC –유니버설	176억	유니버설	NBC	MSNBC	유니버설 스튜디오	
CBS	140억		CBS	사이먼 슈스터		
바이아콤	134억	파라마운트	MTV			

현재 우리나라 미디어 기업들은 글로벌 미디어 기업에 비해 어느 정도 수준까지 와 있는지 매출 규모와 시가총액을 비교해보자.

글로벌 미디어 기업들의 연간 매출 규모는 300억 달러가 넘는다. 우리나라 돈으로는 36조 원이 넘는 수준이다. 2009년 디즈니의 매출액은 367억 달러고, 2010년 7월 디즈니의 시가총액은 약 661억 달러다. 최근 들어 규모가 줄어든 타임 워너의 2009년 매출액은 261억 달러, 2010년 시가총액은 344억 달러다. 우리나라 대형 미디어 기업보다 적게는 수십 배에서 많게는 100배 이상 많은 매출 규모이다.

우리나라 민영 방송인 SBS는 2009년 매출액이 5,555억 원이었다. 2010년 7월 시가총액은 6,005억 원으로 모회사인 SBS 미디어 홀딩스의 시가총액 3,511억 원을 합쳐도 1조 원이 되지 않는다. PP 시장의 강자라는 온미디어의 시가총액도 3,608억 원밖에 되지 않고, 신문업계의 선두주자인 『조선일보』의 매출도 4,000억 원밖에 되지 않는다.

이런 규모로는 적절한 투자를 하기도 힘들다. 몇백 억 원을 투자한다 해도 여전히 경제적인 부담이 된다. 먼저 매출 규모와 시가총액을 늘리기 위한 작업이 뒷받침되어야만 글로벌 미디어 기업으로 가는 첫걸음을 뗄 수 있다.

회사 규모 면에서도 우리나라 미디어 기업은 아시아권 경쟁 상대인 중국이나 일본 기업에 밀리고 있다. 상하이 미디어 그룹의 연간 매출은 원화로 1조 원에 육박하고, 후지 TV 그룹과 그 산하에 있는 『산케이 신문』의 매출을 합치면 원화로 10조 원에 근접한다.

우리나라 미디어 기업이 우선은 아시아권을 상대로, 장기적으로는 전 세계를 상대로 경쟁하려면 사업 규모의 영세성을 탈피해야 한다. 이를 위해서는 사업 확장을 제한하는 각종 법적 규제를 없애야 한다. 예를 들면 국내 PP시장에서는 동일 미디어 기업에 속하는 PP의 매출 규모가 전체 매출의 33퍼센트를 넘지 못하도록 하고 있는데 아직 PP들이 영세한 상황에서 이런 규정을 적용한다면 세계를 상대로 하는 경쟁에서 영원히 뒤쳐질 것이 불 보듯 뻔하다.

우리나라 미디어 기업은 글로벌 미디어 기업에 비해 다각화 정도도 떨어진다. 미국의 뉴스코퍼레이션은 신문, 방송, 위성 방송, 인터넷, 출판, 영화 등 미디어 산업 거의 전 분야에서 사업을 하고 있지만, 우리의

현실은 그렇지 않다. 다각화는 다양한 유통 채널로 콘텐츠를 배포함으로써 콘텐츠의 판매를 촉진한다. 다각화를 하면 한 기업이 두 가지 이상의 제품을 함께 생산함으로써 각 제품을 다른 회사에서 각각 생산할 때보다 평균 비용이 적게 들고(범위의 경제), 생산 요소의 투입량 증대에 따른 생산비 절약 또는 수익 향상(규모의 경제)을 기대할 수 있다.

또한 우리나라 미디어 기업은 수직적인 규제의 틀 안에 한동안 갇혀 있었다. 신문과 방송의 본격적인 겸영은 2009년에야 가능해졌다. 방송은 사실상 공영도 아니고 민영도 아닌 혼재된 상태로 운영됐으며 대기업의 방송 참여도 거의 막혀 있었다. 이는 마치 1980년대 금융 규제 때와 비슷하다. 당시 은행, 보험, 단자, 리스 등 거의 모든 금융 분야가 규제 속에서 다른 영역에 진입하는 것이 불가능했다. 이런 수직적 규제는 1997년 금융 위기라는 대가를 치르고 나서야 없어졌다.

사업 규모와 영역을 확대하려면 규제 철폐는 물론 미디어 기업 간의 전략적 제휴와 인수합병을 과감하고도 지속적으로 시행해야 한다. 대형 포털 사이트와 방송사, 영화사, 신문사 등이 결합할 수 있도록 해야 한다. 우리나라 가전업체가 어떻게 세계화에 성공했는지를 살펴보면 그 방법론이 보인다. 삼성전자나 LG전자가 대형화를 꾀하지 않고 국내에서만 수십 개의 영세 기업과 경쟁했다면 우리나라 전자 산업과 가전 사업은 지금쯤 완전히 무너져 있을 것이다.

우리나라 미디어 기업이 세계화되려면 다른 글로벌 미디어 기업처럼 적어도 평균 20퍼센트 이상의 매출을 해외에서 올려야 한다. 국내 방송사들이 현재 한류 바람을 업고 해외 시장에서 매출을 올리고 있지만 아직까지는 전체 매출의 3~4퍼센트 수준에 지나지 않는다.

글로벌 미디어 기업들은 대체로 미국이나 유럽이라는 튼튼한 내수 기반을 가지고 있다. 독일어권을 주 무대로 하는 베텔스만을 제외하면 모두 영어권 지역을 공략하고 있다. 글로벌 언어인 영어를 기반으로 하기 때문에 그만큼 문화적 할인도 적다. 문화적 할인이란 한 문화에서 통하는 콘텐츠가 다른 문화권으로 옮겨갈 때 제대로 수용되지 못하는 것을 말한다.

우리나라 미디어 기업들이 글로벌 미디어 기업이 되려면 다음과 같은 과제를 풀어야 한다.

첫째, 매출의 절반 이상, 심지어는 70~80퍼센트를 국외에서 발생시켜야 한다.

둘째, 세계적으로 통하는 콘텐츠를 다양한 방식으로 개발해야 한다. 이는 이미 글로벌 미디어 시장을 장악하고 있는 기업보다 훨씬 더 험난한 길을 가야 한다는 것을 의미한다.

세계적 기업으로 성장한 기업들은 이미 이러한 고비를 극복했다. 1980년대에는 삼성이 소니나 파나소닉을, 현대자동차가 GM이나 포드를 제칠 것이라고 아무도 예측하지 못했지만, 그 예상은 보기 좋게 뒤집어졌다. 내수 부족과 문화적인 할인은 애초부터 글로벌 시장을 염두에 두어야 하기에 전화위복의 계기가 될 수도 있다.

셋째, 경영진의 전문화와 변화가 뒤따라야 한다. 지금까지 우리나라는 미디어 관련 전문 경영진을 양성하지 않았다. 인사 시스템을 보면 기자나 PD들이 콘텐츠를 만들다가 연차가 높아지면 경영에 참여하고 있는 것이 현실이다.

미디어 산업은 자금 조달, 마케팅, 글로벌 제휴, 인수합병 등에 관해 체계적인 교육을 받지 않으면 이끌어가기 힘든 영역이다. 아마추어니즘이 존재할 수 없는 수준을 넘어섰기 때문이다. 이는 북유럽의 글로벌 미디어 기업인 십스테드의 경영진이 저널리스트 중심에서 컨설턴트, 변호사, 금융 전문가 등으로 바뀌면서 수십 배나 성장한 사실을 보면 분명히 알 수 있다.

우리나라 미디어 기업들도 세계화를 이끌어나갈 인재 양성과 교육에 힘을 쏟아야 한다. 먼저는 인재가 있어야만 앞에서 말한 과제들도 풀어나갈 수 있기 때문이다.